中国社会主义市场经济体制演进的动力机制研究

肖安宝◎著

人民出版社

序言 增强中国特色社会主义道路自信

改革开放 30 多年社会发展的巨大成就证明，社会主义市场经济体制具有强大的制度优势。改革初期，农村家庭联产承包责任制的推行和乡镇企业的兴起，扩大国有企业经营自主权和兴办经济特区等，显示了市场机制的巨大活力。1993 年党的十四届三中全会提出"让市场在资源配置中起基础性作用"，2003 年党的十六届三中全会指出，社会主义市场经济体制的基本框架已基本建立，2013 年党的十八届三中全会提出全面改革，让"市场在资源配置中起决定性作用"。这个过程，清晰地体现出中国社会主义市场经济体制的发展关键点，也极大地释放了整个社会成员的积极性和创造性。

建立一个政府与市场关系清晰，政府为市场提供服务，监管方面既不会错位、越位，而又能激发市场主体聪明才智的社会主义市场经济体制，虽然不可能一蹴而就，但经过党和政府、市场主体以及广大社会成员的共同努力，是能够建立起来的。这是《中国社会主义市场经济体制演进的动力机制研究》（以下简称《研究》）的必然结论。

社会主义市场经济被一些西方国家和有些中国人认为只是在市场经济前面加上社会主义，没有实质内容。可社会主义市场经济体制演进的历程表明，社会主义市场经济有极为丰富的内涵。首先，社会主义市场经济体制根植于中国的土壤，中国的文明史上商品经济从没缺席。其次，社会主义市场经济是以公有制为主体，多种经济成分共同发展的所有制结构。第三，发展社会主义市场经济是以中国特色社会主义理论为指导思想。这三点保证了发展社会主义市场经济是全面建成小康社会，实现共同富裕，推动中华民族的伟大复兴的必由之路，彰显其独特价值。因而，发展社会主义市场经济与斯蒂格利茨在《不平等的代价》以及皮凯蒂在《21 世纪资本论》中给我们描绘的资本主义私有制下发展市场经济的目标根本不同。完善社会主义市场经济体制，不仅要打破人为建立起来的计划经济体制的限制，还要冲破历史遗留下来的根深蒂固的自然经济的束缚。这已不再是思想观念上的问题，更多的是利益调整、分配的问题。

《研究》立足于马克思主义的立场，运用历史与逻辑相统一、生成论的方法，对我国社会主义市场经济体制的发展进行了梳理，揭示了社会主义市场经济体制的孕育、建立、发展与完善离不开党的正确领导，离不开对中国传统优秀文化的再造，离不开最广大人民群众的参与与支持。社会主义市场经济中存在市场主体，党和政府、社会公众三方面利益主体。市场主体遵循价值规律，被"无形之手"牵引着；党和政府发挥"有形之手"作用，防止"市场失灵"；社会力量弥补"无形之手""有形之手"之不足，在深层次上规范着市场主体以及政府活动的边界。这三种利益主体共同推动社会主义市场经济体制的孕育、建立、发展与健全。但每一利益主体在不同的阶段的具体诉求并不完全相同。

改革伊始，家庭承包制和乡镇企业的发展彰显市场主体的力量，国有企业的放权让利、利改税、承包制也激发其内在活力；党和政府创造条件，打破计划经济意识形态的束缚，向着市场化摸索着前行。非政府非盈利性的社会组织也开始出现。但这一时期，商品遵循价格机制，但生产要素没有市场化，非国有企业和国有企业获得的生产资料途径不同。1992年党的十四大提出建立社会主义市场经济体制，开启了顶层设计的序幕：推动国有企业建立现代企业制度，积极探索公有制的多种有效实现形式（包括采用股份制这一形式），各类非公企业在政策激励、规范中得以迅速发展。生产要素市场也得以初步形成。但在市场主体培育过程中，由于资源的产权不明晰，政府在市场经济中的职能没有明确规范，地方政府不自觉地成为"公司"；更为重要的是，在法治跟不上且原有的自然经济下的伦理道德约束不了"陌生人"的情况下，市场主体为了牟取非法利益，采取了不择手段的行为，如无限制地利用自然资源导致环境破坏，生产假冒伪劣产品，以及城乡差距、地区差距等社会不和谐问题开始凸显出来。也就是说，虽然社会主义市场经济体制的框架在本世纪初已建立，但市场经济的种种弊端逐渐显露出来，而社会主义的优越性却没有得到彰显。于是，2003年提出"要完善社会主义市场经济体制"。贯彻落实"以人为本"的科学发展观，着力构建社会主义和谐社会，政府的职能也得到明确，即创造平等竞争的市场环境和市场秩序，做裁判员而不是运动员；应健全土地、资本、劳动力、技术、信息等各类要素市场，营造社会主义市场经济公平有序的市场环境，推动国有型企业在市场竞争中显示出与自身相一致的竞争活力。

然而，理论的清晰不等于实践的一帆风顺。在改革中形成的某些特殊利益集团成为营造市场主体平等竞争，推动全面建成小康社会，健全社会主义市场经济体制的阻力。2013 年中央提出"全面深化改革"，首要的是正确处理好"政府与市场"的关系，营造"市场在资源配置中起决定作用"的环境，着力于实现教育、医疗和公共卫生、社会保障等城乡间基本公共服务制度的统一，健全使市场主体行为和市场交易秩序规范化的社会主义市场经济的法规体系，培育、扶持和依法管理社会组织，支持、引导其参与社会管理和服务，建设服务型政府和法治政府。推动政府、市场、社会在各自的最优边界内履行职能，形成统一、开放、竞争、有序的市场体系。

中国正是在孕育、建立、发展和完善社会主义市场经济体制的过程中，逐渐形成中国特色社会主义发展道路。也就是说，中国特色社会主义道路不是从天上掉下来的，而是中国共产党人带领全国人民在自己历史的和现实因素的基础上，在计划经济的实践体现不出社会主义优越性的前提下走出来的。坚持中国特色社会主义道路取得的巨大成就，不仅为世界其他国家的发展提供了有益的启示，更是发展和丰富了马克思主义，彰显了马克思主义的内在魅力。

综上所述，此研究具有较高的学术价值和现实意义，值得一读。

傅康生

2015 年 3 月于南京师范大学

目　录

绪　论

一、选题缘由

1978 年 12 月召开的党的十一届三中全会，成为社会主义市场经济体制演进的起点，也成为探索"中国特色社会主义"道路的开始。也就是，中央政府和地方政府、政府和企业、政府和社会之间都逐步放权，放松计划经济体制的管制。起初，从默许、承认到推广家庭联产承包责任制，并设立深圳等经济特区促进对外开放。接着，中共十二届三中全会的《关于经济体制改革的决定》，推动市场因素从农村流向城市，开始改变公有制企业内部许多传统的经营方式，引进逐利因子，现代企业要素开始孕育，各个社会阶层的积极性都得到调动。这一过程中，市场力量从无到有。

经过十几年理论探索和摸着石头过河的经验积累，1992 年中共十四大提出了"社会主义市场经济"，即社会主义可以有不同于计划经济的市场作为资源配置方式的论断，并进而把它定为中国经济体制改革的方向和目标。1993 年中共十四届三中全会作出了《关于建立社会主义市场经济体制若干问题的决定》，让市场在资源配置中起基础性作用。经过十年的努力，市场力量从小到大，使原来低效利用的生产资料得到更有效利用，逐步释放了民间创新和创业的积极性和创造性，中共十四届三中全会确定的社会主义市场经济体制的基本框架初步形成。但在这一过程中，原本应解决的一些问题没有得到很好解决，如，政企没有理顺，国内消费市场的驱动力没有得到很好挖掘；还产生了一些新的问题，如城乡差距、东西部差距、经济与社会发展不协调等，使得社会主义的优越性没有得到很好体现，而市场的固有局限却逐渐暴露出来。也就是说，在一定程度上，市场力量还处于畸形成长状态。

　　面对社会主义市场经济体制建立中的问题，加之还要适应 WTO 的新形势和新要求，2003 年中共十六届三中全会作出了《关于完善市场经济体制若干问题的决定》，该决定要求，在坚持以人为本、全面协调可持续"科学发展观"的指导下，进一步推进市场化改革，通过完善资源产权等政策措施，建立体系完整的现代产权制度，以切实保障市场在资源配置中发挥基础性作用；并提出争取到 2020 年建成较为完善的社会主义市场经济体制。以此为指导，经过十年的实践，社会主义的经济得到很大发展，经济总量得到提升，不断超过德国和日本，占世界第二位。但总体上看，旧的计划经济体制的痕迹依然存在，使得投资和消费的关系失衡，产业结构还不合理，科技创新能力还不强，也使寻租活动的制度基础得以强化。据招商银行联合贝恩管理顾问公司对外发布的《2009 年中国私人财富报告》显示，中国内地占总人口 0.2% 的人，持有城乡居民存款余额 20 万亿的近一半资金；占全国 8% 的职工——电力、电信、石油、石化、金融、保险、烟草等行业的工资与福利总额却相当于全国职工工资与福利的 55%；因制度不完善所带来的各行业存在的弊端，使人们获取资源或者进入市场的机会不均等等影响因素的存在。简言之，市场在资源配置中的基础性作用的发挥受到限制。

　　面对社会主义市场经济体制完善过程中的问题，2013 年中共十八届三中全会作出了《关于全面深化改革的决定》，提出要正确处理好政府与市场的关系，让市场在资源配置中起决定性作用，真正建立归属清晰、权责明确、保护严格、流转顺畅的现代企业制度。大力发展混合所有制经济，使股份制成为公有制的主要实现形式。政府只是裁判员而不是运动员，只要没有法律依据，政府就不能插手市场事务等，但这一推进进程不可能一帆风顺，需要提供足够的动力。

　　简言之，社会主义市场经济体制这一演进过程，是从自然经济、计划经济向市场经济转变的过程，是诱致性变迁与强制性变迁相统一的过程，而不是一个纯粹自发演进的过程。也就是说，由于中国传统的威权政府业已存在路径依赖，要建立一个政府与市场关系清晰，运作边界明确的，政府为市场提供服务，监管方面既不会错位、越位，而又能激发市场主体聪明才智的高效政府不可能一蹴而就。同时，从既有的社会主义市场经济体制孕育、建

立、完善过程来看，越是困难与艰巨的任务都留在后面，且亟待解决。国外
市场经济的实践都表明，政府、市场、社会三者关系若不能在市场经济体制
中得到很好规范，容易使得我们掉进"增长中的贫困"或"增长中的烦恼"，
落入"中等收入陷阱"或进入"拉美陷阱"，或走进"转型陷阱"，将制约中
国特色社会主义现代化建设的进程。由此，胡锦涛指出，"我们在推进改革
开放和社会主义现代化建设中所肩负任务的艰巨性和繁重性世所罕见，我们
在改革发展稳定中所面临矛盾和问题的规模和复杂性世所罕见，我们在前进
中所面对的困难和风险也世所罕见。"[①]

　　而要避免掉入"陷阱"中，顺利推进社会主义市场经济体制的进一步
完善，就必须研究社会主义市场经济体制在中国的孕育、发展、完善的动
力，使社会主义优越性得以充分体现。而研究社会主义市场经济体制，不仅
要能说明完善的社会主义市场经济体制的基本特征，揭示其中的国家、市
场、社会与个人之间的关系以及与"人的自由全面发展"的逻辑；还应揭示
社会主义市场经济内生于具有五千年文明史的中国社会。简言之，通过对社
会主义市场经济体制演进的动力研究，为党和政府的一系列政策作出正确的
解读，也对其进程中出现的一些问题进行合理的分析与说明，并对进一步完
善社会主义市场经济体制的动力进行有效的探索，为缩短和减轻社会主义市
场经济体制演进进程中的痛苦付出自己的绵薄之力。

二、国内外研究现状

　　鉴于改革开放 30 多年来中国经济社会发展所取得的巨大成就以及社会
主义的发展状况，国内外学者对社会主义市场经济研究颇丰，现综述如下。

　　（一）对经济制度变迁动力的研究。系统研究制度变迁理论的希克斯认
为，人类从习俗经济和指令经济发展到商业经济；而商业经济又可分为两个
阶段：重商主义城邦经济与贸易中心经济，进而实现市场经济。这个过程不
是完全内生的——经济体系内部外化的"自发扩展的秩序"，在有些地方它

---

① 　胡锦涛：《在纪念党的十一届三中全会召开 30 周年大会上的讲话》，《人民日报》2008 年
12 月 19 日。

可能还是一个外部力量的作用结果[①]。基于制度经济学的视角，人的伦理观念以及法律制度转变所衍生出的组织与利益集团，根据其自身利益来影响制度的变革。在一个经济体内，当经济环境发生改变时，占主导地位的一方推动着制度朝有利于自身的方向发生变革；原制度框架内的其他主体会相应调整自己的经济行为模式，从而形成新的经济体制机制乃至新的基本经济制度；进而又影响经济环境新的改变——市场规模的变化会改变既定制度安排下的收益和费用，社会中各种团体对收入的预期改变会使他们对新制度安排的收益与费用做出重新评价，以及社会科学知识进步等创新成本的降低导致的"制度创新"。而新制度经济学则把市场化改革过程理解为理性人通过成本与收益的计算而进行的制度博弈。以演化博弈论为工具的制度分析学派认为，每一个特定的经济制度安排都是在一定的制度结构、发展阶段当中发生。而在演进主义者看来，市场是知识和信息交流的机制，而知识和信息以分散的状态为个人所掌握，因而，市场制度不能构建，只能生长。公共选择理论认为市场在法律和政治制度的保护下协调个人的行动。发展经济学家认为，发展中国家的社会和文化的差异在很大程度上可以解释经济发展水平和物质进步速度的快慢。

此外，斯蒂格利茨的《社会主义向何处去——经济体制转型》、列昂纳德·波里什丘克的《转型经济中的制度需求演进》等对社会主义国家转型或改革的研究表明，经济转型的差异源于与其相连的非正式制度、政治制度以及社会组织之间的关系。

（二）对社会主义与市场经济关系的研究。对社会主义与市场经济关系的研究，往往转化为计划与市场关系的研究。这是因为，在传统的观念中，计划是社会主义的本质属性，而市场则是资本主义的本质属性。

一是计划与市场不能结合。从形而上的角度，计划与市场是两种不同的资源配置方式。计划经济不如市场经济的研究，一般诉诸两个维度——信息和激励。计划经济解决不了计划所需要的信息，无数个人所拥有的个人的知识，彼此间无法传达，中央计划机关缺少这些知识。而对于市场经济，亚

---

① 　参阅罗卫东、陈春良：《市场经济体制的兴起与演进：一个经济史的理想类型——读希克斯的经济史理论》，《财经论丛》2004 年 12 月。

当·斯密从资源有效配置的角度论证了市场的最优性；熊彼特从发展和动态的角度，论证市场而不是政府最能激发创新和企业家精神，而创新和企业家精神才是经济可持续发展的核心动力；而哈耶克从信息与激励的视角论证市场制度优于计划经济制度，赫维茨进一步证明市场是唯一的利用最少信息且导致资源有效配置的制度安排，并提出了正是由于信息不对称，需要采用激励相容的机制设计来解决市场和政府失灵问题①。从社会属性的角度，社会主义社会与资本主义社会是对立的社会形态。既然对立，就不可能相互结合。不仅西方庸俗的经济学者、各类政客有这种观点，而且传统马克思主义者也持有同类看法。在某种意义上，传统马克思主义者只是把马克思主义的世界观与方法论割裂开来认识和把握当今的世界。

二是计划与市场能结合。国内多数学者认为两者能结合，如陈锦华、江春泽等提出有影响的"兼容论"②。国外市场社会主义者布鲁斯在《社会主义经济中的市场》提出"有调节的市场机制的计划经济模式"——"有调节的市场机制，不再是宏观经济过程从微观经济活动派生的那种经济的同义语，而应该看作是达到社会经济合理的一种理论上可行的形式，即能把局部的目的同指导社会的经济活动的共同目标相结合的一种形式"③。锡克在《第三条道路》中指出，单靠市场或没有市场的国民经济计划都不能保证经济的有效和符合社会长远利益的发展④。英国学者索尔·埃斯特林、格兰德等人编著的《市场社会主义》一书认为市场社会主义是"运用市场来实现社会主义的目的"⑤。英国诺丁汉大学当代中国学学院姚树洁说，中国的市场和计划有效结合——有关国计民生的重要产品，由国家统一计划生产、统一规定价格、统一进行产品的分配；而对于其他产品可以实行市场调节的方式⑥。简言之，社会主义市场经济体制的演进在一定程度上符合中国的国情，吸收和借

---

① 参阅田国强等：《破除"中国模式"迷思》，《比较》2010 年第 50 期。

② 参阅陈锦华等：《论社会主义与市场经济兼容》，人民出版社 2005 年版，第 521—549 页。

③ 参阅 [波兰] W. 布鲁斯：《社会主义经济的运行问题》，中国社会科学出版社 1984 年版，第 139 页。

④ [捷克] 奥塔·锡克：《第三条道路》，人民出版社 1982 年版，第 159 页。

⑤ [英] 索尔·埃斯特林等：《市场社会主义》，经济日报出版社 1993 年版，第 1 页。

⑥ 姚树洁：《中国巨龙为再次腾空助跑》，《参考消息》2009 年 4 月 14 日。

鉴了市场社会主义以及其他有关市场经济的理论成果和实践经验，来推进自身的经济体制建设。

（三）对社会主义市场经济体制演进过程的研究。中国社会主义市场经济体制的孕育、建立与发展，总的说来，是中国自身的因素与国际环境发展共同的产物，即抑制社会成员积极性的计划经济体制的危机的出路与现代西方市场经济体制发展的成功经验、教训相结合。

一是在中国社会主义市场经济体制的创立和发展方面，许多学者认为是几代共产党人共同努力的结果。朱佳木认为，毛泽东为进行社会主义市场经济建设奠定了比较坚实的物质技术基础，为建立和完善社会主义市场经济体制积累了正反两方面的宝贵经验[1]。欧健指出，邓小平对市场经济的选择、江泽民对市场经济的坚持、胡锦涛对市场经济的完善是中国特色社会主义理论体系形成的一条重要线索[2]。林志友指出，利用市场经济建设社会主义，是中国特色社会主义理论体系之中国特色的根本所在，是区别于经典社会主义理论的显著标志[3]。此外，薛汉伟认为，中国社会主义市场经济体制的产生属于制度设计与自发演进的良性互动，制度设计给新的实践和自发发展留出了空间，制度演进又推动着理论研究的深化和新的制度设计等[4]。

二是中国社会主义市场经济体制取得绩效的原因，在于激发社会大众对利益的追求。邹志庄认为，中国市场经济体制是实现经济现代化的一种政府行为，但私人的利润动机也起作用[5]。林毅夫等也都认为，在于市场经济体制承认和保护存量的利益分配均衡，经济个体通过改革获得新增利益的行为不损害其他个体的利益[6]。俄罗斯《导报》2009年10月9日发表《自由思想杂志》主编弗拉基斯拉夫·伊诺泽姆采夫在《向中国学习》说，中国崛起

---

[1]　朱佳木：《毛泽东对计划经济的探索及其对社会主义市场经济的意义》，《中共党史研究》2007年第2期。

[2]　欧健：《市场经济视域中的中国特色社会主义理论》，《理论月刊》2010年第3期。

[3]　林志友：《市场经济的历史演进与中国特色社会主义理论体系的形成》，《社会主义研究》2008年第6期。

[4]　薛汉伟、王建民：《制度设计与变迁——社会主义经济体制的历史考察》，《山东大学学报（哲学社会科学版）》2003年12月。

[5]　参阅［美］邹志庄：《中国经济转型》，中国人民大学出版社2005年版。

[6]　林毅夫等：《中国的奇迹：发展战略与经济改革》，上海三联书店2010年版，第267页。

的前提条件是，保留现有企业的国有制，积极主动建设新企业，因此先进行业得到快速发展。钱颖一等人认为中国改革的成功主要得益于传统体制的M结构，在M型组织中，基层政府有较大的自主权，而且地区之间的联系市场取向的这种结构削弱了行政控制，强化了市场活动，刺激了非国有企业的发展①。樊纲则认为转型的路径有"协调成本"的大小决定②。

　　三是在对社会主义与市场经济结合过程的研究中，陈炎兵认为由市场调节，到加大市场调节，到市场经济体制初步建立，再到社会主义市场经济体制完善四个阶段③。毛传清认为社会主义市场经济在中国相继经历了萌芽、受挫、恢复探索、理论形成、体制建立、完善成熟等阶段④。杨瑞龙认为中国向市场经济过渡中，中国的制度变迁方式将依次经过供给主导型、中间扩散型和需要主导性三个阶段，在中间扩散型制度变迁过程中，地方政府发挥着关键作用⑤。

　　（四）对社会主义市场经济体制特征的研究。在该体制下，程传兴指出，完善的社会主义市场经济体制，具有现代产权制度和现代企业制度，企业能够面向市场自主决策、自负盈亏；让企业和个人在市场上通过公平的竞争，促进效率提高，让价格引导资源在全社会合理配置⑥；在所有制方面，"平等竞争"与"优势主导"相统一，在分配上凸显"效率"与"公平"的统一，以实现人民的当前利益和长远利益，个人利益、局部利益与整体利益的统一。与此相适应，政府成为服务政府、有限政府、法治政府。

　　这些研究不仅丰富了社会主义市场经济的内容，也推动了社会主义市场经济体制的实践。但是，我们注意到，经济体制的变迁并不只是蒸汽机等技术工具的变迁，也不只是竞争的产物，更重要的是深层非正式经济制度变迁的因素，是以往研究未予充分注意的问题。一是对社会主义与市场经济的

①　钱颖一等：《中国的经济改革为什么与众不同?》，《经济与社会体制比较》1993年第10期。
②　樊纲：《"循序渐进"还是"平衡推进"?》，《经济研究》2005年第1期。
③　陈炎兵：《论社会主义市场经济体制形成和发展的四个阶段》，《党的文献》2009年第1期。
④　毛传清：《论中国社会主义市场经济发展的六个阶段》，《当代中国史研究》2004年第5期。
⑤　杨瑞龙：《中国制度变迁三个阶段论》，《经济研究》2001年第6期。
⑥　程传兴：《完善社会主义市场经济体制的三大难点和重点》，《社会主义研究》2004年第12期。

关系的研究，只停留在结合层面，对结合的内在机理缺乏研究，使得此研究有待于进一步深入；二是对中国社会主义市场经济体制演进的内在动力机制缺乏研究，更是缺乏一般性的理论解说。因而，完善社会主义市场经济体制，不仅要打破人为建立起来的计划经济体制的限制，还要冲破历史上遗留下来的根深蒂固的自然经济的束缚，同时，面临的新事物越来越多，由此产生了与旧观念更为复杂的冲突。我国从计划经济体制向市场经济体制的过渡本身还是一个正在进行的实践过程，对中国制度变迁的特殊性规律认识的研究也缺乏一般性的理论。这都需要在进一步思想解放中深入研究，推动政府、市场、社会在各自的最优边界内履行职能，加快中国特色社会主义现代化建设。

三、研究方法

从计划经济向市场经济的过渡不仅是一个资源配置方式的转变问题，也是一个从农业向工业、传统向现代的历史变迁。这一过程，充满了矛盾与冲突、创造与毁灭的社会转型过程。因而，对此进行研究，需要立足于历史唯物主义，综合历史学、转轨经济学（过渡经济学）、制度经济学、演化经济学、发展经济学等学科，探寻中国社会主义市场经济体制演进的动力机制。

（一）唯物辩证法。个人是"社会人""组织人"和"经济人"的统一体。一个人所做出的选择，是建立在其社会经验、学习过程的基础之上。由此，应当从每个人的现实存在和他与环境的关系方面，从制度结构、组织模式方面，从文化和社会规模等方面去考察人的经济行为。同时，除了物质经济利益以外，人还追求安全、自尊、情感、社会地位等社会性的需要。

以中国现实的国情——生活于其中的个人作为研究的前提和出发点："马克思的整个世界观不是教义，而是方法，它提供的不是现成的教条，而是进一步研究的出发点和供这种研究使用的方法"①；"从直接生活的物质生产出发阐述现实的生产过程，把同这种生产方式相联系的、它所产生的交

---

① 《马克思恩格斯选集》第4卷，人民出版社1995年版，第42—43页。

往形式即各个不同阶段上的市民社会理解为整个历史的基础"①。毛泽东也在《论新阶段》中指出，"通过民族形式的马克思主义，就是把马克思主义应用到中国具体环境的具体斗争中去，而不是抽象地应用它……马克思主义的中国化，使之在其每一表现中带有中国的特性，即是说按照中国的特点去应用它，成为全党亟待了解并亟待解决的问题"②；"在社会主义社会中，基本的矛盾仍然是生产关系和生产力之间的矛盾，上层建筑和经济基础之间的矛盾。不过社会主义社会的这些矛盾，同旧社会的生产关系和生产力的矛盾、上层建筑和经济基础的矛盾，具有根本不同的性质和情况罢了"③。也就是说，研究社会主义市场经济体制的演进，立足于演进中的人本身。市场主体的社会力量和博弈能力取决于初始地位和市场机制，而后者很大程度上又是社会性的。

（二）演化方法。演化理论以耗散结构理论、复杂性科学等知识为基础，认为社会经济领域的遗传机制是习俗、惯例、习惯和思想的复制和遗传。社会主义市场经济体制本身，并没有先验的理想蓝图，也不会"一步跨入"理想天国。其演进的起点强化了"路径依赖"，演进只能在既成的利益格局和力量对比基础上进行，必然受制于原来的利益和力量结构。因而，研究经济体制应从个体发生与系统发生相互作用的视角，考量经济事实的综合性、整体性、多因素性和动态复杂性。

（三）系统论方法。经济发展的根本在于劳动者潜能的发挥，而劳动者都处于一定的经济关系中。因而，研究社会主义市场经济体制，不能离开政府、市场与社会组成的系统。由计划经济体制向市场经济体制转变是一个难度自增值系统，生产方式对分配方式起决定性作用，消费资料的分配是生产条件本身分配的结果；而分配公平与否则决定于生产关系，"分配的结构完全决定于生产的结构。分配本身是生产的产物……能分配的只是生产的成果"④。

（四）历史和逻辑相统一的方法。人类一般有两种方式规范资源配置，

---

① 《马克思恩格斯选集》第 1 卷，人民出版社 1995 年版，第 92 页。

② 《中共中央文件选集》第 11 册，中共中央党校出版社 1991 年版，第 658—659 页。

③ 《毛泽东文集》第 7 卷，人民出版社 1999 年版，第 214 页。

④ 《马克思恩格斯选集》第 2 卷，人民出版社 1995 年版，第 98 页。

一种以等级制特权来规范和约束人们的行为——国家是阶级矛盾不可调和的产物——防止资源被彻底滥用，另一种是以人格平等为前提的产权制度，划分人们从事经济活动的自由空间，以刺激生产、交换、分工与合作。这两种方式各有其主导的历史空间。就市场经济体制形成而言，一种是生成论，即市场化是一种自然的过程，政府行为可以影响但不能代替这一过程；一种是建构论，是政府本身的行为方式转变的问题，市场化主要靠政府行为来推动。社会主义的发展应该给人们更多的经济自由和保障这一自由的政治权力以及相应的激励机制。完善社会主义市场经济体制，就是要在国家与社会民众之间有一个合理的权利界定，使资源得到充分、有效地生成、配置与使用。

第一章 中国社会主义市场经济体制演进的动力机制探讨

中国社会主义市场经济体制的建立与完善的动力是多元的，既有来自最高决策层、进取人士和知识青年，还有来自社会大众。解放思想始终是推动党和人民事业发展的强大思想武器，改革开放是推动党和人民事业发展的现实动力。

第一节 中国社会主义市场经济体制演进的动力源

经济制度变迁是不同的利益主体在既定的社会结构下进行博弈，其中与生产力发展方向相一致的利益主体在其中发挥着主导性作用。社会主义市场经济体制，是通过调整人们之间的利益关系，调动一切可以调动的积极因素，减少人与人之间的交易成本，从而促使生产效率的提高，使既定资源得以更有效的配置，进而更多新资源的生成，在推动人的自由全面发展中建立起来的体制。

一、经济体制变迁源于社会成员对自身利益的追求

经济体制表现为参与经济活动的各个人的地位和他们之间的利益关系，是基本经济制度的具体表现。"新的生产力和生产关系不是从无中发展起来的，也不是从空中，也不是从自己设定自己的那种观念的母胎中发展起来的，而是在现有的生产发展过程内部和流传下来的、传统的所有制关系内部，并且与它们相对立而发展起来的"[1]。社会主义市场经济发展同个人的利

---

[1] 《马克思恩格斯全集》第 30 卷，人民出版社 1995 年版，第 236 页。

益的紧密结合，且是按照自己的意愿去做事的经济体制，能够发挥大多数人的积极性、主动性、创造性，形成巨大的经济推动力和经济创造力；否则，必相反。

（一）社会成员在追求利益的过程中形成一定的经济体制。经济体制的变迁，是社会成员新的利益关系超越了原先的、具有特定性质的社会制度所能规范的能力和范围，在社会成员的推动下，重新建立一种新型的利益关系（不管个人在主观上怎样超脱各种关系，他在社会意义上总是这些关系的产物①），并以社会制度的形式来稳定和规范的过程。在纷繁复杂的社会背后，在历史和现实中人们的各种行为，在马克思主义看来，不是为了实现某种思想，而是为了追求自己的利益；活动的"激情""热情"也不是由某种空洞抽象的思想唤起的，而是由追求自己的实际利益唤起的——"历史地自行产生的需要即由生产本身产生的需要，社会需要即从社会生产和交换中产生的需要越是表现为必要的，现实财富的发展程度便越高"②。因而，"历史事件似乎总的说来同样是由偶然性支配着的。但是，在表面上是偶然性在起作用的地方，这种偶然性始终是受内部的隐蔽着的规律支配的"③。

人类历史之所以沿着原始社会、奴隶社会、封建社会、资本主义社会和共产主义社会这一方向前进，其根本推动力就在于人们对自身利益的追求、对未来美好生活的期待。人们在追求自身利益的过程中，有意或无意地形成"合力"。恩格斯在 1890 年给约·布洛赫的信中明确说明了历史发展的"合力论"，"历史是这样创造的：最终的结果总是从许多单个的意志的相互冲突中产生出来的，而其中每一个意志，又是由于许多特殊的生活条件，才成为它所成为的那样。这样就有无数互相交错的力量，有无数个力的平行四边形，由此就产生出一个合力，即历史结果，而这个结果又可以看作一个作为整体的、不自觉地和不自主的起着作用的力量的产物。因为任何一个人的愿望都会受到任何另一个人的妨碍，而最后出现的结果就是谁都没有希望过的事物。所以到目前为止的历史总是像一种自然过程一样地进行，而且实质

① 《资本论》第 1 卷，人民出版社 2004 年版，第 21 页。
② 《马克思恩格斯全集》第 30 卷，人民出版社 1995 年版，第 524 页。
③ 《马克思恩格斯选集》第 4 卷，人民出版社 1995 年版，第 247 页。

上也是服从同一运动规律的。但是，各个人的意志——其中的每一个都希望得到他的体质和外部的、归根到底是经济的情况（或是他个人的，或是一般社会性的）使他向往的东西——虽然都达不到自己的愿望，而是融合为一个总的平均数，一个总的合力，然而从这一事实中决不应作出结论说，这些意志等于零。相反地，每个意志都对合力有所贡献，因而是包括在这个合力里面的"①。

构成这一"合力"的基本要素是不同的利益主体围绕相同的利益客体所形成的利益关系。也正是这一利益关系的演变，使得社会形态的发展是一个自然历史过程。经济的发展所带来的物质财富的增加，是引起社会分配方式和利益格局的变动根本原因，而利益关系的任何调整都将会在公众生活中产生影响。经济发展——利益变动——社会矛盾，构成了社会转型时期的一个因果链条。链条的第一环节是动因，中间环节是无法回避的、是与每一个人利益密切相关的，结果指向社会矛盾。利益关系的变动不仅取决于生产力、经济规律和经济发展阶段，而且还取决于利益主体之间的力量对比关系。一般地，利益主体和客体之间是一种拥有和支配关系，利益主体之间是合作或者排他关系。这些关系不是长期约定俗成就是由法律法规来明文规范。从长远和根本上或许主体间的利益是一致的，但现实利益决非一致。在改革开放过程中，有能力的人从一般人群中分离出来，通过勤劳先富起来，在市场经济演进过程中，有能力的人从一般人群中分离出来，通过勤劳先富起来，由此出现了富人与低收入者；具有特殊资源的地区从一般地区中分离出来，通过特殊政策先富起来，由此产生了发达地区与贫困地区；城市利用自身优势从农村分离出来，先富起来，由此加剧了我国本来就存在的二元经济结构。

改革之所以越来越难以推进，不是观念问题，而是利益冲突。由于某些改革长期不到位，事实上已形成了固化的利益格局，在市场经济中的行业性垄断、区域性垄断，唯利是图、缺乏诚信的市场主体，都是部门利益、地方利益、行业利益等的表现，由此形成"利益固化——改革阻力大——改革难以到位——利益进一步固化"的恶性循环。也就是，要想顺利推进社会主

---

① 《马克思恩格斯选集》第4卷，人民出版社1995年版，第679页。

义现代化建设事业，解决实际业已存在的恶性循环，调动社会成员更大的积极性与创造性，在推动增量利益有效分配的同时，要真正实现社会公平，就必须着手存量改革。而存量利益，又集中在既得利益者手中——政府和政府官员自身的权力和利益，以及背后千丝万缕的利益勾连——改革产生了来自党政机关内部的阻力和障碍。推动改革，就需要市场治理的法治化。

（二）社会中个体与共同体的内在张力。人与人之间交易的制度化就是界定人与人之间的责、权、利。在现实生活中，世界上不存在一个整体的、具有思维和感受能力的"社会"，只存在由单个个体依据一定关系形成的社会。由于社会没有思考和决策能力，社会的代表只是具有能动性的个人，可社会上的每个人都有自己的利益。任何一项政策都会使一些人受益，另一些人受损。即使当人们的利益一致时，也是由于每个人的诉求基本相同，而不是因为他们的诉求符合社会标准。于是，个人自由与权利最终消融在"社会利益"中。

然而，正是"许多单个的意志的相互冲突"，每个人都是从自己的主观愿望出发，进行具体历史环境下历史的活动，与生产力发展方向相一致的利益主体在其中发挥着主导性作用，这就是历史规律性的根源。正如有学者概述了现代化的成就，"没有个人的创造就没有经济和文化的繁荣，从电灯、汽车到移动通信，从绘画、诗歌到交响乐，都是思想自由驰骋和灵感自由升华的结晶，都是个人的自由梦想和自由发挥。爱迪生、福特和乔布斯，张大千、歌德和贝多芬，在自由创作的环境中，他们得以运用其天才，给我们留下了哲学、科学、艺术与财富"[①]。

究竟采取什么样的经济体制能够调动社会成员的积极性与创造性，归根到底取决于人的实践活动，生产力的发展状况。"人们在自己生活的社会生产中发生一定的、必然的、不以他们的意志为转移的关系，即同他们的物质生产力的一定发展阶段相适合的生产关系。这些生产关系的总和构成社会的经济结构，即有法律的和政治的上层建筑竖立其上并有一定的社会意识形式与之相适应的现实基础。"[②] 在现实世界中，因民族的文化水平与人口素

---

① 许小年：《作为目的和手段的自由》，《IT 经理世界》2013 年第 7 期。
② 《马克思恩格斯文集》第 2 卷，人民出版社 2009 年版，第 591 页。

质、民族心理结构、宗教传统、风俗习惯、掌握的物质化手段、生活方式与社会组织形式等方面都对生产关系产生影响等。拥有具体精神的与物质的上层建筑力量的现实主体，为特定人群、阶层、集团、阶级谋求新的与生产力水平相适应、起主导作用的利益。

　　人类经济生活的发展史，从根本上说就是配置资源的社会力量及其运行规则的发展史。配置资源的社会力量，一是遵循霍布斯"丛林法则"的暴力，二是以意识形态与伦理情感为基础的宗教伦理力量。这两种力量相结合，逐步形成了以一定的宗教伦理观念为基础的有组织暴力机构——等级制社会结构，它以某种社会伦理观念为准则，通过组织化权力机构来分配社会资源。而在这种等级制权力所不及的边缘地带，逐渐萌生了一种新的社会关系力量——商品拥有者通过市场自由交换而获得的支配社会他人物品的力量，货币是这种力量的符号。在现代社会，一个国家有三种力量：政治力量、社会力量和资本力量。这三者之间博弈的关系，大致决定了国家的命运。

　　资本力量通过市场配置资源体现出来。市场经济就是"把市场定义为一套制度，其中大量的特种的商品交换有规律地发生，并且在某种程度上受到制度的促成和约束……市场就是组织化、制度化的交换"①。这一制度化的交换，基于对交易双方的至少是社会环境所迫下的自愿；反映人们与全社会的他人之间的普遍的社会联系，且这种联系可以用货币数量来表示——"个人的产品或活动必须先转化为交换价值的形式，转化为货币，并且通过这种物的形式才取得和证明自己的社会权力"；"他在衣袋里装着自己的社会权力和自己同社会的联系。"因而，市场在其发展的不同阶段和地区，会形成不同的组织结构，以及在发挥作用中形成的体制也是不相同的。具有不同层次的制度安排及其相互作用关系使市场经济制度极其复杂，这种复杂性也决定了市场化方向的体制转轨过程的复杂性和多样性。市场经济是以价格信号为主导的资源配置方式，并体现出人与人之间的相互利益关系。人与人之间的利益关系又会影响到资源配置效率。逻辑上，市场的演进表现为逐渐地进行

---

① ［英］G. W. 霍奇逊：《新制度经济学宣言》，向以斌等译，北京大学出版社 1993 年版，第208 页。

自我调适修正，实现各方社会利益最大化。市场主体在追求利益和进行经济活动时选择一种成本耗费最少、收益预期最大的行为方式。市场优劣，第一要看它是否促进了生产力，有很高的资源配置效率；第二就是它是否相对公平。企业的经济行为不仅要受市场和社会组织的协调，政府也开始把宏观调控建立在市场系统有效运行的基础之上。现代市场经济是契约经济，维护契约、坚持诚信是市场主体的立业之基兴业之本。要完善规范市场主体的法律法规，建立健全社会征信体系，褒扬诚信，惩戒失信；就要依法健全企业的组织制度、企业的管理制度、企业的决策制度、企业的财务会计制度，让企业的生产经营行为不能碰法律底线。

在政府调控社会、经济发展过程中，社会组织主要起到沟通政府与社会主体之间的信息、平衡社会利益冲突、协调各方行为的"中介作用"的组织。社会组织可在政府与公民之间、与社会之间、与企业之间等搭建沟通、了解的平台，发挥桥梁和纽带作用，从而协调社会利益关系，预防、减少社会矛盾的发生，化解社会矛盾，降低政府的利益调节成本；提供某些公共服务，也可接受政府委托提供部分社会服务；通过制度化、规范化管理，对所属成员具有较大约束力，可规范成员行为，加强其自律性；为人们提供多样化的选择机会和活动空间，它通过向政府社会提出不同的利益诉求，在一定程度上对政府管理起着监督作用；可通过捐赠、捐献、捐助等形式扶贫济困救灾，为社会弱势群体及困难群体提供帮助和服务，从而起到调节社会分配的作用，成为维护社会公正和社会稳定的重要力量。此外，社会组织可以有效地弥补政府和企业的不足，把部分从政府和企业分离出来的职能接收过来，从而减轻政府和企业的负担，使政府和企业可以更有效地履行好自身的职能；可以同政府在非垄断性公共物品的提供上开展竞争，促进公共物品供给效率的提高；在政府和民众之间发挥桥梁的作用，促进民主政治的建设；以民间身份、通过民间渠道积极参与国际的交流合作活动，有助于增进国际社会对中国的了解。

《就业、利息和货币通论》告诉我们，凯恩斯假设了一个无限的认知和执行能力的政府——官员的完全理性、不可能垄断、没有信息不对称、政策成本等于零、没有外部性，他将"市场失灵"归咎于市场上的自然垄断、交易成本、市场交易的外部性、信息不对称等市场的自身的缺陷；因而建议政府干预。然而，若政府占用了本来可供民间使用的资源，压缩了个人发挥的空间，企业和个人逐渐退化——企业丧失创新的动力，将资源用于游说和贿赂政府，以便继续享受排斥竞争的行政保护政策；个人则依赖政府的福利开支，不再努力学习和勤奋工作[1]。这也就是人们常说的政府权力过大带来的弊端。这一弊端在市场经济条件下表现为政府错位和越位、缺位。换言之，政府以行政方式和行政手段解决市场运行问题，以行政许可和行政审批事项来替代市场杠杆，以行政部门的自身利益凌驾于市场之上；制定市场游戏规则不到位，执行不力；对不正当竞争、假冒伪劣等行为管制不力，对市场混乱和市场不公麻木不仁[2]。也就是说，在行政权力与市场力量博弈过程中，行政力量过强，市场力量就较弱；政府干预过多，市场作用就较小。

人的理性不足以理解人类社会的每一个细节，认识其全部功能。在哈耶克看来，每个人都存在"理性不及的无知状态"——人的理性不足以理解人类社会的每一个细节，更不可能细致入微地安排这种社会秩序[3]；因此，在人们的思想素质不具备的条件下，一旦权力过度集中，往往形成的是一条通往奴役之路。这是因为，政府官员首先追求的是个人利益，这促使他们在制定和执行公共政策的过程中，必然利用手中的公共权力，为自己谋求好处。例如，议员合法地收买选民；官员借审批、监管、检查、收税之机，索贿、受贿的比比皆是。权力使得市场经济中部分官员成为分利集团，而意识形态本身对于他们的利益秩序来说就是一种最大的合法性否定；精英联盟的形成使得弱势者具有普遍的被剥夺感。仅就经济行为来说，在市场经济中，凡是法律法规没有禁止的，就应当允许投资者进入。这就是说，政府部门只能以公众的利益为利益，不能有自身的利益，更不能将自身的利益凌驾于公众利益之上。

人类的进步都来自合作。市场制度是人类有史以来创造的最有益于合作的制度。有了市场的激励机制，人们就会努力地寻找知识，努力地创造知识——关于社会的、自然的、技术的知识。真正的市场通过公平竞争——只

---

① 许小年：《作为目的和手段的自由》，《IT 经理世界》2013 年第 7 期。

② 杜辉：《核心是处理好政府和市场的关系》，《大连日报》2013 年 12 月 23 日。

③ ［英］哈耶克：《法律、立法与自由》，邓正来等译，中国大百科全书出版社 2000 年版，第 8—11 页。

有给别人创造价值，才能够获得自己的利益。企业要持续地生存下去，就要不断地创新，为社会提供更好的产品和服务。每个人是靠自己的能力和努力在生活，收入的增加是自己努力的结果。市场使人类创造更多的财富、更先进的技术，也使人与人之间更相互信任，使每个人活得有尊严。思想市场是不同观点的自由表达，包括学术自由、出版自由，以及相互的竞争。思想市场也是人类社会相互交流形成默契和共识的一种方式，也是释放社会不满情绪的一种方式。

世界上各民族的文化都有自己的优长、特点，不同民族的文化相互凝望、彼此砥砺、相互促进，是文明共同进步的强大动力。市场经济是建立在道德和民主法制基础上的商品经济。市场经济的建立以完整的社会道德体系和政府的民主法制体系为前提，这里的道德体现社会与个人的自我约束能力或者叫坚守底线的能力，而民主则体现为政治民主和完善的法治机制。只有在解决了公民道德行为和政府民主法制行为的条件下，市场经济才能有生存之地。积极推进政府向社会组织转移职能和购买服务；鼓励和支持行业协会商会在规范市场秩序、开展行业自律、制定行业标准、调解经济纠纷、扩大对外交往等方面发挥积极作用；加强对承接转移职能的社会组织跟踪指导与服务协调，开展工作绩效的第三方评估，倒逼社会组织加强自身建设，提升科学发展水平，确保对政府职能转移能够"接得住、管得好"。

文明的一切进步，换句话说，社会生产力的一切增长，可以说是劳动本身的生产力的增长。自 1992 年中国开始走向市场经济以来，部分资源要素被迅速盘活，经济呈现出了前所未有的巨大活力。经济活力被释放，相当大的力量是政治权力的推动，而非市场配置资源的产物。

（三）结构性力量相互作用。制度的变迁和选择是在一定的初始条件下进行的，过去、现在与未来之间存在着不可分割的内在联系。也就是说，一个社会会"按照自己的面貌为自己创造出一个世界"①。社会总是由一定的经济、政治、文化、社会构成的具体的社会，这些构成要素同时也就是社会历史发展的相应的"力"，即经济与政治、文化、社会的辩证运动构成社会历史发展的合力。经济对政治、文化、社会的决定性作用既非机械的，也并非

①　《马克思恩格斯选集》第 1 集，人民出版社 1995 年版，第 276 页。

总是直接的——通过许多中介环节来实现。

国家、社会与市场的三元建构，也涉及经济、政治与文化的联动机制，还涉及政党、政府与民众的权力——权利互动状态。政治力量的载体是各级国家机关，在中国传统社会，形成以行政权力层级为核心的金字塔式的社会结构。这种社会结构必然会影响当下中国权力的运作方式。权力可最终转化为财富或名声，反之亦然。社会力量则体现在文化伦理以及社会组织方面。在政府部门和以营利为目的的企业之外，还存在以非营利为目的、从事公益事业的一切志愿团体、组织或民间协会。它们涵盖教育、科技、医药、卫生、文化、艺术、扶贫、环保、弱势群体保护等许多方面，如基层自治组织、人民团体、社会团体、行业组织、中介组织和基金会等进行扶贫、救灾、救助残疾人、环保等事业的发展。现代社会利益多元，公共事务除了政府来处理，还要发展群众自治。在一个人民做主的国家中，民间社会自组织能力逐步提高，能够自行处理各种各样的公共事务。这会出现丰富多彩的社会生活和生动活泼的政治局面，实现经济、政治、文化的全面繁荣。社会对市场的规范就是开辟道路，使市场主体沿着社会所设置的路径发展，并对那些违反规则和不遵守约束的行为进行制裁。20世纪80年代，国家对资源和机会的垄断与控制有所弱化，自由流动资源和自由活动空间开始出现，相对独立的社会开始发育。在这一过程中，各种不同的社会力量开始出现。

特定社会的文化传统在很大程度上已经界定了每一个人的权利。在这一文化基础上确立的法律、政府、政策等等，都是这一内在过程的外化，是演化的结果。人的思想一旦得到解放，体制的束缚一旦被打破，人的活力和创造力就不仅体现在新的生产力上，还体现在创造新的生产关系以及以此为基础的经济制度上，进而在主导地位的生产关系基础上会逐渐形成新的社会结构以及政治和思想的建筑上层。向市场过渡是一个包括了社会经济、政治、文化等各方面变化的整体过程，在这一过程中，经济、政治和文化系统之间的相互联系更加重要，政治和意识形态的变化对经济制度改革而言是内生因素，经济转型的成败不仅取决于经济因素，也取决于政治和文化因素。江泽民指出："推进人的全面发展，同推进经济、文化的发展和改善人民物质文化生活，是互为前提和基础的。人越全面发展，社会的物质文化财富就会创造得越多，人民的生活就越能得到改善，而物质文化条件越充分，又越能推进人的全面发展。社会生产力和经济文化的发展是逐步提高的、永无止境的过程"①。改革开放，从农村到城市，从经济领域到政治、文化、社会领域的每一步深入，都在于让一切创造社会财富的源泉充分涌流。无论是中央与地方之间，还是政府与企业之间都涉及国家要把一些不必要的权力还给社会，给社会一个相对自由发展的空间，从而彻底摆脱"政府办企业，企业办社会"的恶性循环。

历史的发展是在一定社会结构中的经济、政治和文化系统之间相互作用，以及不同个人和不同的利益集团为实现自身利益的最大化而进行博弈的结果。只有从社会各个系统的相互作用，才能对市场经济体制演进的实际进程和内在逻辑做出比较完整的说明。依靠法律、行政、道德等手段建立起的经济活动规则也属于经济制度；经济活动的法律化和行政化等都是经济关系制度化的途径或方式。制度虽是一种公共品，但不是"中性的"，对不同的利益集团其价值是有差异的。经济制度的改变，会涉及宪法制度、政治制度、意识形态及至对外政治经济关系等内容的变化。从动力的发生机制看，社会的技术和知识究竟能带来多大的财富，受制度的约束。从动力的路径看，通过微观管理方式的革新和宏观社会体制及其运行机制的变革，调整人们之间的利益关系，使既定资源得以更有效的配置，取得更大的价值和社会价值。从动力的结果看，社会制度的变迁是演进与构造、确定性与不确定性的统一。因此，从更一般意义上讲，体制转轨又是一国社会形态的一次极为深刻的变迁。只有适合了本国国情的经济制度才是最好的，不存在不依赖于客观国情的、超历史的最优经济制度。

20 世纪 80 年代推动改革的力量主要限于经济领域，它们追求的是经济上的各项权利。90 年代以来形成的社会力量，不仅涉及经济和政治权利，而且涉及环境保护、食品安全、公共服务、慈善捐赠、消费者权益保护、非政府组织、公民社会等几乎所有社会领域②。在一定意义上，每一个事件

---

① 转引自杨金海：《以人为本　全面落实科学发展观——"以人为本"丰富和发展了马克思主义关于人的全面发展理论》，《中国教育报》2006 年 1 月 13 日第 4 版。

② 参阅荣剑：《中国的"边缘革命"》，《经济观察报》2013 年 4 月 22 日。

的出现，都会或多或少地推动政府政策的改进。如，2003 年的"孙志刚事件"，使得国务院废除了《城市流浪乞讨人员收容遣送办法》；2009 年的"唐福珍自焚事件"，推动国务院出台了新的房屋征收与补偿条例；"任建宇劳教案"和其他几个劳教案，在媒体和维权律师的积极干预下，动摇了存续 50多年的劳动教养制度。这同样也证明了社会主义市场经济体制的演进也体现了生产力与生产关系、经济基础与上层建筑的统一；体现了经济、政治、文化的统一；体现了物质文明、政治文明和精神文明建设的统一；体现了尊重社会发展规律与发挥历史主体能动性的统一。

二、社会主义初级阶段的主要矛盾是根本动力

我国面临的主要矛盾是生产关系与生产力不相适应。中国共产党早在第八次全国代表大会上就提出，"我国国内的主要矛盾，已经是人民对于建立先进的工业国的要求同落后的农业国的现实之间的矛盾，已经是人民对于经济文化迅速发展的需要同当前经济文化不能满足人民需要的状况之间的矛盾"。1981 年 6 月中央十一届六中全会通过的《关于建国以来党的若干历史问题的决议》中又作了新的概括，"在社会主义改造基本完成以后，我国所要解决的主要矛盾，是人民日益增长的物质文化需要同落后的社会生产之间的矛盾。"而"这一矛盾的实质，在我国社会主义制度已经建立的情况下，也就是先进的社会主义制度同落后的社会生产力之间的矛盾"①。

（一）社会主义初级阶段的主要矛盾。马克思恩格斯语境中的社会主义社会中生产力及生产关系是这样表述的，"社会生产力高度发展，社会产品极大丰富；全体社会成员的科学文化教育水平得到极大提高，成为全面发展的新人；全体社会成员的共产主义思想觉悟和道德品质极大地提高；进一步消灭工农之间、城乡之间、脑力劳动和体力劳动之间的差别以及反映这些差别的资产阶级权利"②。可实践中第一个，以及到目前为止的社会主义国家，都没有达到这一生产关系状况。进入社会主义社会的前苏联是在不发达资本主义基础上的。在战时共产主义政策行不通的状况下，列宁提出通过"新经

---

① 《毛泽东传》（1949—1976）上，中央文献出版社 2003 年版，第 537 页。

② 《马克思恩格斯选集》第 3 卷，人民出版社 1995 年版，第 320 页。

济政策"探索生产力不发达阶段的社会主义的建设,"如果不在工业和农业之间实行系统的商品交换或产品交换,无产阶级和农民就不可能建立正常的关系,就不可能在资本主义到社会主义过渡时期建立十分巩固的联盟……对于地方的进取精神和自主程度必须充分给以支持和加以扩大"①;学习利用资本主义要向国内外资本家交付学费、交纳贡赋,要接受资本主义的剥削,要利用俄罗斯的资源和矿藏;为了改变国家的贫穷落后,为了正在学习和应当学习的东西不得不作出牺牲,付出代价,但是我们所得到的将是能使我们巩固起来,最终站立起来,并在经济上战胜资本主义的主要的东西——"在我们和资本主义的(暂时还是资本主义的)西方并存的条件下,没有其他道路可以过渡到共产主义。批发商这类经济界人物同共产主义似乎有天壤之别。但正是这类矛盾在实际生活中能把人们从小农经济经过国家资本主义过渡到社会主义。同个人利益结合,能够提高生产,我们首先需要和绝对需要的是增加生产。批发商业在经济上把千百万小农联合起来,引起他们经营的兴趣,把他们联系起来,把他们引导到更高的阶段,实现生产中各种形式的联系和联合。"②在新经济政策的环境下,学习利用资本主义,让共产党员在组织社会经济和文化建设上比资本家做得更好。如果我们被实践证明不能比资本家更会做经济工作、管理工作、文化工作,不能比资本家服务人民群众更好,不能令他们满意,我们就得不到支持,就会被赶走,就要被推翻政权③。然而,这一观点,被更多的领导人看成是应对困难的临时想法——多种经济成分并存的需要,一旦当时的困境得以摆脱,人们的生活有点改善,就会取消商品生产与交换,社会就将实现直接的产品生产和分配,货币和商品将成为过时的东西。

　　然而,这一思想,毛泽东在《关于正确处理人民内部矛盾的问题》《论十大关系》《在中国共产党第八届中央委员会第二次全体会议上的讲话》《在省市自治区党委书记会议上的讲话》《党内团结的辩证方法》《坚定地相信群众的大多数》等文章中强调指出,"社会主义国家的基本矛盾仍然是生

---

① 《列宁全集》第41卷,人民出版社1986年版,第327页。

② 《列宁专题文集:论社会主义》,人民出版社2009年版,第247—248页。

③ 《列宁专题文集:论社会主义》,人民出版社2009年版,第234页。

产关系与生产力之间的矛盾、上层建筑与经济基础之间的矛盾",发展了马克思的社会矛盾学说——提出了社会主义社会基本矛盾的理论和正确处理人民内部矛盾的学说,必须正确处理人民内部矛盾和敌我矛盾这两类不同性质的矛盾;进行社会主义建设,必须突出辩证法,而不是形而上学的方法;并提出了"把国内外一切积极因素调动起来,为社会主义事业服务"的基本方针,还具体包括,探讨了"中国工业化的道路",提出了"统筹兼顾、适当安排""百花齐放、百家争鸣""长期共存、互相监督""自力更生为主,争取外援为辅"等一系列方针。这些论述为党正确认识和处理社会主义社会的矛盾提供了思想基础。由于历史与时代的局限,虽然想早日改变我国贫穷落后的面貌,但由于未能把握社会主义社会基本矛盾表现的主要领域和具体形式,以及社会主义建设过程中各种矛盾的焦点,企望通过建立公有程度更高的生产关系来促进生产力的发展,如搞"一大二公"的人民公社和几千万人上山"大炼钢铁";或认为阶级斗争是社会主义建设力量的源泉,"抓革命、促生产"等主张,却背离了社会主义社会矛盾与动力的正确理论。

（二）社会主义初级阶段主要矛盾的存在形式。三十多年来的改革开放,带给了中国翻天覆地的变化。这一变化,使得社会主义初级阶段的主要矛盾——落后的社会生产与人民群众日益增长的物质文化生活相矛盾——具有不同的表现形式。

一是在社会主义市场经济体制孕育、建立阶段,致力于摆脱贫困,走向小康——做大蛋糕问题。党的十一届三中全会,客观分析了我国社会的主要矛盾是人民日益增长的物质文化需求同落后的社会生产之间的矛盾,决定将党的工作重心转移到"以经济建设为中心"上来。邓小平通过焕发中国社会的忧患意识,克服既有制度格局的阻力,启动大规模改革进程。党的十三大报告提出了党的社会主义初级阶段的基本路线,"领导和团结全国各族人民,以经济建设为中心,坚持四项基本原则,坚持改革开放,自力更生,艰苦创业,为把我国建设成为富强民主文明的社会主义现代化国家而奋斗。"这一基本路线成为后来改革的基本尺度。

唯物史观认为,人不论以个体还是共同体的方式存在,都"需要吃喝住穿以及其他一些东西……单是为了维持生活就必须每日每时去从事的历史活动，是一切历史的一种基本条件"。① 也正是前一需要的不断满足以及后一需要的不断生成，构成了人类社会发展的历史。马斯洛的需求理论进一步证明了这一观点的正确性。人的五种需求是呈阶梯形发展的。人的生理需求，是最强烈的不可避免的最底层需要，如空气、水、吃饭、穿衣、性欲、住宅、医疗等等，是推动人们行动的强大动力。当生理需要得到满足以后就要保障安全这种需要。安全需求要求劳动安全、职业安全、生活稳定、希望免于灾难、希望未来有保障等。当人的基本生存需求得到保障以后，人们开始渴望得到家庭、团体、朋友、同事的关怀爱护理解，而这一需要与人的性格、经历、生活区域、民族、生活习惯、宗教信仰等都有关系。得到他人关爱的同时需要尊重他人。人发展的最高境界是，完成与自己能力相称的工作，最充分地发挥自己的潜在能力，成为所期望的人物，充分地、活跃地、忘我地、集中全力全神贯注地体验生活②。此外，也有学者根据动力的种类把人的发展动力分为三种，一种是生理性动力，生存状态越低，被压抑的生理力量就越强；一种是理性动力，即知识的动力，能够用一种理性的方法来改变命运；第三种是一种精神动力，信仰精神、求知精神，一种仁爱的精神。实际上，第一种是人作为一种动物本能的生存压力，后两者则是作为人所具有的发展动力，只不过是从感性的还是从理性的视角做出区分而已。

市场取向的改革，即市场竞争的资源配置方式尽可能吸收知识和信息的递增倾向；竞争使得科学技术成为经济增长的源泉和动力。经济发展的需求拉动科学技术，使科学技术成为经济发展的内生变量。企业靠创新去赢得生存和发展，创新来自企业内在的需求和战略。而科技发展促进劳动资料的变革，为经济增长提供新的思想，提供新的技术、产品和工艺，改进现有技术、产品和工艺；科学技术促进劳动对象的变革，例如纳米技术使人类有了更多更新的生产资料等；科学技术的发展促进劳动者科学文化素质的提高；科学技术的发展推动生活方式的变革，改变人们的交往方式、消费方式、学习方式、休闲方式以及娱乐方式；科学技术发展推动产业结构的变化，大机

---

① 《马克思恩格斯文集》第 1 卷，人民出版社 2009 版，第 531 页。

② 参阅 [美] 马斯洛：《自我实现的人》，许金声等译，生活·读书·新知三联书店 1987年版。

器生产代替了手工劳动，工业超过了农业的比重。总之，由于生产经验和知识的积累、生产工具和技术的变革——经济单位内部各种生产要素的配合，符合新生产力决定的经济技术要求；在宏观上使稀缺资源在某种社会范围内的交流、组合，符合新生产力水平下社会分工的深度和广度、社会物资和信息传输能力发展状况等。

二是社会主要矛盾表现为公众日益增长的公共品需求同公共品供给短缺低效之间的矛盾，即公共服务均等化问题。从 20 世纪 80 年代中国改革开放开始，经过社会主义市场经济体制孕育阶段的放权让利和随后建立社会主义市场经济的努力，缺衣少食已不再是社会矛盾的主要起源，物品极度匮乏已不是社会主要矛盾的根本起因。正如马克思指出的，生产的不断发展使"城市人口比农村人口大大增加起来，因而使很大一部分居民脱离了农村生活的愚昧状态。"[①] 早在 1958 年，美国经济学家 J. K. 加尔布雷思在《富裕社会》对当时美国狂热追求国内生产总值增长率的现象做出批判性分析，对所生产的狂热追求必将让位于一个更广泛的问题——可能的生活质量。

随着经济发展水平的不断提高，贫富差距问题逐步凸显，出现了许多利益集团和既得利益者。当前中国社会发展正面临就业、贫富差距和社会保障这三大社会矛盾。城乡之间的差距、地区之间的差距、阶层之间的差距成为新的社会矛盾。垄断利益集团、特权利益集团、以谋取租金收入为主的食利者利益集团、以各种中间收费为来源的灰色收入利益集团、早期完成原始资本积累的优势企业利益集团之间的博弈塑造了寻求价值实现和利益最大化的理性个人集结而成的集体行动，而下岗职工、外来农民工、残疾人、失地农民、退休职工等弱势群体则需格外关注。在实践中，部分地方基层管理部门往往把公共利益部门化，认为公共利益就是"公共部门利益"，以"多数原则"为幌子，将利益分配给所谓"看不见的多数人"，而把损失分摊给没有话语权的弱势群体。以正在进行的房地产市场调控为例，尽管出台了很多政策措施，甚至动用了强大的行政力量，但效果远没有想象的那么好。究其原因，就是围绕房地产市场形成了太多的利益集团和既得利益者，不仅可以有效抵消调控政策的力量，甚至可以左右某些方面的决策。在地方，利益集

---

① 《马克思恩格斯文集》第 2 卷，人民出版社 2009 年版，第 36 页。

团和既得利益者更是明目张胆地动摇调控政策、影响调控行为。

随着社会主义市场经济体制的演进，使得处于不断变化中的贫富关系，已逐渐演变成贫富差距格局很难打破——谁是穷人谁是富人不太容易发生变化，处于弱势的个人在自己的一生中要改变自身不利地位越来越难，正如社会分工把人与社会的关系推向某种不可调和的矛盾之中——"为了社会的全面发展，必须使大多数人处于片面发展状态"一样。可是，社会主义社会之所以优越于资本主义，且社会主义之所以要用市场经济来发展生产力，是要推动社会的整体进步与发展。因而，需要克服这一"潜水艇式的社会分层"，促进基本公共服务均等化——保障所有社会成员都能从经济增长中受惠，共享经济发展成果。同时，在这一实践过程中，社会各界逐渐达成基本共识，利益各方学会协商妥协，认可每一方都难以取得完全胜利，每一方也都不可以完全失败，在必要的时候，某一方还不得不放弃自己利益的一部分，达成整个社会的利益平衡。

第二节　改革是社会主义市场经济体制演进的强大推动力

社会是由许多具有相对独立性的部分或系统组成的。可其中各个系统不会同步地发生变化，变化遵循其自身的逻辑规则。如技术可以通过引进和模仿，可适宜的管理方式和管理体制的生成需要一定的过程，新的法律制度需要相对成熟的社会环境；而风俗习惯、道德评价和价值观念的转换往往需要一代人甚至几代人的适应。通过改革，发挥市场"无形之手"的基础性作用，发挥政府"有形之手"的关键性作用，发挥政绩"导向之手"的引领性作用，进一步推动全社会各种力量充分涌动，使得社会主义市场经济体制得以孕育、建立与发展。

一、经济体制改革推动社会物质财富的涌流

计划和市场是资源配置的两种手段，究竟哪种方式起主导作用，不仅需要从配置效率而且从生产效率进行考量，即哪一种更能带来更多、更长远的物质利益。经济体制改革，从表层看，就是从物价改革开始的，实行市场

取向的积极发展商品经济，进一步缩减政府定价范围、扩大市场定价范围，凡是能由市场形成价格的都交给市场；从深层看，就是培育市场主体，将一些集中在政府手中的权力让出来，放权给市场、给社会、给公民，使公民就业机会更平等——被特权所垄断的就业机会向每个人平等地开放；通过走向市场，使农村富余劳动力与城市新增劳动力与下岗职工有了就业的机会。

　　严格意义上，经济体制改革自新中国成立之后不久就开始了，由于政府在资源配置方面起到绝对的主导地位，就尝试过放权让利、利润包干等各种改革方案。1957 年 10 月，党和政府出台《国务院关于改进商业管理体制的规定》《国务院关于改进工业管理体制的规定》《国务院关于改进财政管理体制的规定》等若干文件，推动一部分工业、商业、财政管理权力下放给地方和企业，以便进一步发挥地方和企业的主动性和积极性。进而，1958 年又连续制定和实施了一系列改革措施①，促进中央各部所属企业下放地方管理；下放基本建设项目审批权、财权、税权、劳动管理权、商业、银行管理权、教育管理权等，但次年为了应对"大跃进"造成的经济困境而被收回。1970 年党和政府进行以行政分权为主题的经济体制改革，即在国家统一计划下，实行地区平衡、差额调拨、品种调剂、保证上缴的物资调拨分配办法；实行定收定支、收支包干、保证上缴节余留用，扩大地方机动财力；扩大地方计划管理权限——财权、物权、计划管理权、劳动工资权等，实行"块块为主，条块结合"的计划管理体制。于是，地方政府日益成为管理经济的主体，各省成为小而全的经济体，产业结构的趋同性日趋严重。由于没有市场环境和企业的附属物的地位没有改变，即使企业有了一定的权力，也不可能向独立的商品生产者发展。

　　发展企业，必须理顺企业在市场活动中各环节之间的相互关系，推进市场发挥配置资源的基础性作用，建立产权清晰的现代企业制度。根据斯大林关于生产关系三个部分的界定，即生产资料归属、在生产中的地位及其相互关系、产品分配；从三个方面推进理解，产权改革、调整经济活动中人与

---

① 这次改革是在中国共产党八大二次会议提出的建设社会主义总路线——鼓足干劲，力争上游，多快好省地建设社会主义、超英赶美的经济发展战略而全面发动"大跃进"的背景下进行的。

人之间的关系以及分配体制改革。马克思认为，"社会生产过程既是人类生活的物质生存条件的生产过程，又是一个在历史上经济上独特的生产关系中进行的过程，是生产和再生产着这些生产关系本身，因而生产和再生产着这个过程的承担者、他们的物质生存条件和他们的互相关系即他们的一定的社会经济形式的过程"①。在古典经济学中，经济系统是一个无摩擦的世界，并不存在任何交易成本。企业并非天然存在的，它是市场主体在经过精明的成本收益分析后刻意建立的产物。企业的最优边界，就在于其能够节约的市场交易成本与其相应产生的内部组织成本相等之时。无所不在的交易成本，由此而形成了市场与企业的分野。我国正在进行的改革开放进程，就是通过改革破除了制约生产要素优化配置和生产力发展的体制机制，带来了生产力的解放和物质财富的增长。

（一）市场取向的改革，落实企业自主权，允许民众办企业，企业竞争力日渐提升。由于中国历史上没有市场经济体制等现代经济的元素，加上近 30 年的封闭，改革者的头脑中没有有关现代经济的完整概念。只存在着对 20 世纪 50 年代中期以来历次经济改革和经济调整理论探索和实践尝试。1978 年 12 月，邓小平在中央工作会议上指出，"现在我国的经济管理体制权利过于集中，应该有计划地大胆下放，否则不利于充分发挥国家、地方、企业和劳动者个人四个方面的积极性……我国有这么多省、市、自治区，一个中等的省相当于欧洲的一个大国，有必要在统一认识、统一政策、统一计划、统一指挥、统一行动之下，在经济计划和财政、外贸等方面给予更多的自主权"②。

1978 年，四川开始国有企业的简政放权、扩大企业自主权试点，首批参加的企业有重庆钢铁公司、成都无缝钢管厂等 6 家。1979 年 7 月，国务院颁发《关于扩大国营企业经营管理自主权的若干规定》《关于国营企业实行利润留成的规定》等 5 个文件，对扩大国营工业企业经营管理自主权、实行利润留成、征收固定资产税、实行流动资金全额信贷、提高固定资产折旧率及改善折旧费等做出规定，企业获得了利润留成，在定员定额内有权决定

---

① 《资本论》第 3 卷，人民出版社 2004 年版，第 927 页。

② 《邓小平文选》第 2 卷，人民出版社 1994 年版，第 145 页。

自己的机构设置、任免中下层干部等，政府对企业的考核也仅仅集中在产量、质量、利润、合同执行情况等。1983 年 4 月，国有大中型企业不必再向主管部门上缴利润，而是将其所实现利润的 55%，缴纳企业所得税；国有小企业则按超额累进方式缴纳。1984 年，国务院颁布《关于进一步扩大国营企业自主权的暂行规定》，扩大了企业生产经营计划权、产品销售权、产品价格权、资金使用权和人事劳动权等权利，放权让利的改革从试点转向全面实行[①]。

1984 年中央 1 号文件提出，在兴办社队企业的同时，鼓励农民个人兴办或联合兴办各类企业。进而在《关于开创社会企业新局面的报告》中，社队企业被改名为乡镇企业，明确乡镇企业由社办、队办变为乡办、村办、联产办、户办。1985 年开始，国有企业实行工效挂钩制度；1986 年开始，国有企业开始实行劳动合同制。1987 年的中共十三大报告指出："实行所有权与经营权分离，把经营权真正交给企业，理顺企业所有者、经营者和生产者的关系……目前实行的承包、租赁等多种形式的经营责任制，是实行两权分离的有益探索，应当在实践中不断改革和完善。"承包制以经营合同的形式，规范政府与企业的责、权、利关系，提出个体经济"是和社会主义公有制相联系的，是社会主义经济必要的有益的补充"；"利用外资，吸引外商来我国举办合资经营企业、合作经营企业和独资企业，也是对我国社会主义经济必要的有益的补充。"对私营经济地位的认可，也写进了 1988 年修订的宪法。

1981 年中央第一次提出"国营经济和集体经济是我国基本的经济形式，一定范围的劳动者个体经济是公有制经济的补充"。1982 年党的十二大一方面强调国营经济的主导地位，另一方面提出发展多种经济形式。1984 年党的十二届三中全会提出"坚持发展多种经济形式和多种经营方式"。1986 年党的十二届六中全会提出"要在公有制为主体的前提下发展多种经济成分"。1987 年党的十三大提出私营经济、中外合资合作企业和外商独资企业等非公有制经济，是公有制必要的和有益的补充；1992 年党的十四大进一步提出"以公有制包括全民所有制和集体所有制经济为主体，个体经济、私营经济、外资经济为补充，多种经济成分长期共同发展，不同经济成分还可以自

---

① 参阅雪珥：《熔炉与丛林：三十年来中国政商关系》，《中国经营报》2015 年 1 月 5 日。

愿实行多种形式的联合经营"。在财政体制改革方面，从 1980 年开始，中央和地方的财税关系经历了多次调整，旨在清楚界定中央地方的财权、事权，到 1994 年的分税制改革，中央地方的财税关系变得更加清晰，并被固定下来。

简言之，这一时段的改革采取的双轨制，一是给予大型国有的重工业企业必要的保护补贴；二是创造条件积极推动劳动密集型产业的发展，并以经济特区、工业园区等方式为非公企业的进入提供良好的基础设施和营商环境。

（二）推进经济体制改革。商品市场的价格机制逐渐形成，可生产要素市场、劳动力市场、资本市场远没有形成。20 世纪 90 年代，随着中央地方分税制建立、国有企业治理结构调整，银行、资本市场领域金融改革等措施，资源的市场配置逐渐显现。1994 年，十四届三中全会提出"国家要为各种所有制经济平等参与市场竞争创造条件，对各类企业一视同仁"，要"坚持以公有制为主体、多种经济成分共同发展的方针"；1997 年，十五大把非公有制经济确定为社会主义市场经济的重要组成部分，从而纳入了社会主义基本经济制度的规定之中，而不再被视为公有制的对立面，"公有制为主体、多种所有制经济共同发展"，作为"我国社会主义初级阶段的一项基本经济制度"确定下来。2002 年，十六大把基本经济制度概括为"两个毫不动摇"——"毫不动摇地巩固和发展公有制经济，毫不动摇地鼓励、支持、引导非公有制经济发展，坚持平等保护物权，形成各种所有制经济平等竞争、相互促进新格局"；"既要保护合法的劳动收入，也要保护合法的非劳动收入"；"完善保护私人财产的法律制度"。中共十六届三中全会进一步明确"允许非公有资本进入法律法规未禁入的基础设施、公用事业及其他行业和领域"；"非公有制企业在投融资、税收、土地使用和对外贸易等方面，与其他企业享受同等待遇"；"建立归属清晰、权责明确、保护严格、流转顺畅的现代产权制度"；"维护公有财产权，巩固公有制经济的主体地位"，而且"保护私有财产权，促进非公有制经济发展"；"要依法保护各类产权，健全产权交易规则和监管制度，推动产权有序流转"。在 2007 年通过的物权法中，私有财产与公有财产得到了平等的保护。中共十七大报告提出，要坚持和完善公有制为主体、多种所有制经济共同发展的基本经济制度，坚持平等保护物权，形成各种所有制经济平等竞争、相互促进新格局，"要健全劳动、资本、技术、管理等生产要素按贡献参与分配的制度"。这表明，按生产要素贡献分配，让更多的群众拥有财产性收入，从作为一个分配原则在2002年被提出，而到2007年被确立为一种分配制度。

由于体制机制不健全，政府的职能转变不到位，利益机制与利益份额的部门、地方、企业化以及部门、地方、企业利益的非法人集团化的经济秩序变迁使得利益主体和行为方式多元化、复杂化，进一步促进部门、地方、企业自发展机制与自利机制及其利益份额的形成。然后再到房地产和金融。中国仍以传统经济的固定资产投资、基建投资、传统制造业（发展钢铁、机械）等为主体，劳动力素质低下，对创新的制度保障不足等，使得社会主义市场经济的优越性也还没有得到很好的展示。

（三）深化经济体制改革。中国的改革从"文革"结束后开始，当时改革的主要对象是意识形态挂帅和苏联模式的计划经济。经过30多年的努力，虽然30多年来经济的高速增长和人民生活水平有了巨大提高，但完善的社会主义市场经济体制仍没有建立起来，即没有使政治力量、社会力量、资本力量达到一种新的、动态的平衡。在计划经济体制下，资本力量基本不存在，社会力量太弱，政治力量过于强势造成了"文革"等悲剧。在发展社会主义市场经济体制过程中，资本力量逐渐壮大，但政治力量仍过强大，影响着市场高效配置资源；社会力量虽然得到一定程度的发展，但依然薄弱，不足以对政治力量形成一种压力和制约。合理划分政府与市场、政府与社会的边界，是构建经济体制时必须解决的重大理论与实践问题。亚当·斯密认为政府有且只有当市场处理失灵，并且政府显然有效时，方能采取行动。政治思想领域决不能按照市场经济的原则来办事。党的宗旨是全心全意为人民服务，除了人民的利益，没有任何私利，不存在交换。公益领域不能完全按照市场规律进行活动。学校、医院等需要讲究经济核算，需要利用市场的某些因素。但教育应保证人们的受教育的平等权利，医疗机构应保证人们享受医疗保健服务的权利。作为文化企业，除了考虑盈利原则外，还须考虑社会主义精神文明建设的需要，考虑舆论导向，传播正能量。

此外，推进市场化方向的市场驱动、要素投资驱动、出口驱动渐趋减弱，创新驱动还未形成。必须通过深化改革，营造有利于大众创业、市场主体创新的政策环境和制度环境——保护产权、维护公平、改善金融支持、强化激励机制、集聚优秀人才等，使市场在资源配置中起决定性作用，使资源配置的效率得到提升，提高生产效率、加速资源流动、增强信息共享和加快学习过程；利用各种产业基金、税收工具积极鼓励民间资本向新技术、新产业、新能源技术转变，传统产业的升级和新兴产业的开发，旅游服务行业、环境保护产业、IT 行业等，科技优化资源配置是生产力持续提升的根本所在。科技改变人类生活习惯和理念，进而颠覆主体产业和传统生产方式，把创新成果变成实实在在的产业活动。

然而，让市场在资源配置中起决定性作用是有条件的。市场本身即使能提供公益物品的供给，也能在一定程度上促进外部效应的内在化，降低信息不对称和减少收入分配不均等问题，也能通过界定产权的办法，确定排污权、碳交易等领域，来解决外部性的经典办法——通过市场交易来达到保护环境、降低污染的目的。但它不能保证有效地使供给和消费达到最佳的水平。

改革解放了民间创新和创业的积极性和创造性。市场化打破了城乡隔绝的旧格局，使原来低效利用的生产资料得到更有效的利用。成功的改革是国家对民间创造力的承认及顺应——改革不是创造发明什么了不起的制度，而仅仅是把制度层面妨碍民间创造力发挥的障碍搬掉，让它能够生机勃发而已。哈耶克曾指出："尽管我们的文明是积累个人知识的结果，但它完全不是靠明确地、自觉地组合任何个人头脑中的这类知识来实现的，而是靠这类知识的具体体现，如靠我们并不理解但却在运用着的各种符号，靠习惯和制度，靠工具和概念。因而，社会中的人永远能够从他或任何其他人都不可能完全拥有的知识体系中获益。在人已取得的伟大的成就中，有许多成就并不源于有自觉目标的理想，也很少有周密地协调众多个人努力的结果，他们是一种过程的产物；在这种过程中，个人扮演着他永远不可能完全理解的角色"①。

二、政治体制改革，推动社会成员平等发展

政治体制改革，就是要营造"公平"和"正义"的市场环境，减少和

---

① ［英］弗里德利希·冯·哈耶克：《自由秩序原理》，邓正来译，三联出版社 1997 年版，第 149—150 页。

消除对资源配置的行政干预，为市场的有效运转提供法治环境；也使政府成为一个为民众提供优质公共服务的政府，进而增进每个国民的福祉。

市场作为一套配置经济资源的机制，需要政治制度的配合和支撑。这也是人类在长期互动中逐渐生成的。否则，市场自由交换的竞争秩序就得不到保证。杜格和谢尔曼认为，"市场是通过达成无数关于解决纠纷的标准、常规、规则和法律而慢慢建立起来的一种制度……使市场运作的业务规则、标准、常规和法律在几代人解决争议的经验中不断进化。市场并不是瞬间创造的，而是持续进化的产物。市场的特征不是自然和谐，而是争议"[①]。没有这样的制度平台，就难以使经济和社会生活进入稳定的正轨。

政治是分配权利和资源的方式，是维护和保护在经济中处于统治地位的集团利益的。政府也是推进经济改革和经济转轨的主体。一般地，政府扮演着"制度决定者"和制度供给者的角色，是决定制度变迁的方向、深度、广度、形式的主导因素，即使是来自于基层的自发的制度创新，最后也要得到政府的认可或批准；政府权力因素在制度变迁的路径选择、变迁推进的次序与时机的权衡中起到决定性作用[②]。由此，每一个制度安排，要不要改，改什么，如何改是由政府决定的；公共物品的提供只能是政府有组织地培育，只有政府有能力组织起新的安全网，减轻转轨过程出现的阵痛，给利益受损者以必要的补偿；政府能够保证给充满利益分化和矛盾冲突的转型社会一个稳定的政治环境，从而使经济增长在可能的范围内得到较大的改善和提高[③]。正如亨廷顿所言，"没有强有力的政治制度，社会就会无力界定和实现其共同利益"[④]。邓小平也指出，我们所有的改革最终能不能成功，还是决定于政治体制的改革[⑤]。

---

① ［美］威廉·M.杜格、霍华德·丁·谢尔曼：《回到进化：马克思主义和制度主义关于社会变迁的对话》，张林译，中国人民大学出版社 2007 年版，第 85 页。

② 参阅李万峰等：《政府权力主导下的一场复杂制度变迁—基于中国经济体制转轨的一个认识角度》，《新疆社会科学》2006 年 11 期。

③ 李万峰等：《政府权力主导下的一场复杂制度变迁—基于中国经济体制转轨的一个认识角度》，《新疆社会科学》2006 年 11 期。

④ ［美］塞缪尔·亨廷顿：《变革社会中的政治秩序》，李盛平等译，华夏出版社 1988 年版，第 24 页。

⑤ 《邓小平文选》第 3 卷，人民出版社 1993 年版，第 164 页。

　　（一）社会主义市场经济孕育阶段的政治体制改革。被称为"政治体制改革的纲领性文件"的《党和国家领导制度的改革》一文，是邓小平于1980年8月18日在中共中央政治局扩大会议上的讲话。该文指出官僚主义、权力过分集中、家长制、干部领导职务终身制和形形色色的特权是党和国家的领导制度、干部制度的主要弊端①。总体而言，在邓小平看来，社会主义的优越性在于，一是要在经济上赶上发达的资本主义国家；二是在政治上创造比资本主义国家的民主更高更切实的民主；三是造就比资本主义国家更多更优秀的人才。而就一个国家政治体制、政治结构和政策而言，邓小平认为好的标准应该是"第一是看国家的政局是否稳定；第二是看能否增进人民的团结，改善人民的生活；第三是看生产力能否得到持续发展。"②

　　中国传统政治体制的特征是自上而下的高度集权，是政经不分、政企不分。随着经济体制改革和对外开放，1982年提出以提高政府工作效率的政府机构改革。通过精简各级领导班子（包括各级党政机关）和废除领导职务终身制，加快了干部队伍的年轻化。随着经济体制改革的推进，1986年邓小平认为，不搞政治体制改革，经济体制改革难于贯彻。"政治体制改革会触及许多人的利益，会遇到很多障碍……要通过改革，处理好法治和人治的关系，处理好党和政府的关系"。③1987年的中共十三大决定进行以党政分开为重点的政治体制改革。1988年的"合理配置职能"改革是在深化经济体制改革的大背景下出现的，内容是合理配置职能，科学划分职责分工，调整机构设置，完善运行机制，加速行政立法——国务院部委内司局机构减少20%。这极大地提高行政效率。

　　此时段的改革体现在摸着石头过河。"包产到户"的这一尝试性探索，首先在群众中自发进行，后才在中共中央1982年批转的《全国农村工作会议纪要》当中得到明确肯定，指出"包产到户、包干到户都是社会主义集体经济的生产责任制"，全国人大于1993年进行修宪，正式以国家根本法的形式对家庭联产承包责任制予以确认。但这一政治体制改革模式使得法律建设

---

① 《邓小平文选》第2卷，人民出版社1994年版，第320页。

② 《邓小平文选》第3卷，人民出版社1993年版，第214页。

③ 《邓小平文选》第3卷，人民出版社1993年版，第176页。

滞后于社会变革，改革极易发生在法律的范围之外。尽管立法是对改革成果的确认，但确认与否的决定权仍然掌握在立法者手中，而立法者基于诸多因素的考虑，通常是有限回应。在此观念的支配下，立法权分散、地方保护主义、部门保护主义的盛行便在所难免。

（二）推进政治体制改革，促进市场机制在资源配置中起基础性作用。党的十四大提出建立社会主义市场经济体制，因而1993年的政治体制改革旨在建立适应社会主义市场经济体制的行政管理体制。也就是，改革是使政治体制适应建设社会主义市场经济体制的需要。改革后，国务院组成部门设置41个，人员减少20%。1998年的机构改革旨在消除政企不分的组织基础，完善国家公务员制度，建设高素质的专业化行政管理队伍，建立办事高效、运转协调、行为规范的政府行政管理体系，推进社会主义市场经济发展。改革后除国务院办公厅外，国务院组成部门由原有的40个减少到29个。2003年的政府机构改革，是在加入世贸组织的大背景之下进行的，旨在推进"决策、执行、监督"三权相协调。通过进一步转变政府职能，改进管理方式，推进电子政务，逐步形成行为规范、运转协调、公正透明、廉洁高效的行政管理体制。改革后除国务院办公厅外，国务院组成部门由原有的29个减少到28个。2008年的政府机构改革，按照精简统一，决策权、执行权、监督权既相互制约又相互协调的要求，优化组织结构，规范机构设置，完善运行机制，为社会主义市场经济的健康发展，推动全面小康社会建设的顺利进行提供组织保障。2008年3月15日，十一届全国人大一次会议通过了关于国务院机构改革方案的决定。改革后除国务院办公厅外，国务院组成部门设置27个。

然而，由于路径依赖的存在，通过政治体制改革推动社会主义市场经济体制的建立与发展，使得经济增长的成绩巨大，但也存在诸多问题。随着政府对经济领域的深度介入，导致官商不分、政企合一现象越来越严重，不仅造成贪污腐败的官员级别越来越高，数额越来越大，也导致社会矛盾与社会冲突积累并时而爆发。

众所周知，市场上的平等依赖于政治上的平等，包括破除领导干部的特权，建立在个人自由增加的减少政府干预基础上。此外，在城市化过程中，大量农用土地被转变为非农用地，以农用地价而不是非农用地的地价，从农民手中征用土地，然后转手给开发商。在这个转换过程中，巨额级差地价被政府和开发商拿走，农民从土地增值收益中拿到的只占总数的5%—10%。地方—企业利益序列内化为自然人和法人集团利益序列，单位或地方本位主义演进为相对的小集团甚至个人本位主义。权力与财富勾结的问题——权力与财富结合之后会对社会造成更大的伤害。

（三）深化政治体制改革，让市场在资源配置中起决定性作用。推进政治体制改革就是要实现自上而下的"顶层设计"与自下而上的民间创新良性互动——建立公民权利对公权力的制衡和监督机制，形成公权力之间的分权制衡机制，提升基层自治的层级，推行乡域、县域民主自治等等。推行事后监管把行政审批与市场监管严格分开，建立法治化的市场监管，建立决策和执行严格分开的执法监督机构；依法赋予行业协会等社会组织在行业监管、企业自律中的法律地位，形成政府监管与行业自律、社会监管的合力。通过法治规范市场竞争秩序能够使各类市场主体平等参与竞争，可以降低企业的运行成本。对生产者来说，好的企业充分发展，落后企业自动淘汰；对消费者而言，消费者可以放心地选择自己购买的产品，比如有机食品、绿色食品、无公害食品。

通过立法消除政府对市场的干预，释放市场的活力。市场经济的主体是企业，政府的主要职责是创造良好的发展环境。改革的核心是建立竞争性的市场经济体系，而法治是现代市场经济的重要基石，完备的法律制度和法治理念是市场良好运作的前提。按照政府"法无授权不可为"、市场主体"法无禁止即可为"的原则，划定政府权力边界，规范政府权力运行，让"看得见的手"依法行事、受到约束，让"看不见的手"在规范发展中迸发更持久活力。这不仅有助于确立社会正常运行的基本秩序，使社会各个群体之间的良性互动有章可循，使改革和发展得以有序推进，同时可以有效维护公众的基本权利，有效防止公权的扩张，有效解决既得利益群体问题。

改革开放以来，我国制定了一系列调整市场经济关系的法律法规，为社会主义市场经济充满活力提供了强有力的法治保障。1997年的中共十五大提出要建设社会主义法治国家。2002年中共十六大提出建设民主政治和提升政治文明。2012年11月，党的十八大报告提出，"法治是治国理政的基本方式。""运用法治思维和法治方式化解社会矛盾。"2013年的政府机构改革重点是紧紧围绕转变职能和理顺职责关系，稳步推进大部门制改革，转换政府职能。国务院组成部门将减少至 25 个。这意味着，以后会以"行为模式——法律后果"式的行为规则对改革进行引导，使社会和基层朝着改革者预期的改革目标努力。

国企股权的多元化，即混合所有制是当前国企改革的核心。所有权是建立在特定的所有制基础上，所有者为保障生产资料不被无偿占有和控制所需要的各种权利的聚合体，是反映所有者意志的权益分配关系。所有权包括占有、使用、收益、处分的权利，所有权是一种最充分、最完整的权利，具有一体性、排他性、弹力性、永久性的绝对权利。所有权是指生产资料占有、使用、处置并获得收益等一系列权益关系的总和；享有社会政治经济等权——政治权（不受财产限制的平等选举权、被选举权、参加政府管理权等）、经济权（工作权、休闲权、经营管理权等）、社会权利（参与文化生活权、教育权）、法律权（法律面前人人平等、免于无理拘捕之自由等）、公民权（家庭保护权、占有财产等）。在社会化大生产领域中，不可分割的全民生产资料，涉及个人与个人之间、企业与国家之间、企业与社会之间、企业与政府之间等各种利益主体。

为此，在社会利益多元化背景下，要用法律促进社会公平正义。创新适应公有制多种实现形式的产权保护制度，让公有制经济财产权与非公有制经济财产权不可侵犯。用法律赋予不同所有制企业平等的法律地位，完善产权平等保护制度，为不同所有制的财产权利平等提供法律保障；为各类企业创造平等的竞争环境。用法律释放社会资本活力。只有这样，才能从行政命令支配的经济，政府机关和党政官员的自由裁量权特别大的命令经济，转变为一个规则透明、公正执法的法治市场经济。

政府自身的改革会触动政府和官员的权力和利益，需要领导人具有远大的目光和很高的政治智慧，还需要大众的积极参与和监督。《历史研究》的作者汤因比研究历史上相继消亡的文明，其结论无一例外：不是他杀，而是自杀；其原因是它们失去了改革的勇气和创新的活力，最终被历史淘汰出局。正如还有位学者所言，"一个国家的政府本身通常只不过是组成它的社会个体性格的复制品而已。一个高于人民素质水平的政府必将被拉回到与它的人民素质水平系统的层次，而一个低于人民素质水平的政府迟早要被提升到与人民素质水平相同的档次。因为国家的进步是每个人勤勤恳恳、吃苦耐劳和正直诚实的结果，正如国家的衰败是每个人懒惰、自私和邪恶的结果一样……虽然我们通过法律的手段可以减少他们和根除他们，但是，一旦遇上以其他形式出现的新鲜土壤，它们就又会死灰复燃，除非个人生活和性格赖以存在的条件得到彻底改造"①。

　　开放推动改革。从 20 世纪 80 年代深圳特区到沿海港口城市再到沿江、沿边及内陆省会城市；到 20 世纪 90 年代初期，中央决定开发开放浦东，我们开放的脚步从来没有停歇；进入新世纪，2001 年中国加入世贸组织，对接 WTO 规则。改革与开放相互促进是演进的重要途径，改革、发展、稳定协调关系是完善社会主义市场经济体制的重要条件，兼顾效率和公平是演进的内在机制，健全以市场为基础的宏观调控是社会主义市场经济体制走向成熟的标志。改革开放，我国通过一系列措施扩大地方自主权，并通过法律加以确认和肯定，从"大政府，小社会"到"小政府，大社会"。

　　无论怎样，通过政治体制改革，营造有利于市场在资源配置中发挥决定性作用的环境。国家力图降低交易费用以推动社会产出的最大化，从而获取社会的发展。

三、社会文化体制改革

　　经济体制改革的目标是建立符合最广大人民利益的，既有短期生存权益也有全民共同的长远利益的社会主义市场经济体制。它不仅仅解决的是人民群众利益诉求的问题，同时更要保障人民群众基本权利不受损害。为此，除了政治体制改革，还要推进社会文化体制改革，以建立一个与社会主义市场经济体制相适应的社会文化氛围、价值理念。这里的社会，是由非政府组织、社区、社会群众举办的活动及其关系，如社区活动、社会保障、社会救济、慈善事业等等的总称。

　　（一）社会文化体制改革的必然性。人们一般认为，市场经济运行中有两只手，一只是"无形之手"，即价值规律；一只是"有形之手"，即政府宏观调控。可实际上，市场经济中还存在第三种力量——社会力量（表现为社

---

① ［英］塞缪尔·斯迈尔斯：《自己拯救自己》，刘曙光等译，燕山出版社 1999 年版，第 2 页。

会伦理道德、非政府非盈利性组织等）。市场力量在资源配置中起决定性作用，政治力量规范市场运行环境，社会力量是市场力量与政治力量运行的深厚基础。如果只强调处理好政府与市场的关系，而忽视社会力量的培育，会产生一个不健全的市场。因为在一个缺乏社会力量的环境中，政府和市场之间是一个零和博弈的关系。一种情况是，市场权力超出自身限度，推向非市场领域，不仅出现权钱交易（政治领域采用市场规则），也可能极大冲击人的感性领域（把人看成纯粹的"理性经济人"），使市场的优点在运行中消散，出现"市场失灵"。与此相反的情况是，政治权力过大，经常出现不该管的也管，该管的又没管好，政治权力不是越位就是错位，其极端形态是全能型的计划经济的政府。由此表现出来的，不是出现大量的寻租，就是基本公共服务欠缺，出现"政府失灵"。

　　当"无形之手"失灵时，需要"有形之手"来矫正、调整。可一旦"有形之手"也失灵了，那整个社会靠什么来维系呢？是社会伦理。不论是理论还是实践，市场主体追求物质利益最大化没有错，关键是怎么去追求。这就需要规范和引导。这一规范与引导，不仅仅依赖于国家的强制力，也需要社会的伦理价值。这是因为，国家强制力要想起到更好的作用，就必须被社会大众接受和认同，否则，就不是"事半功倍"而是"事倍功半"。市场经济中必然有竞争，而竞争就应有底线道德，就应"取之有道"。换言之，一个良好的市场也必然包含了丰富的市场伦理，它使得市场主体受互利主义而非功利主义的影响，从而更愿意采取互惠合作的行为方式。市场机制的演化必然与社会正义和伦理道德之间存在着共生和互进的关系。也就是，关注自身行为对他人造成的影响并将他人的利益纳入考虑的行为方式就是"为己利他"行为机理，这一行为机理在长期的社会互动中形成，并有利于社会分工和合作秩序的扩展，从而也就构成了市场伦理的行为基础——"互动的各方在改变他人行为方面具有经济性的自利，而且如果在技术上可行，他们会通过投资'改变行为'促进这种利益"[①]。

　　也就是，人们选择了某种经济制度，也就选择了该制度下的经济道

---

① 朱富强：《完善社会主义市场经济体制的"顶层设计"思维—重温邓小平南巡精神》，《经济学家》2013 年 1 期。

德——政府制度的理念、奖励与惩罚政策等。道德规范、社会规则、制度安排等的产生和存在，既基于一定的物质条件，又受到人们价值观念的引导或影响；反过来，这些价值形态及其所营造的社会系统和人文秩序一旦确立，又会在很大程度上支配人们具体的价值取向和行为方式，从而导致社会物质条件和社会财富的变化消长。历史人物拿破仑认为，"世界上只有两种强大的力量，即刀枪和思想；从长远看，刀枪总是被思想战胜的"。这意味着，思想是一种深层次的力量，忽视了文化的力量，很难实现国家的繁荣富强。德国著名社会学家马克斯·韦伯也指出，"利益（物质的和理念的），而不是理念，直接控制着人的行动。但是，'理念'创造的'世界观'常常以扳道工的身份规定着轨道，在这些轨道上，利益的动力驱动着行动。世界观决定着，从哪里解脱出来，又到哪里去"①。这里的世界观，主要是指对人们行为方式起主要影响作用的价值观——不是统治阶级的世界观，就是根深蒂固的传统观念，"一个阶级是社会上占统治地位的物质力量，同时也是社会上占统治地位的精神力量。支配着物质生产资料的阶级，同时也支配着精神生产资料，因此，那些没有精神生产资料的人的思想，一般的是隶属于这个阶级的②"。也就是说，人们的思想意识、行为取向的正确与否、公正与否、道德与否、善与恶，对市场经济反作用呈现质的差异。市场经济渗透了人们的认知和道德观。在社会价值的追求上重利轻义和贬低精神价值，滋生了拜金主义和享乐主义。市场经济的发展使人们对物质享受倾注了巨大的精力和热情，以至于在社会上不同程度上形成了一种物欲化的社会心理。而这混淆甚至颠倒了人们对善恶进行价值判断的界线，涣散和消解了人们的道德意识，动摇了人们的道德信念，带来了社会主义思想阵地的混乱——对于一个社会来说，最大的潜在动荡因素是来自社会各阶层间的隔阂、不信任、抵触和冲突。

（二）社会主义市场经济体制演进中离不开社会文化建设。一般的，价值规律这只"看不见的手"驱动着市场主体在激烈的竞争中求生存、图发

---

① ［德］马克斯·韦伯：《儒教与道教》，王容芬译，广西师范大学出版社 2008 年版，第16—17 页。

② 《马克思恩格斯文集》第 1 卷，人民出版社 2009 年版，第 50—551 页。

展，在这一过程中，市场经济的自发性、决策自主性和决策分散性极易产生自由主义、个人主义和分散主义，市场经济的求利性极易形成拜金主义、极端利己主义和享乐主义。这源于市场经济中的人们，把人所具有的各种复杂的、丰富的内在属性都简化为追逐自身利益最大化的个体，切断从属的血缘、地域、他人的感情纽带。一旦失去伦理上的参照与制约，物质上的成就作为衡量领导者声望和社会进步的标准，经济竞争就会突破原有制约，金钱至上社会就会产生，即往往只重个人或企业的成功而轻道德上的高尚，无视精神需要和人格完善。这种状况日积月累，就会影响经济社会的可持续发展。

在社会主义市场经济体制的建立和发展中，以占主体地位的社会主义公有制经济的多种经济成分和按劳分配为主体的分配方式下，社会利益关系和就业方式等的多样化。多种经济成分产生多元的市场主体，每一种市场主体都是从自身的需要和利益出发。随着物质财富增长到一定程度，铺张浪费、豪华奢靡现象必然滋长。可懒惰和浪费损失的不仅仅是物质成果，更严重的是损毁了积极向上的民族精神和人的道德情操。加上分配不合理、就业不稳定和竞争压力增大，导致有些人的苦闷和压抑，甚至出现思想疑惑。市场经济的实用主义易于滋长迷信，以宗教与迷信填补内心空虚，或迷信者想利用超自然的手段实现世俗目标。

在中国，传统的社会结构、封建关系、宗族组织等根深蒂固，非一般的冲击所能化解。在传统文化的丢失以及西方文化的冲击下，现代中国人失去了本该具有的敬畏之心，原有的各种道德规范荡然无存。改革开放以来在摸索前进过程中所采取的诸如价格双轨制、政府行政事业部门的普遍创收制、一把手负责制、调动两个积极性制、客观上的效率至上评价体系及其事实上的一切向钱看价值指向，等等，虽然对解决一些具体问题起到了某种暂时的效用，但对人们心灵冲击、精神崩塌之无形影响，却是无论怎样估价都不会过分。

十年动乱使"极端理想主义"和"伪理想"瓦解了传统文化中的人道主义、人本主义精神。强调为国家、为集体的家国一体的传统文化，在市场环境中变为空洞的要求，原有支配人们行为的传统道德观念处于失调的状态。使得市场经济中的不良观念，如个人主义、享乐主义、拜金主义等侵蚀着人们，导致人们的社会责任感淡漠、利他主义感冷漠、社会公德水平下降，引起价值偏离，信仰迷茫，导致部分人淡忘马克思主义、社会主义、集体主义和爱国主义，削弱共产主义的理想和信念。以美国为首的西方发达国家借助互联网的信息传输，在全球推行资本主义的意识形态和价值观念。正如杜勒斯所言："如果我们教会苏联的年轻人唱我们的歌曲并随之舞蹈，那么我们迟早将教会他们按照我们所需要他们采取的方法思考问题。"① 在经济全球化进程中，对人的评价相对重视智力，道德标准被淡化，道德在整个社会控制体系中的地位弱化。

简言之，适应社会主义市场经济要求的新的道德体系还未建立，旧的道德观念对市场经济的建立与完善却是更多的副作用——人的道德良知、精神与社会主义的要求极不适应。

（三）中国特色社会主义文化建设的路径。思想文化的问题，需要用思想文化的方法来应对。马克思指出，"批判的武器当然不能代替武器的批判，物质力量只能用物质力量来摧毁；但是理论一经掌握群众，也会变成物质力量。理论只要说服人，就能掌握群众；而理论只要彻底，就能说服人。所谓彻底，就是抓住事物的根本。而人的根本就是人本身"② 。人们以自己的智慧和理性探索市场，是市场经济不可或缺的组成部分。如科斯所言："一个生机勃勃的思想市场是一个开放社会与自由经济不可或缺的道德与知识基石"。③ 国家只有代表和有机整合了个人的利益，使公民认同国家利益和个人利益的内在统一，才可能使国家意志转化为个人意志，使国家精神转化为个人的精神追求。"如果一个人想得到幸福，他必须首先使别人幸福……市场竞争，本质上是为他人创造价值的竞争……市场的这一逻辑把个人对财富和幸福的追求转化为创造社会财富和推动社会进步的动力"；"有一只隐性的眼睛在监视我们，每个人必须好好表现，对自己的行为负责。"④

继承和发展中国传统文化中的优秀思想（包括借鉴其传播过程中的喜

---

① 黄琳等：《美国软力量的削弱》，《瞭望东方周刊》2004 年 5 月 17 日。

② 《马克思恩格斯文集》第 1 卷，人民出版社 2009 年版，第 11 页。

③ ［英］罗纳德·哈里·科斯、王宁：《变革中国：市场经济的中国之路》，徐尧、李哲民译，中信出版社 2013 年版，卷首语；［美］詹姆斯·M. 布坎南：《宪法秩序的经济学与伦理学》，朱泱等译，商务印书馆 2008 年版，第 241—242、243 页。

④ 张维迎：《市场的逻辑》，世纪出版集团上海人民出版社 2010 年版，第 1、19 页。

闻乐见、贴近群众的形式）等。正如习近平所言，"认真汲取中华优秀传统文化的思想精华和道德精髓，大力弘扬以爱国主义为核心的民族精神和以改革创新为核心的时代精神，深入挖掘和阐发中华优秀传统文化讲仁爱、重民本、守诚信、崇正义、尚和合、求大同的时代价值，使中华优秀传统文化成为涵养社会主义核心价值观的重要源泉"①。中国传统文化的"通经致用"，是一种面向现世、追求实用的理性主义，强调学术必须与现实相适应，为了现实社会的发展或改造而服务。因而，各种外来文化思潮或现象在与中国传统文化相互交流、相互融合、相互吸收中将深层次的价值取向"为我所用"。马克思曾专门研究过中国传统哲学、大同社会等理念，在《国际述评（一）》中指出，"中国的社会主义跟欧洲的社会主义像中国哲学跟黑格尔哲学一样具有共同点"②。由此可见，马克思本身就直接或间接地受到中国思想的影响。这也是马克思主义中国化获得成功的不可忽视的一个方面。被誉为"法兰西思想之王"的伏尔泰在《论各民族精神与风俗》这部著作中表现出对中国文明的强烈兴趣——中国人在遥远的古代就已经相当先进，法律在别的国家用以治罪，而在中国则可以用来褒奖善行。英国著名历史学家阿诺尔德·约瑟·汤因比在他的《人类与大地母亲》一文中，将人类未来的希望寄托在中华文明价值的复兴与普世化预期上——古代中国孔子哲学和墨子的道德观念，是医治人类面临困境的一条途径。进而指出，"融合与协调的智慧"是中华文明精神遗产的优秀资质，将给人类前途以无限的启示和触发，并预言今后中国是融合全人类的重要核心，"21 世纪是中国的世纪"③。黑格尔指出："政治情绪一般说来就是一种信任……是这样一种意识：我的实体性的和特殊的利益包含和保存在把我当做单个的人来对待的他物（这里就是国家）的利益和目的中，因此这个他物对我来说就根本不是他物"④。

我国的文化建设，既要尊重人们思想观念的多样性，又要推进人们对中国马克思主义的认同感。也就是，吸纳一切社会形态的优秀思想文化成

---

① 习近平:《在中共中央政治局第十三次集体学习时的讲话》,《人民日报》2014年2月26日。

② 《马克思恩格斯全集》第7卷,人民出版社1965年版,第265页。

③ 《英国已故著名历史学家汤因比来生愿做中国人》,《国际先驱报》2005年10月24日。

④ 〔德〕黑格尔:《法哲学原理》,范扬、张企泰译,商务印书馆1961年版,第266—267页。

果，并应兼收并蓄地融合多样化社会思潮和价值观的合理因素。只有这样，才能调动和整合全社会支持改革的力量，形成强大合力。将顶层设计与发挥群众首创精神有机结合起来，将"自上而下"和"自下而上"这两股动力融为一体。按照公益性、基本性、均等性、便利性的要求，政府加强文化基础设施建设，完善公共文化服务网络，让群众广泛享有免费或优惠的基本公共文化服务。

中国的改革是思想解放的产物。这就是，中国改革开放之所以能顺利推进，首先是解决了思想问题、认识问题和观念问题，是让社会和公众认识改革、接受改革和参与改革，从而把改革的思想、思路、思维运用实际工作中去，经济特区的设立就是结果，而特区试验的依据是发达国家成熟市场的经验。改革之初之所以能够极大地推动我国经济社会发展，就在于打破了僵化的思想观念和体制机制的束缚，使人能够充分发挥活力和创造力。没有第一轮深圳特区的建设，没有第二轮浦东新区的开发，就不可能有深圳证券交易所和上海证券交易所，更没有上海自由贸易区的探索。

总之，力求完善的社会主义市场经济中，市场、政府、社会三方力量构成一个稳定的三角，各方力量在其最优的范围内履行职责。

第三节　中国特色社会主义理论是社会主义 市场经济体制演进的引导力

中国社会主义市场经济体制的演进，与马克思主义在中国的发展状况紧密相连。中国 30 年来的改革，从包产到户，到政企分开，再到市场中平等主体的确立等，几乎每一个变革首先都是理念、观念的变革。1978 年开始的"真理标准大讨论"及党的十一届三中全会的召开，冲破了"个人崇拜"，解除了"两个凡是"的思想禁锢，开启了市场取向的改革。邓小平南方谈话，冲破了姓"资"姓"社"的束缚，解决了"姓社姓资"对人们思想的困扰，为建立社会主义市场经济体制提供了理论准备。1997 年召开的党的十五大，打破了"公有制崇拜"，冲破了姓"公"姓"私"的束缚，推进了社会主义市场经济体制的建立。

一、经典马克思主义语境下的未来社会的经济体制

马克思在《哥达纲领批判》中，把代替资本主义社会的未来共产主义社会分为两大阶段——"共产主义社会的第一阶段"和"共产主义社会高级阶段"。列宁在《国家与革命》中，把马克思设想的共产主义社会第一阶段称为社会主义社会，把高级阶段称为共产主义社会。

（一）共产主义社会高级阶段是按需配置资源的方式。在马克思、恩格斯看来，作为人类社会发展的理想阶段，共产主义社会不仅是对资本主义的否定，更是建立在生产力高度发达、有利于人的全面发展基础上的——"以每个人的全面而自由的发展为基本原则的社会形式""在保证劳动生产率极高度发展的同时保证人类最全面而自由发展的一种经济形态""各个个人在自己的联合中并通过这种联合获得自由"；"这种制度将给所有的人提供健康而有益的工作，给所有的人提供充裕的物质生活和闲暇时间，给所有的人提供真正的充分的自由"。因为在这一社会形态里，马克思认为，迫使人们奴隶般地服从分工的情形已经消失，脑力劳动和体力劳动的对立也随之消失；在劳动已不仅仅是谋生的手段，本身更是成了生活的第一需要；随着生产力增长，集体财富的一切源泉都充分涌流之后，个人也得到全面发展。

这里的全面发展，在马克思的语境中，"任何人都没有特殊的活动范围，而是都可以在任何部门内发展，社会调节着整个生产，因而使我有可能随自己的兴趣今天干这事，明天干那事，上午打猎，下午捕鱼，傍晚从事畜牧，晚饭后从事批判，这样就不会使我老是一个猎人、渔夫、牧人或批判者"[1]。这样一种状况，既不能通过国家强制力来保证，也不能运用社会大众的监督而实现，只有社会成员自觉才能达到。

从这些可以看出，共产主义社会高级阶段不存在国家，只有非常发达的自治组织；不存在公有制与私有制，只有社会占有生产资料，在每一个成员享有同等的权利的基础上，决定生产资料的使用方式和成果的分配方式——"各尽所能，按需分配"，使劳动以直接的方式满足社会的需要。这一社会形态，是历史演化的产物，也是人类有意识、自觉追求的结果。

（二）社会主义阶段的资源配置需要市场与计划相结合。作为共产主义

---

[1]　《马克思恩格斯文集》第1卷，人民出版社2009年版，第537页。

低级阶段的社会主义社会，不论是在理论上，还是在实践上，都是这样一个阶段，即邓小平所说的"社会主义的本质，是解放生产力，发展生产力，消灭剥削，消除两极分化，最终达到共同富裕"的阶段。

即使是在生产力高度发达的资本主义阶段进入社会主义社会，也需要继续发展生产力，消灭剥削。因为此时的社会主义"刚刚从资本主义社会中产生出来的"，"在经济、道德和精神方面都还带着它脱胎出来的那个旧社会的痕迹"，通行的仍是一定量的劳动同另一种形式的同量劳动相交换①——每个生产者凭他所给予社会的劳动量，从社会储存中领得和他所提供的劳动量相当的一份消费资料。此时所遵循的原则是属于市场机制的按劳分配（因为劳动成果的多少不取决于劳动者自身）。正如恩格斯所言："历史事件似乎总的说来同样是由偶然性支配着的。但是，在表面上是偶然性在起作用的地方，这种偶然性始终是受内部的隐蔽着的规律支配的"②。

若在不发达的生产力（落后的资本主义国家或半封建半殖民地国家）阶段进入并建设社会主义，使之达到马克思恩格斯语境下的社会主义，或列宁对社会主义的认识（苏维埃政权＋普鲁士的铁路秩序＋美国的技术和托拉斯组织＋美国的国民教育＋……＝总和＝社会主义③），所能做的，就如马克思或恩格斯所言，"假如俄国革命将成为西方无产阶级革命的信号而双方互相补充的话，那么现今的俄国土地公有制便能成为共产主义发展的起点"④。也就是，社会主义的发展需要充分借鉴资产阶级在它几百年所积累的各种管理社会化大生产的知识、经验、管理方法、组织形式；而不是直接用无产阶级国家的法令，在一个小农国家里按共产主义原则来调整国家的生产和产品交换。

资本主义在它几百年所积累起来的知识足以证明，市场经济是迄今为止发展生产力的最好方式，尤其在生产力不发达和多种所有制共存的环境下。列宁时代的俄罗斯，存在着的宗法式经济、小商品经济、资本主义经济、国家资本主义、社会主义五种经济成分，是商品经济存在和发展的基

---

① 《马克思恩格斯文集》第 3 卷，人民出版社 2009 年版，第 434 页。
② 《马克思恩格斯选集》第 4 卷，人民出版社 1995 年版，第 247 页。
③ 《列宁全集》第 34 卷，人民出版社 1990 年版，第 520 页。
④ 《马克思恩格斯文集》第 2 卷，人民出版社 2009 年版，第 8 页。

础。"作为小生产和交换的自发产物的资本主义，在一定程度上是不可避免的，所以我们应该利用资本主义（特别是要把它纳入国家资本主义的轨道）作为小生产和社会主义之间的中间环节，作为提高生产力的手段、途径、方法和方式"①。这种方式，就是同个人利益结合，提高和增加生产，"批发商业在经济上把千百万小农联合起来，引起他们经营的兴趣，把他们联系起来，把他们引导到更高的阶段，实现生产中各种形式的联系和联合。"②否则，就不可能完成社会主义建设，更不可能把千百万人引导到共产主义社会。对此，马克思恩格斯在《德意志意识形态》中早有明确的解释：一方面，生产力需要巨大增长和高度发展，否则，在普遍贫穷的共产主义社会里，必然出现争夺生活必需品的斗争，全部陈腐污浊的东西又会死灰复燃；另一方面，应有随着生产力的巨大增长和高度发展而形成的世界性的普遍交往，若只有地域性的共产主义，则会随着交往的扩大而消灭③。东欧社会主义国家与前苏联的计划经济的实践结果足以说明马克思恩格斯这一结论的正确性。

二、形而上学的马克思主义与社会主义计划经济体制

无论是"战时共产主义"，还是农业集体化、私营部门的消除和经济管理集权化所导致的新经济政策的终结，都是基于生产力发达的社会主义经济"有计划、按比例"发展的要求。它们直接采用马克思恩格斯的结论，而割裂了这一结论与前提之间的关系。

（一）"战时共产主义"和中央集权的计划经济体制。列宁在十月革命后所进行的经济建设，是基于对马克思恩格斯的科学社会主义的教条式理解，采用"战时共产主义政策"——"在全国范围内用有计划有组织的产品分配来代替贸易"。苏俄在国内革命战争时期实行的"战时共产主义政策"，这一政策在当时虽是不得已而为之，但更多地承载着希望直接转变为社会主义国家的希望。列宁在《十九世纪末俄国的土地问题》中认为，"社会主义就是消灭商品经济……只要仍然有交换，谈论什么是社会主义就是可笑的"④。在

---

① 《列宁专题文集：论社会主义》，人民出版社2009年版，第225页。
② 《列宁专题文集：论社会主义》，人民出版社2009年版，第248页。
③ 《马克思恩格斯文集》第1卷，人民出版社2009年版，第538页。
④ 《列宁全集》第17卷，人民出版社1995年版，第111页。

《俄共布纲领草案》"力求尽量迅速地实行最激励的措施，为消灭商品货币关系作好准备"①。即使在《苏维埃政权当前的任务》《论"左派"幼稚性和小资产阶级性》等文章中，很重视财政、信贷，注意稳定货币关系，但这只是一种临时措施，仍把它看作是社会主义的对立物。国内战争加之严重的干旱造成了巨大的灾荒，使得战时共产主义政策在和平时期无法推行，农民普遍抗粮不交，粮食的征收不得不动用军队才能完成；农民与工人的罢工活动指向了苏维埃政权本身。

为了改变这一不利局面，"新经济政策"的出台使苏俄 1921 年春天的危机消失，生产稳步恢复并得到发展。但当时的主流观点是市场经济等同于资本主义，市场经济被看作是权宜之计。1928 年被中央集权的计划经济体制所取代。在计划经济体制下，生产资料共有。整个社会是一个大工厂，中央政府是这个工厂的管理总部；作为政府附属物的单位之间只存在技术上的边界，而不具备企业与市场之间的边界。政府通过高度集中化的、垂直等级管理结构的体系，依靠行政的力量对全社会实行行政管理。

人们理想地认为，这一体制使得社会主义社会的优越性表现为，人力资源和物质资源充分利用，资源在各种可选择的目的与手段间的更合适的配置；通过按劳分配把个人利益和社会利益充分结合起来，收益普遍增加。实践证明，这一体制在最初的阶段中确实显示巨大优越性，可由于在根本上违背了生产力与生产关系、经济基础与上层建筑之间的矛盾运动，忽视了"每个人都希望改善自己的生活状况、大家都想过好日子"这一基本点。最终，僵化的计划经济使苏联转向非社会主义方向。

（二）中国社会主义计划经济体制。根据毛泽东提出的"十月革命一声炮响，给我们送来了马克思列宁主义"这一命题判断，当时中国所接受的马克思主义是与计划经济体制结合在一起的，其实践总结更多的是列宁主义和斯大林主义，而不尽是马克思恩格斯的本义。

如果说苏联的计划经济体制是建立在资本主义链条最薄弱的环节，中国的计划经济体制则是建立在与其说是一穷二白的现代工业还不如说是自然经济基础上。新中国成立之后，中国共产党致力于带领全国人民实现国家

---

① 《列宁选集》第 3 卷，人民出版社 1995 年版，第 728—729 页。

富强和人民富裕，并力图早日过渡到共产主义社会。但由于没有现成的路径，毛泽东主席凭其在新民主主义革命中的卓越贡献赢得社会大众的支持与爱戴，带领中国人民努力建设其认为的社会主义社会——来源于中国传统的"大同"思想和苏联集体农庄成功经验的社会主义。

由此所带来的，国家管理层有一种强烈的偏好，越是国有化、中央集权和平均分配，越是社会主义；而运用市场协调、刺激和非国家控制的经济活动等方式，都是向资本主义暂时妥协和被迫退却。在这一过程中，个体的积极性更多投向政治运动，但这积极性源于政治动员和意识形态的宣传和鼓动，可一旦变故，经济效益将会大幅度下滑，甚至引发社会性的道德危机。换言之，国家的要求和规范远远超越了一般社会成员的认知水平和实践能力，使得人们认为只有以牺牲当下的利益才能换取长远利益。由此，社会逐渐形成"只要能达到目的，产生某种结果，再大的成本也在所不惜"的风气。道德危机与不良风气在随后的社会主义主义市场经济体制演进中逐渐显现。

虽然以毛泽东为代表的中国共产党第一代领导集体多次意识到计划经济体制不利于推动生产力的快速发展，也曾探索运用市场机制[①] 为社会主义服务，但由于根深蒂固的具有平均主义色彩的"大同社会"蓝图，加上当时无法摆脱"市场经济等于资本主义"这一戒律，使得市场机制只能或明或暗起作用，稍有机会，就被追究其罪责。但这一探索，却为后来的解放思想，开辟中国特色社会主义发展道路提供了宝贵的精神财富与养料，在一定程度上也积累了物质基础。正如诺贝尔经济学奖获得者阿马蒂亚·森所指出的，"改革前，中国在教育、保健、土地改革和社会变化方面的成就，对改革后的成绩作出了巨大的积极贡献，使中国不仅保持了高预期寿命和其他相关成就，还为基于市场改革的经济扩展提供了坚定的支持"[②]。

---

① 在三次重大讨论（1956—1957 年关于社会主义条件下要不要市场的讨论；1958—1959 年关于社会主义经济中价值规律的讨论，1961—1964 年关于价格形成机制的讨论）的基础上，直到 1979 年经济改革实践取得重大进展时，才得以突破的。

② ［印］阿玛蒂亚·森、让·德雷兹：《印度：经济发展与社会机会》，黄飞君译，社会科学文献出版社 2006 年 12 月版，第 70 页。

三、中国特色社会主义理论与社会主义市场经济体制

社会主义优越于资本主义，这在社会主义计划经济体制下并没有得到体现。社会主义的实践一再表明，不考虑前提与条件，照搬马克思得出社会主义结论的形而上学方式并不是马克思的态度。马克思主义的魅力——实事求是地站在劳动群众的立场上，推动他们的解放和促进他们自由全面的发展，在社会主义市场经济体制这里得到体现。

（一）邓小平理论——市场取向的改革及社会主义市场经济体制的确立。邓小平改革的思想，源于中国共产党人的责任、中华博大精深的传统、人民群众的创造力、全球体系共享技术以及其丰富的社会经历。邓小平认为，贫穷不是社会主义，更不是共产主义，因而，在生产力并不发达的社会主义国家，必须以经济建设为中心，大力发展生产力，最大限度地满足人民日益增长的物质与文化生活需要。

20世纪70年代末80年代初，中国共产党人进行"实践是检验真理的唯一标准"的大讨论，重新确立了党的思想路线——一切从实际出发，理论联系实际，实事求是，在实践中检验真理和发展真理，成为解放思想的重要理论基础。这开启了农村家庭联产承包责任制和乡镇企业，引领了中国经济第一阶段的腾飞。党的十一届三中全会把工作重点转到经济建设上来，开启了改革开放的步伐。通过扫除发展生产力的障碍，调整、变革不适应生产力发展的那部分生产关系，推动社会主义制度的自我完善和社会主义优越性的发挥成为可能与现实——着力采用世界上先进的科技和有效的管理经验给中国带来经济的不断增长和民众生活水平的不断提高。然而，市场取向的改革并不顺利。由于市场经济等同于资本主义的观念浸透在部分颇有影响的学者和具有一定决策权的官员的脑海里，使得社会主义的理想模式与现实社会公众追求幸福富裕的路径不一致，出现激励机制与政策目标相偏离，改革的政策不断地出现摇摆。

20世纪80年代末90年代初期，中国经济一度陷入低潮，出现一些问题。有人把这归咎于改革开放。为此，改革开放向何处去？传统马克思主义者主张，"社会主义经济只能是计划经济"，市场经济是修正主义。吴敬琏等经济学家则力主推进"市场经济"。上海的周瑞金、施芝鸿、凌河等化名"皇甫平"在《解放日报》发表系列文章，如《做改革开放的"带头羊"》

《改革开放要有新思路》《扩大开放的意识要更强些》《改革开放需要大批德才兼备的干部》等，提出"在改革深化、开放扩大的新形势下，我们要防止陷入某种'新的思想僵滞'"，以推进改革。邓小平更尖锐地指出："改革开放迈不开步子，要害是姓'资'还是姓'社'的问题。判断的标准，应该主要看是否有利于发展社会主义社会的生产力，是否有利于增强社会主义国家的综合国力，是否有利于提高人民的生活水平。中国要警惕'右'，但主要是防止'左'"①。邓小平进一步指出，"为什么一谈市场就说是资本主义，只有计划才是社会主义？计划和市场都是方法嘛"，"计划多一点还是市场多一点，不是社会主义与资本主义的本质区别。计划经济不等于社会主义，资本主义也有计划；市场经济不等于资本主义，社会主义也有市场。计划和市场都是经济手段。"②换言之，社会主义与资本主义相区别的根本点在于，社会主义社会中，通过市场机制发展生产力，逐步消灭阶级、消灭剥削，消除一切不合理的收入差距；营造相互关心、相互帮助、团结奋斗的社会氛围的精神动力。这最终使得中国摆脱了"姓资姓社"的意识形态羁绊，使广大干部和群众从"姓资姓社"的束缚中解放出来，这为 20 世纪 90 年代市场经济体系的确立——党的十四大提出的建立社会主义市场经济体制——奠定了基础。通过市场取向的改革，在逐步营造市场配置资源的运行机制的同时，也一点一滴转变人们头脑中根深蒂固的传统观念。

（二）"三个代表"重要思想：推进社会主义市场经济体制建设。20 世纪 90 年代末，围绕加入世界贸易组织的争论非常激烈。江泽民、朱镕基有远见地看到了"全球化红利"的前景，积极加入 WTO。此次思想解放，是经济呈现"黄金十年"的最关键动力。

中国共产党执政的基础来源于人民群众对执政党的认同和支持。民生高于一切、重于一切是社会主义最本质的制度特征。在社会主义市场经济体制建立的过程中，作为工人阶级先锋队的共产党人应不应该维护、代表民营企业家的利益？若代表与维护，谁来保护、争取工人阶级的利益，又如何实现为共产主义而奋斗呢？这引起人们对运用市场经济发展社会主义的质疑。

---

① 《邓小平文选》第 3 卷，人民出版社 1993 年版，第 372 页。
② 《邓小平文选》第 3 卷，人民出版社 1993 年版，第 373 页。

因此，要一如既往、坚持不懈地发展社会主义市场经济，就必须理顺执政的中国共产党与市场经济的关系，减少争论，降低人们的怀疑与质疑。实际上，在无产阶级的对立阶级不存在的环境中，作为其先锋队的共产党则是中华民族的先锋队，代表中国人民的根本利益。

"三个代表"重要思想——代表着中国先进生产力的发展要求，代表着中国先进文化的前进方向，代表着中国最广大人民的根本利益——更好地体现了中国共产党人在新的历史时期"全心全意为人民服务"这一宗旨。"三个代表"重要思想创造性地把党的先进性建设和社会主义市场经济体制建设有机结合起来。共产党人把全国人民的根本利益作为出发点，发挥人民群众的积极性、主动性、创造性，充分掌握、运用和发展先进的科学技术，为先进生产力的发展开辟空间，打开通途。

在培育市场主体方面，除增强执政能力的国有企业改革——从放权让利、政策调整进入到推行公司制、股份制改革等以市场为导向，通过改组、联合、兼并、股份合作、租赁、承包经营和出售等多种形式，着力构建"适应市场经济和社会化大生产要求的、产权清晰、权责明确、政企分开和管理科学"的现代企业；还积极营造有利于民营企业发展的环境，如从宪法层面规定"多种所有制经济共同发展"，出台政策禁止官员经商以防止"红顶商人"的不正当竞争，引导乡镇企业提高在市场上的竞争力，实施西部大开发战略，以及为企业富余人员、下岗失业职工、农村富余劳动力创造发展的空间条件，等等，提前实现第二步战略目标，并建立起社会主义市场经济体制的基本框架。

（三）以人为本的科学发展观：完善社会主义市场经济体制。初期的改革是要突破人们陈旧的思想观念——平均主义、贫穷的社会主义，以便调动人民群众积极性，树立"效率优先、兼顾公平"理念。但在这一进程中，由于在漫长自然经济时期所形成的"熟人社会"、计划体制下产生的"文化大革命"等影响，使得社会主义市场经济体制下的市场分量彰显较多，社会主义的优越性却较少展现，出现的环境、生态问题与贫富悬殊现象制约经济社会的可持续发展。这些问题的出现，是改革不到位、各方利益关系没有理顺造成的。要完善社会主义市场经济体制，就必须进一步解放思想，开启新的改革思路。

深化改革的指导理念就是"以人为本"的科学发展观。党的十六届三中全会《关于完善社会主义市场经济体制若干问题的决定》指出，"坚持以人为本，树立全面、协调、可持续的发展观，促进经济社会和人的全面发展。"具体而言，"以人为本"，在当代中国，就是以工人、农民、知识分子等劳动者为主体，包括社会各阶层在内的最广大人民群众，不断满足他们的多方面需求和促进发展。"全面"是以经济建设为中心，全面推进经济建设、政治建设、文化建设和社会建设，实现经济发展和社会全面进步；"协调"是指各个方面的发展要相互适应；"可持续发展"，就是要促进人与自然的和谐，实现经济发展和人口、资源、环境相协调，坚持走生产发展、生活富裕、生态良好的文明发展道路，保证一代接一代地永续发展。坚持统筹兼顾，协调好各方面利益关系，调动一切积极因素。总而言之，完善社会主义市场经济体制，不仅要使全体人民学有所教、劳有所得、病有所医、老有所养、住有所居；更是要发挥人民首创精神，走共同富裕道路。

总之，中国特色社会主义理论体系，"是指导党和人民沿着中国特色社会主义道路实现中华民族伟大复兴的正确理论"，推动市场经济体制逐渐生成。邓小平理论开启了对传统社会主义的批判，探寻中国应"建设什么样的社会主义、怎样建设社会主义"；"三个代表"重要思想则体现社会主义市场经济体制需要"建设什么样的党、怎样建设党"；科学发展观则表明，"实现什么样的发展、怎样发展"才能做到发展为了最广大的人民群众、发展成果由人民共享。这是中国共产党人运用马克思主义的立场、观点和方法，实现了对传统社会主义理论的创新，引导中国走上了中国特色社会主义市场经济发展道路。

小结　根本动力、强大推动力与引导力三者关系略论

依据历史唯物主义，生产力和生产关系、经济基础与上层建筑的矛盾运动是社会发展的基本动力。这基本矛盾也是社会主义市场经济体制演进的根本动力。从生产力与生产关系的辩证关系看，生产力发展的基本表现是社会物质财富的增加，而对增加的财富进行如何分配，则是生产关系固有的内容。但不论是对生产资料所有者有利还是对劳动力的所有者有利，都可对下

一轮的生产效果产生不同的影响。因为对财富的分配,从根本上影响着社会成员创造财富的积极性和创造性。

由此,制约社会成员积极性与创造性发挥的生产关系需要改革。然而,围绕占主导地位的生产关系构成上层建筑的基础,不论是政治上层建筑还是思想上层建筑,都维护统治者(或既得利益集团),甚至有可能固化这一格局。在现代社会,思想上层建筑的解放往往成为经济体制改革、政治体制体制改革的起点。没有思想解放,就不可能有随后的经济体制改革和政治体制改革。相比较而言,经济体制改革易于、先于政治体制改革;经济体制改革的成果需要通过政治体制改革来保护,又可通过政治体制改革进一步推动、深化经济体制改革。

现实生活中,每一个社会成员都不是西方经济学中的那个"经济人假设",即人都是自利的,都是追求最低成本、最小代价、最大收益的。实际上,现实的人,不仅是经济人,更是社会人。经济生活只是现实人的众多生活内容的一部分,很多事情都处于经济规律以外的。而每一部分内容都有自身的规范和要求,往往也被看成影响经济活动的一个方面。现有的成功的市场经济的实践表明,市场在经济社会中应起决定性作用,政府应创造市场配置资源的环境,弥补市场的不足;社会(社会治理或社会监督)力量不仅监督政府,也在一定程度上弥补市场的不足。具体而言,市场经济是一套配置稀缺经济资源的机制,然而仅仅靠它本身并不足以自行,需要其他方面制度安排的配合和支撑。否则,市场自由交换秩序就得不到保证,就会出现混乱。一旦政治权力在市场中缺失、等价或高于市场力量本身,则会出现"丛林法则",使得市场失灵,带来资源配置效率和生产效率的巨大浪费,使得市场成为获得经济利益的寻租场。政治权力通过自身行为,营造市场公平竞争的环境,也就是通过制度、技术和信息等宏观策略,通过发挥价值规律,推动资源到应该到的地方去。市场通过一只无形之手来创造一个动态的而非静态的市场。政府用有形的手——包括法律、法规、制度、政策等实现自身的调节。

社会力量在某种程度上弥补市场和政府的不足,规范人们的行为。中国传统的推崇道德价值的"修身、齐家、治国、平天下",强烈地影响当今的社会和经济过程。传统习俗本身不是一个独立给定的结果,相反,它们是各式各样的因素有机连接的结果，社会互动的结果，而不是某个独立的驱动力。也就是说，它规范通过一个简单的规则将各种事件归结到一起，相同的问题相同对待，对于新的事件则采用类推——通过将这些变化融入已有的习惯、信念和价值观中，来解决这些变化。对于这一点，毛泽东曾指出，"中国人民的文化落后和没有合作社传统，使得我们的合作社运动的推广和发展大感困难；但是可以组织，必须组织，必须推广和发展。单有国营经济而没有合作社经济，我们就不可能领导劳动人民的个体经济逐步走向具体化，就不可能由新民主主义社会发展到将来的社会主义社会。"① 这种推广和发展的速度与市场经济体制演进的强度有关。

从传统的计划经济走向社会主义市场经济，是中国迈向现代化的必然要求，推动中国在政治、经济、社会、文化各个领域从传统向现代的巨大转变，从农业文明向工业文明的转变，从工业文明向知识文明的转变。市场经济是资源配置的体系，是市场在资源配置中起主导作用的体系，其他配置资源的力量起配合和支撑作用。这一配合和支撑作用，体现在公平交换需要秩序，需要透明的规则和公正执法来保障的。否则，自由交换秩序得不到保证。

中国社会主义市场经济体制演进的动力机制旨在揭示推动社会主义市场经济体制的孕育、建立、发展、健全各阶段的动力要素及其相互作用（当然，这里的力量主要指党和政府、市场主体以及社会大众），共同推进市场经济体制的形成。

社会主义市场经济体制的演进，首先从"实践是检验真理的唯一标准"大讨论这一解放思想开始的，从阶级斗争为纲转向经济建设，从联产承包制到国有企业改革，进而开始政府机构改革。接着，对市场、计划不姓资也不姓社，它们只是资源配置的两种方式的认同，使得建立社会主义市场经济体制作为改革的目标而成为共识，培育国有企业、民营企业等市场主体，以及相关社会组织。对所有制认识的解放，对党在新的条件下完成历史使命的新认识，促使确立民营企业等非公有制经济是社会主义市场经济的重要组成部分，推动社会主义市场经济体制继续演进，等等。其中，每一次政策调整，

---

① 《毛泽东著作选编》，中共中央党校出版社 2002 年版，第 360 页。

都会有一套相应的理论话语系统，如邓小平理论、"三个代表"重要思想和科学发展观等，进行党内宣传教育、动员并获得社会认同，获得推进改革的凝聚力和向心力。

党和政府对于改革政策的制定，都遵循着从实际出发，看"是否有利于发展生产""是否有利于满足人民需要""是否有利于维护社会主义制度"。根据目标、优先顺序、难易程度，以及环境条件等因素，综合协调，积极稳妥地推进改革有序进行。

第二章　市场经济在社会主义
中国的生成逻辑

传统马克思主义语境下的共产主义社会第一阶段（即社会主义社会）不存在市场经济，但并不意味着社会主义社会可以脱离市场经济，因为科学社会主义这一理想状态只能在市场经济充分发展之后才可进入。也就是说，科学社会主义社会有且仅有在市场经济充分发展之后才有可能建成，这是由科学社会主义的本性和市场经济的内在规定性所决定的。

第一节　发展市场经济是建设社会主义的必要条件

理论与实践都表明，市场经济是迄今为止发展生产力的最好的一种方式。这不仅源于它能够调动社会大众参与经济活动的积极性，更在于它是人的自由全面发展不可逾越的阶段。换言之，在社会主义初级阶段发展市场经济，能够使生产的发展更有利于提高人们生活水平，并在为一切人的自由发展创造条件等方面显示出资本主义制度无法比拟的优越性。

一、市场经济体制及其内在规定性

经济体制，是由生产力发展水平及其基本经济制度决定的，并受上层建筑影响的生产关系的具体形式及其运行方式，包括资源占有制度安排、资源配置的制度安排、经济运行的支持系统。换言之，它规定了国家与企业、企业与企业、企业与各经济部门之间的关系，是一定的所有制和产权结构与一定的资源配置方式的统一，是资源配置的具体方式或制度模式。

市场经济体制是一种以市场配置资源为基础的生产、流通和分配的具体组合方式，对经济主体行为发挥着激励功能。这主要表现在生产效率和资源配置效率两个层面。生产效率主要在微观领域起作用，强调的是投入产出的关系，投入不变而效率提高了，或者在效益不变的情况下投入减少，就是效率增加了。如单个企业或其他市场主体为了获得更多的利润，千方百计提高生产效率等。资源配置效率则是从宏观层面，或是整体与长远角度。改革就是追求生产效率与资源配置效率的统一，让价格机制、市场机制与竞争机制发挥作用，使得资源配置充分而高效，资源能够更充分发挥作用，能够推动经济持续增长，经济发展的成果能够在社会成员间公平分配等。

（一）市场配置资源：调动社会成员的创造性。市场经济不同于以往的自给自足的自然经济。市场经济不仅要求人们解决生存问题，鼓励人们创造更多财富——其活力在于它迎合人们对利益的追求欲望；更为重要的是，把自给自足的、孤立的个体联结为一个有机体，开发其内在潜能，使其更加丰富全面。一般地，人们对利益的追求，不仅受到空间物质条件的制约，也受到时空制度条件的限制。但是，在利益的驱动下，当一定时空条件发生变化，市场主体（包括投资者、经营者、劳动者、消费者）必然会突破他们扩大利益追求的原有制度条件，寻求、创造新的制度规范。正是在这种寻求和创造中，市场主体的活力被不断地激发、张扬起来。也就是，经济增长的历程，就是市场主体的潜能不断被释放的过程，也是市场主体自身不断发展的过程。但市场主体的潜能并不能百分百地转化为经济增长的动力。只有制度设计、社会氛围体现出对市场主体的尊重，市场主体对经济增长的贡献才会更大。

市场经济是一种竞争经济，以竞争来促进资源优化配置。在市场经济环境下，社会是开放式的、各种分工细化的，人的各种经济、政治、文化、社会活动都需要通过人与人、人与人群之间的互动来实现，人的各种活动都是社会化的活动，个人与社会联系空前地密切，个人也日益成为社会化的人。竞争的市场机制，就是以个人利益为基础，能使公共的利益兼容任何个人的利益，不损害任何个人的利益。换言之，竞争，意味着市场中的交易都是自愿的，不能有人为的强买、强卖，也不能有任何的外在力量影响资源配置与生产效率。马克思认为，"从交换行为本身出发，个人，每一个个人，都自身反映为排他的并占支配地位的（具有决定作用的）交换主体。因而这就确立了个人的完全自由：自愿的交易；任何一方都不使用暴力；把自己当作手段，或者说当作提供服务的人，只不过是当作使自己成为自我目的、使自己占支配地位和主宰地位的手段……双方都知道：共同利益恰恰只存在于双方、多方以及各方的独立之中，共同利益就是自私利益的交换。"① 也就是说，个人的成功与否在很大程度上取决于个人的努力，取决于自身的潜质、主观能动性和创造性能否被激发出来。由此可以得出，一般的市场主体（包括工人、农民等一般民众），只要肯努力，就能够在其既定的约束条件下寻找各自生存的空间，都可能选择到适应自身发展的空间。

市场借助价格信号传递经济信息，能够动员各类要素，引导各类市场主体做出理性选择，使资源流向经济效益好的企业和部门，提高整个社会的资源配置效率。企业之间的竞争是生产效率的争夺，是销售市场的竞争。企业要想在竞争中获胜，必须积极采用新技术，努力提高产品质量，及时进行产品的更新换代。产业之间的竞争是资源配置效率的竞争，是开辟满足社会成员需求的新的渠道，使劳动者获得增加收入的机会，即让一切创造社会财富的源泉充分涌流，发展的成果惠及社会大众。这正是，市场就是好坏由别人说了算，而不是自己说了算的制度；如果一个人想要得到幸福，就必须使别人幸福②。

商品交换是各商品所有者之间的等价交换，自由、平等在这种交换中成为现实。也就是，作为市场主体的个人或者企业，自主地做出经济决策的权利，独立地承担决策所带来的风险。这种主体地位的确立，只有在市场的交换活动中才能获得社会的普遍承认。在市场拓展的过程中，处于不同市场上的交易者通过交换，可以利用其他人的生产要素，来克服交易范围内要素积累中出现的边际报酬递减趋势，从而增加市场交易双方的福祉。在生产持续增长的系统中，许多社会成员都能从总产出的扩张中得到好处。在交换中，不同的人有共同利益，市场为他们提供了成功而非失败地追求他们共同利益的机会。亚当·斯密认为："人类几乎随时随地都需要同胞协助，要想仅仅依赖他人恩惠，那是一定不行的。他如果能够刺激他们的利己心，使有

---

① 《马克思恩格斯全集》第 30 卷，人民出版社 1995 年版，第 199 页。

② 张维迎：《市场的逻辑》，上海人民出版社 2010 年版，第 1 页。

利于他，并告诉他们，给他做事，是对他们自己有利的，他要达到目的就容易多了"；"我们每天所需的食物和饮料，不是出自屠户、酿酒家或烙面师的恩惠，而是出自他们自利的打算"①。

各类市场主体的等价交换和公平竞争、生产要素的自由流动，让资产所有者、生产者和消费者拥有充分自由的选择权，是价值规律发挥作用的前提。由于各个生产者所拥有的"商品的使用价值的物质差别"的客观存在，由于"他们互相需要，并且这是只用等量劳动时间来满足的需要"，就使得等价交换不可避免，从而也就使得交换者之间的"平等成为实现了的社会关系"；在商品交往过程中，"作为交换的主体，他们的关系是平等的关系"；"他们所交换的是等量的交换价值，每个主体所给出的和获得的是相等的东西"；"在交换行为中证明自己是价值相等的人"；"当货币出现的时候，它决不是要消除这种平等关系，实际上它是这种平等关系的现实的表现"；"承认人类平等，承认每个人生存的权利，是以一切人所共有的对人的本性的意识为基础的，正像爱、友谊、正义以及一切社会美德是以对人类自然联系和一致的感觉为基础的一样。如果我们一向把它们称为义务，要求人们来履行这些义务，那么在不是以外界的强制为基础的，而是以对内在人类本性的意识即理性为基础的社会中，它们就变成了生命的自由的、自然的表现了"②。

市场经济是法治经济。市场制造差别，根据市场上创造的价值来分配。而市场机制仅仅关注那些利益一致问题，因此承认和保护市场竞争带来的收入差别和社会差别，并且通过一系列制度（正式制度和非正式制度）来保障每个公民的基本生存权利和基本生活条件，以及把收入差距限制在一个社会可接受的范围内，从而保证社会秩序，是政府和社会的职责。市场经济中维护经济行为规则的主要力量是正式制度——法律和各项规章制度。通过市场经济制度的建立与完善来保证每一个民众经济生活权利能够不断扩张，为民众提供了致富的机会与发展的权利——对资源的基本分配离不开政治过程，甚至要求对生产资料所有制进行彻底再分配的过程。然而，市场既刺激着人

① ［英］亚当·斯密：《国民财富的性质和原因的研究》上卷，商务印书馆 2004 年版，第 13—14 页。

② Rudolph Matthai.1845. "*Socialistisc heBausteine*", Rheinische Jahrbucher Zurgesellschaft Lichen Reform, Nr.1, Darmstadt, pp.161-162.

们通过合法手段追求合理利益，也刺激着人们利用各类不合理的甚至非法的手段去追求不合理的甚至非法的利益。即使合法手段也会不断扩大人们之间在拥有财富上的差距，造成城乡之间、产业之间、社会阶层之间的收入差距的扩大，引发的比较严重的相对剥夺感。因为它所强调的平等，是一种机会上的平等而不是结果上的平等，是通过牺牲结果上的平等来获得效益和效率的——它偏爱强者，夸大个体，忽视共同体的存在。若采用不合法手段，即有些市场主体只强调个人的利益和价值，淡化和不顾集体利益，把集体主义价值观摆到市场经济的对立位置上，则加剧问题的恶化。

正式制度要发挥高效率，必须建立在非正式制度基础之上——一种自觉的行为约束力量，使经济生活行为规则的内在化。否则，巨大的制度成本、交易成本会破坏市场的正常职能。市场经济存在于个人责任、对某些不争的规范的尊重、为获得成功并发展其禀赋做出诚实和认真的努力、植根于财产中的独立、为其个人和家庭生活负责任地规划；节俭、进取心、承担精心计算的风险、磨炼手艺、对连续性和传统性的崇尚、自主地面对生活中不确定性的勇气、对事物的自然秩序的尊崇。更为突出的是，意识形态、价值取向由传统的思想规范依据转向实际经验依据，即市场经济是个体自我负责的经济，是一个强调自我负责的社会——通过市场化规律配置经济资源并展开公平竞争及交易。总之，不能单纯依靠市场本身来解决市场自身产生的问题，如保障弱者（对于不能解决温饱问题的、承担经济改革和社会转型成本的、在劳动力市场中处于明显弱势的或失去劳动能力的人群）的权益，使其享受到社会经济发展的成果。这些需要共同体的力量发挥作用。

（二）市场主体间平等是社会成员间普遍平等的前提。唯物史观表明，"在不同的占有形式上，在社会生存条件上，耸立着由各种不同的、表现独特的情感、幻想、思想方式和人生观构成的整个上层建筑。整个阶级在它的物质条件和相应的社会关系的基础上创造和构成这一切"①。因而，小农处在对地主的人身依附之中且承受着后者的超经济强制。"由于各个小农彼此间只存在有地域的联系，由于他们利益的同一性并不使他们彼此间形成任何的共同关系……因此，他们不能以自己的名义来保护自己的阶级利益。他们

---

① 《马克思恩格斯选集》第 1 卷，人民出版社 1995 年版，第 611 页。

不能代表自己，一定要别人来代表他们。他们的代表一定要同时是他们的主宰，是高高站在他们上面的权威，是不受限制的政府权力，这种权力保护他们不受其他阶级侵犯，并从上面赐给他们雨水和阳光。所以，归根到底，小农的政治影响表现为行政权力支配社会"①。

市场经济平等交换的法则要求一切活动主体必须具有平等、独立的地位，市场经济的发展促进了社会成员独立人格的形成，而市场主体的独立性又是市场经济进一步发展的基本要件和推动力。可"人们每次都不是在他们关于人的理想所决定和所容许的范围之内，而是在现有的生产力所决定和所容许的范围之内取得自由的"②。因而平等原则的实现，只有在市场经济关系中才得以充分孕育和发展起来。马克思还指出，"主体只有通过等价物才在交换中彼此作为价值相等的人，而且他们只是通过彼此借以为对方而存在的那种对象性的交换，才证明自己是价值相等的人，因为他们只有作为等价物的所有者，并作为在交换中这种相互等价的证明者，才是价值相等的人，他们作为价值相等的人同时是彼此漠不关心的人"③。也就是，通过等价物的交换，每个主体所给出的和获得的是相等的，进而实现为平等的人。

要等价交换，各商品主体就应有自己明确的利益边界，这是市场经济的内在要求。商品交换是一种"自愿的交易"，每个人都是自愿地出让财产。商品生产者"互相承认对方是所有者，是把自己的意志渗透到商品中去的人格"；"每个人为另一个人服务，目的是为自己服务；每一个人都把另一个人当作自己的手段互相利用"；"每个人是手段同时又是目的，而且只有成为手段才能达到自己的目的，只有把自己当作自我目的才能成为手段；也就是说，每个人只有把自己当作自为的存在才把自己变成他的存在，而他人只有把自己当作自为的存在才把自己变成为前一个人的存在"④。这样一来，每一个个人同别人利益相对立的个别利益的满足，正好就是被扬弃的对立面即一般社会利益的实现。

平等反映在政治领域，就是民主制度。马克思认为，"平等和自由不仅

① 《马克思恩格斯选集》第 1 卷，人民出版社 1995 年版，第 677—688 页。
② 《马克思恩格斯全集》第 3 卷，人民出版社 1960 年版，第 507 页。
③ 《马克思恩格斯全集》第 30 卷，人民出版社 1995 年版，第 196 页。
④ 《马克思恩格斯全集》第 30 卷，人民出版社 1995 年版，第 198—199 页。

在以交换为基础的交换中受到尊重，而且交换价值的交换是一切平等和自由的生产的、现实的基础。作为纯粹观念，平等和自由仅仅是交换价值的交换的一种理想化的表现；作为法律的、政治的、社会的关系发展了的东西，平等和自由不过是另一次方上的这种基础而已"①。

就人的自由发展而言，市场经济是一个必要而非充分条件。市场经济把人从各种超经济的人身依附关系中解放出来获得独立发展——"它已经自在地但还只是以歪曲的头脚倒置的形式，包含着一切狭隘的生产前提的解体，而且它还创造和建立无条件的生产前提，从而为个人生产力的全面的、普遍的发展创造和建立充分的物质条件"②，"以便最后都达到在保证社会劳动生产力既高度发展的同时又保证每个生产者个人最全面的发展的这样一种经济形态"③；但又使人们这种独立性深深陷入到对物的依赖之中，人的价值要通过商品、货币、物的价值表现出来，还会严重地损害和扭曲人的精神价值、文化价值。这正是，"人的依赖关系（起初完全是自然发生的），是最初的社会形式，在这种形式下，人的生产能力只是在狭小的范围内和孤立的地点上发展着。以物的依赖性为基础的人的独立性，是第二大形式，在这种形式下，才形成普遍的社会物质变换、全面的关系、多方面的需要以及全面的能力的体系。建立在个人全面发展和他们共同的、社会的生产能力成为从属于他们的社会财富这一基础上的自由个性，是第三个阶段。第二个阶段为第三个阶段创造条件。因此，家长制的、古代的（以及封建的）状态随着商业、奢侈、货币、交换价值的发展而没落下去，现代社会则随着这些东西同步发展起来"④。也就是，历史进程是受内在的一般规律支配的，人们要想在这一领域的活动中取得成功，就必须认识和遵循这些规律。

社会历史规律是在人的活动中表现出来的，其本身所固有的辩证性质为主体选择留下了广阔的空间。市场经济致力于扩大个人选择的权利和提高交易的便利性；社会主义追求能够充分发挥人的潜能。由此，社会主义和市场经济都是向着增加人的自由和价值的方向迈进的制度安排，都要求规则公

① 《马克思恩格斯全集》第30卷，人民出版社1995年版，第199页。
② 《马克思恩格斯全集》第30卷，人民出版社1995年版，第512页。
③ 《马克思恩格斯选集》，第3卷，人民出版社1995年版，第342页。
④ 《马克思恩格斯全集》第30卷，人民出版社1995年版，第107—108页。

平，并且这种公平由于对于个人自由的促进而成为促进效率的基本手段。马克思、恩格斯在《共产党宣言》中阐明了社会主义社会的本质特征是"代替那存在着阶级和阶级对立的资产阶级旧社会的，将是这样一个联合体，在那里，每个人的自由发展是一切人的自由发展的条件。"[①] 在"自由人联合体"中，个人是主体，个人自由是基础，联合是联结纽带，社会是构成形式。个人对自己与社会联系的认识首先是通过认识到自己属于一定的具体的共同体开始的。通过基层组织影响个人。一个人在一生中会同时属于某些不同的共同体。这种共同体自身的性质，个人在组织中的作用，以及人们对这些组织的评价就直接影响到人们对自身与社会联系的认识与评价，影响到人们对共同体的理解。简要地讲，个人与共同体的关系是，通过共同体个人才能获得全面发展其才能的手段，两者相互协调，互为条件。"社会主义预言家"圣西门临死的时候对学生说："我毕生所追求的就是如何保证所有的人的天资得到最自由的发展。"[②] 社会主义彰显整体，市场经济凸显个体。然而，把个人利益和集体利益相对立，以个人利益否定集体利益的观点，曲解了个人利益与集体利益的辩证统一关系。利己主义否定公共利益的现实存在，个人利益才是唯一现实的利益，把个人利益作为判断人的行为价值的唯一普遍的尺度。这种观点若不加以澄清，会引导人们走向利己主义。同样地，如果把共同体看作无所不知、无所不晓，这在落后追赶先进的模仿过程中功效明显，但不利于激发共同体中其他个体的积极性和创造性，最终体现不出社会主义的优越性。建立社会主义市场经济，其最终目的是满足广大劳动者日益增长的物质文化需要。社会主义公有制的主体地位决定了全体劳动者在根本利益上的一致性，决定了个人与集体之间、个人与个人之间的利益差别和利益矛盾都是非本质的和非对抗性的。

社会主义市场经济对人的全面发展的真正意义就在于，创造适合人全面发展的社会条件，使人的自由个性由可能性变为现实性。"全面发展的个人——他们的社会关系作为他们自己的共同关系，也服从于他们自己的共同控制的——不是自然的产物，而是历史的产物。要使这种个性成为可能，能

---

① 《马克思恩格斯文集》第 2 卷，人民出版社 2009 年版，第 53 页。

② 《圣西门选集》第 3 卷，商务印书馆 2009 年版，第 261 页。

力的发展就要达到一定的程度和全面性，这正是建立在交换价值基础上的生产为前提的，这种生产才在产生出个人同自己和同别人相异化的同时，也产生出个人关系和个人能力的普遍性和全面性"①。社会主义的本质特征，消除社会关系对人的奴役和压迫，使人从对抗性的社会关系下解放出来，实现人的经济自由与政治自由；消除旧的社会分工对人的奴役，实现人的自由、全面发展。高度发达的生产力是社会主义的物质前提；消灭了生产资料资本主义私有制，全部生产资料归全社会所有，由全体社会成员支配，一切生产部门都将由社会全体成员参加的自由平等的生产者联合体来管理；消除了生产的无政府状态，有计划地组织生产；在个人消费品上实行按劳分配原则；随着阶级和阶级差别的被消灭，国家也开始消亡；社会的每一成员将获得自由全面的发展。社会主义基础上的市场经济，是在将两者的优点相结合——通过灵敏的经济杠杆和竞争机制，发挥激励市场主体的基础性作用；通过有效的宏观调控，维护平等竞争秩序，形成公平分配格局。以此"培养社会的人的一切属性，并且把他作为具有尽可能丰富的属性和联系的人，因而具有尽可能广泛需要的人生产出来——把他作为尽可能完整的和全面的社会产品生产出来（因为要多方面享受，他就必须有享受的能力，因此他必须是具有高度文明的人）"②。

（三）社会主义初级阶段需要发展生产力，夯实社会主义社会的物质基础。人类已经历原始社会、奴隶社会、封建社会，正实践着资本主义社会、社会主义社会，其方向是迈向共产主义社会。前一个社会形态被后一个社会形态所取代，遵循这一法则——"无论哪一个社会形态，在它所能容纳的全部生产力发挥出来以前，是决不会灭亡的；而新的更高的生产关系，在它的物质存在条件在旧社会的胎胞里成熟以前，是决不会出现的"③。

马克思语境中的共产主义社会的第一阶段（即社会主义社会阶段）则是依据此而得出的，因而这是阶级消灭、国家消亡的阶段。马克思主义认为，阶级、国家、国家机器是一个凌驾于社会之上、由社会供养的一个多余

---

① 《马克思恩格斯全集》第 30 卷，人民出版社 1995 年版，第 112 页。

② 《马克思恩格斯全集》第 30 卷，人民出版社 1995 年版，第 389 页。

③ 《马克思恩格斯文集》第 2 卷，人民出版社 2009 年版，第 592 页。

的赘瘤，在由无产阶级掌握政权之后，它将自行消亡。取代它的是一个只具有管理或服务职能的"廉价政府"或"社会的代表"，"给共和国奠定了真正民主制度的基础"；"公社体制会把靠社会供养而又阻碍社会自由发展的国家这个寄生赘瘤迄今所夺去的一切力量，归还给社会机体"①。恩格斯在《社会主义从空想到科学的发展》一文中指出："当国家终于真正成为整个社会的代表时，它就使自己成为多余的了。当不再有需要加以镇压的社会阶级的时候……就不再有什么需要镇压了，也就不再需要国家这种特殊的镇压力量了……那时，国家政权对社会关系的干预在各个领域中将先后成为多余的事情而自行停止下来。那时，对人的统治将由对物的管理和对生产过程的领导所代替。"② 在这一过程中，整体利益不断增强，社会逐渐进步，个体的主体地位也越来越受到尊重，发展的成果越来越满足每一个体的基本需要上，最终使得"社会化的人，联合起来的生产者，将合理地调节他们和自然之间的物质变换，把它置于他们的共同控制之下，而不让它作为一种盲目的力量来统治自己，靠消耗最小的力量，在最无愧于和最适合于他们的人类本性的条件下来进行这种物质变换"③。或"这种共产主义，作为完成了的自然主义，等于人道主义，而作为完成了的人道主义，等于自然主义，它是人和自然界之间、人和人之间的矛盾的真正解决，是存在和本质、对象化和自我确证、自由和必然、个体和类之间的斗争的真正解决"④。

可中国进入社会主义社会属于跨越"卡夫丁峡谷"，比俄国进入社会主义社会生产力还要落后——俄国当时是资本主义链条最薄弱的环节，而中国却是一个百废待兴的国家，必须经历一个相当长的历史阶段去实现发达国家在资本主义条件下实现的工业化和现代化，即社会主义初级阶段。这是在经济文化落后的中国建设社会主义现代化不可逾越的历史阶段。也就是，要达到马克思语境下的社会主义社会，就必须解放生产力，发展生产力——在其对资源的合理配置上，使资源的使用和社会需要有效地统一起来，提高资源的使用效率。而实现这一效率的根本途径是既要发挥国家的作用，也要充分

---

① 《马克思恩格斯文集》第 3 卷，人民出版社 2009 年版，第 157 页。
② 《马克思恩格斯文集》第 3 卷，人民出版社 2009 年版，第 561—562 页。
③ 《资本论》第 3 卷，人民出版社 2004 年版，第 928—929 页。
④ 《马克思恩格斯文集》第 1 卷，人民出版社 2009 年版，第 185 页。

调动各个社会成员的积极性。

在生产力不发达阶段进入的社会主义社会，列宁起初认为，可通过采用战时共产主义政策来建设。随着经济社会环境的变化，列宁认为社会主义社会建设应采取两种生产资料公有制的形式——国家所有制与合作社所有制；社会主义社会还存在着商品货币关系，商品、价格、市场、利润、经济核算等还起作用；按劳分配不是建立在从社会储存中直接供应和产品直接交换的基础上，而是借助于商品货币关系和贸易；社会主义社会还存在着劳动的差别；社会主义社会还需要无产阶级专政的国家、军队和各种行政管理机构①，即通过新经济政策建设社会主义社会。可斯大林却认为，生产资料公有制是社会主义生产关系的基础，社会主义是计划经济，按劳分配是社会主义个人消费品的分配原则，各尽所能，按劳分配体现了马克思主义的平等观；社会主义越是取得胜利，阶级斗争就越尖锐，只有加紧开展阶级斗争，才能推动社会主义建设②。可实践表明，前苏联高度集中的经济模式使得经济社会问题诸多，最后因不能克服导致国家解体，社会性质发生改变。

简言之，一个适宜的经济体制是客观经济条件、环境、财产关系、意识形态等基本因素综合作用的结果，它能够激发经济活动的主体产生创业的冲动和持续的生产积极性；保证社会资源按照经济活动的内在合理性自由而充分地流动，并在有序状态中获取效率。而一个不适宜的经济体制，则人们创造财富的努力不是事倍功半，就是适得其反。

二、计划经济与马克思关于未来社会资源配置方式的观点

众多学者认为，计划经济体制源于马克思对未来社会的设想。19 世纪40 年代，在 18 世纪三大空想社会主义者的思想成果上，马克思在研究自身所处的资本主义发展状况过程中，发现其存在剥削、两极分化和经常发生危机，于是提出在未来取代资本主义社会的社会里，不存在剥削和两极分化，且通过"有计划、按比例"的发展，使社会生产和社会需要直接联系起来，从而消除社会生产的无政府状态。

---

① 转引自张雷声：《论斯大林的社会主义观》，《中国人民大学学报》2000 年第 3 期。
② 转引自张雷声：《论斯大林的社会主义观》，《中国人民大学学报》2000 年第 3 期。

　　（一）计划经济：理论上的完美与实践的困惑。马克思对未来社会的"有计划、按比例"发展的观点，反映在他的诸多作品中。例如，"大工业使建立一个全新的社会组织成为绝对必要的，在这个全新的社会组织里，工业生产将不是由相互竞争的单个的厂主来领导，而是由整个社会按确定的计划和所有人的需要来领导……使每一个社会成员都能够完全自由地发展和发挥他的全部力量和才能"；以及"由社会全体成员组成的共同联合体来共同地和有计划地利用生产力，把生产发展到能够满足所有人需要的规模"①。而要能够这样做，需"剥夺地产，把地租用于国家支出"；"通过国家拥有资本和独享垄断权的国家银行，把信贷集中在国家手里"；"把全部运输业集中在国家手里"；"按照共同的计划增加国家工厂和生产工具，开垦荒地和改良土壤"② 等等。

　　虽然这些成为后来的马克思主义者运用计划经济体制的依据，但"计划经济"这一词并不是马克思首先提出，而是出自列宁在 1906 年写的《土地问题和争取自由的斗争》一文，"只要存在着市场经济，只要还保持着货币权力和资本力量，世界上任何法律都无法消灭不平等和剥削。只有建立起大规模的社会化的计划经济，一切土地、工厂、工具都转交给工人阶级所有，才可能消灭一切剥削。"③

　　现有资料表明，中国关于计划以及经济计划的思想源于孙中山。1911年，他指出，在中国人之间有高度文化素养的不乏其人，他们必能承担组织一个新政府的重任，为了把旧的中国君主政体改变为共和政体，思虑精到的计划早已制定出来。利用计划作为经济发展之机制至少与三个因素有关：一是由于中国经济落后，发展需要外国资本与技术。为了得到外国资本与技术，须向"投资之各政府"提出一项计划。二是西方国家的经济计划的影响。三是发展中国工业需要一个综合性计划。1918 年孙中山在《建国方略》中认为，中国实业之开发应分两路进行：个人企业与国家经营。凡夫事务之可以委诸个人，或其较国家经营为适宜者，应任个人为之，由国家奖励，而

---

① 《马克思恩格斯文集》第 1 卷，人民出版社 2009 年版，第 682—683、689 页。

② 《马克思恩格斯文集》第 2 卷，人民出版社 2009 年版，第 52—53 页。

③ 《列宁全集》第 13 卷。人民出版社 1987 年版，第 124 页。

以法律保护之……至其不能委诸个人及其独占性质者，应由国家经营之……以其财产属之国有，而为全国人民利益计议经理之①。

所谓计划经济，就是国家通过经济计划部门制定经济发展计划和指标、计划参数、评价等，来行使经济宏观决策权力和微观管理权力，从而成为资源配置的核心主体。这主要是政府从总体利益出发，统筹安排企业的人、财、物，与产、供、销，企业利润全部上缴，亏损由国家承担。除此，出于维持生产能力与消费需求的平衡，国家对各级干部按行政级别规定消费等级，对一般民众的日常消费也通过各种票证进行管理。在中央与地方的关系中，地方是国家的延伸部分，是中央计划体制的一部分；中央作出决定，地方执行决定；地方把所有的收入都上缴给中央，再由中央在地方之间重新分配。这样的经济体制，从理论层面看，一是能够保证中央在全国范围内集中社会资源用于国家重点工业建设，避免地方企业同其争资源、争资金、争技术、争人才；二是中央能够在薄弱环节以及落后地区进行布局，使国民经济各部门在保持一定比例关系中成为一个有机的整体，排除利益之争，以减少资源浪费。更为重要的是，根据"消费资料的任何一种分配，都不过是生产条件本身分配的结果"②这一命题，在生产资料公有的社会里，由于生产行为为一种合作的社会性生产和团队生产过程，单个劳动者的贡献率无法做出准确测量，便把个人的劳动直接作为总劳动的组成部分，于是按劳分配规则被较易执行的平均分配所代替。

理论上的计划经济逐渐被付诸实践。列宁领导的十月革命胜利后，社会主义历史上最早的战时共产主义经济体制，与其说是应对当时苏联严峻的阶级斗争形势和经济形势而采取的一些应急措施，不如说是俄国革命的领导人，如列宁、布哈林、斯大林等对社会主义经济体制认识的产物。列宁在《四月提纲》《苏维埃政权当前的任务》《论黄金在目前和在社会主义完全胜利后的作用》等一系列论著中，考虑怎样消灭商品经济而实行国家高度集中管理的计划体制。

当战时共产主义体制在实践中出现弊端，带来诸多问题时，列宁等领

①　《孙中山全集》第6卷，中华书局2006年11月版，第253页。

②　《马克思恩格斯文集》第3卷，人民出版社2009年版，第436页。

导者采用被认为只是适应当时情况的一种改良的策略——"新经济政策"。虽然列宁在最后时刻，发觉现实的社会主义并不是马克思意义上的社会主义，需要继续运用新经济政策发展生产力，但还没有凝聚成共识和付诸实施，在1928 年就被放弃。接掌权力的斯大林因种种因素仍坚持原有的对社会主义的认识，宣布为神圣不可"改变"。在恢复战时共产主义体制的过程中逐渐形成颇有影响的经济模式，即今天常说的计划经济体制。鉴于计划体制在初期所带来的生产力的飞跃——高度集中的计划经济体制能够发挥其集中资源、快速发展及迅速解决重大急迫问题的优势，苏联作为第一个社会主义国家所采用的计划经济体制则成为后来国家是否具有社会主义性质的基本尺度。后来的社会主义国家纷纷采用此模式。可随后的社会主义在生产力发展进程中并没有显示出比资本主义社会更多的优越性，反倒在 20 世纪 80 年代末 90 年代初，东欧社会主义国家剧变、苏联解体，使得计划经济的社会主义陷入实践的困境①——在某种程度上成了阻碍生产力进一步发展的羁绊。

究其原因，计划经济体制资源配置要达到预期的目的，就必须具备拥有社会一切经济活动的全部信息，社会利益的一体化——不存在利益不同的主体和不同的价值判断。这是一种形而上学的原子式的思维方式。因为现实中人们无法"即刻收集"遍及社会各个角落的经济活动的全部信息和对收集到的信息进行"即刻处理"，以便把指导经济活动的指令"即刻送达"所有经济活动的主体，即使无技术与物质条件的限制，也不可能实现。从信息经济学层面看，行政组织的自上而下的等级制度抑制自下而上的信息传达，在对社会知识和信息的集合过程中经过等级的过滤产生知识和信息的丢失，以及信息传递速度缓慢而容易失真，使社会信息和知识的集合具有消极递减倾向，从而使行政垄断者容易产生知识的自负和自闭。此外，计划经济将基于主体间平等关系转置成行政等级的官民关系，用行政指令替代法治主导，将资源配置权利内卷入行政体系，造成行政主体凌驾于社会之上的强势局

---

① 苏联计划经济在建国初期，据美国经济学家伯格森估计，苏联在 1928 — 1955 年时间里，国民生产总值年增长率为 4.4%—6.3%，高于大多数资本主义国家。而在 20 世纪 80 年代的劳动生产率，工业只相当于美国的 50%，农业仅为 20%；创造每单位国民收入所消耗的能源、材料等则长期高出美国 50%—100%。经济增长率 1976—1980 年为 2.2%，1981—1988 年为 1.8%，均低于美国的 3.3% 和 3.0% 的水平。

面①。由此对全社会资源的整体产出效应有抑生产性、抑创新性，背景、后门等非平等竞争因素干扰甚至决定资源配置。

从经济哲学视角看，计划经济忽视了个人的存在及其追求利益的要求。经济主体，有着各自的独立的个体利益，个体利益与社会利益必然存在着矛盾，这就势必造成计划在制定和执行两个环节上出现"非社会整体利益取向"的偏差，从而导致经济活动的无序和低效，乃至经济体系运作的停滞，甚至崩溃。从这个意义上看，苏联的解体、东欧的剧变，不是社会主义制度的过失，而是僵化的计划经济体制的失败。

（二）"有计划、按比例"的经济发展不等于计划经济。为什么通过计划经济发展社会主义社会不成功呢？马克思在《〈政治经济学批判〉序言》一文中指出，"人们在自己生活的社会生产中发生一定的、必然的、不以他们的意志为转移的关系，即同他们的物质生产力的一定发展阶段相适合的生产关系。这些生产关系的总和构成社会的经济结构，即有法律的和政治的上层建筑竖立其上并有一定的社会意识形式与之相适应的现实基础"②。据此，马克思曾提出的在未来社会应该实行的"有计划、按比例"发展不能简单地理解为就是计划经济。当马克思把社会主义社会当作未来理想社会描绘时，虽倾向于社会主义经济为非商品经济，但依据马克思自身的原则和立场——生产力与生产关系的辩证关系，未来社会的具体情况只有那时的人们才能清楚——即使是，也是与现存的计划经济体制有差异的资源配置方式。正如马克思指出，"在资本主义生产方式消灭以后，但社会生产依然存在的情况下，价值决定仍会在下述意义上起支配作用：劳动时间的调节和社会劳动在不同的生产类别之间的分配，最后，与此有关的簿记，将比以前任何时候都重要"③。

马克思关于在未来社会（即共产主义社会）中资源配置方式的论述，是因社会化大生产要求相互依赖的各个部门在发展过程中保持一定的比例。只要生产力的发展要求人们在生产过程中实行分工，就需要在社会生产和社

---

① 参阅赵凌云：《1949—2008年间中国传统计划经济体制产生、演变与转变的内生逻辑》，《中国经济史研究》2009年9月。

② 《马克思恩格斯文集》第2卷，人民出版社2009年版，第589页。

③ 《资本论》第3卷，人民出版社2004年版，第965页。

会消费之间存在一定的比例关系。据此，社会就应按一定的比例来分配劳动和其他资源——"社会发展、社会享用和社会活动的全面性，都取决于时间的节省。一切节约归根到底都是时间的节约。正像单个人必须正确地分配自己的时间，才能以适当的比例获得知识或满足对他的活动所提出的各种要求，社会必须合理地分配自己的时间，才能实现符合社会全部需要的生产……按一定比例分配社会劳动的必要性，决不可能被社会生产的一定形式所取消，而可能改变的只是它的表现形式，这是不言而喻的。自然规律是根本不能取消的。在不同的历史条件下能够发生变化的，只是这些规律借以实现的形式"①。

现有的科学发展表明，按比例分配资源在理论上有三种表现形式：一是无形之手运作机制，即价值规律"作为盲目起作用的平均数而实现"；二是计划形式，"劳动时间的社会有计划的分配，调节着各种劳动职能同各种需要的适当比例"；三是市场机制起主导、宏观调控起调节的形式。基于传统的理论和既有的实践，市场机制发生"在社会劳动的联系体现为个人劳动产品的私人交换的社会制度下，这种劳动按比例分配所借以实现的形式，正是这些生产品的交换价值"。马克思进而指出，"价值规律所影响的不是个别商品或物品，而总是各个特殊的应分工而互相独立的社会生产领域的总产品……社会产品量的使用价值就取决于这个量是否符合社会对每种特殊产品的量上一定的需要，从而劳动是否根据这种量上一定的社会需要按比例地分配在不同的生产领域"②，具有决定意义。

第二种形式，即计划形式，若要运用这一形式配置资源，根据马克思主义基本原理，应有一个强有力的国家政权做出统一计划，或社会公众的思想觉悟、道德水准达到这样一个程度——自觉意识到需要并能够制定和实施这一比例条件。在马克思视域中，社会主义阶段是一个国家消亡的阶段。其管理职能越来越强，在任何时候国家都不是经济发展的主体。国家计划，生产资料集中在国家手中（这里有一个前提：社会化大生产发展到一定程度，即资本主义生产关系容纳不了生产力发展的时候），而且这里的国家，与阶

---

① 《马克思恩格斯选集》第4卷，人民出版社1995年版，第580页。

② 《资本论》第3卷，人民出版社2004年版，第716页。

级对抗时候的国家不一样——"当阶级差别在发展进程中已经消失而全部生产集中在联合起来的个人的手里的时候，公共权力就失去了政治性质"①；"一个没有职业军队，没有职业警察，没有职业官吏，甚至没有职业法官和审判官，是一种以公民自治为主要内容的社会治理方式"。在国家消亡的过程中，人们根据自己的发展需要生产产品，而不再是追逐价值而劳动，从而，资源得到有序合理配置。依据所有制变迁的逻辑，社会主义社会的公有制是对资本主义私有制的否定，"这种否定不是重新建立私有制，而是在资本主义时代的成就的基础上，也就是说，在协作和对土地及靠劳动本身生产的生产资料的共同占有的基础上，重新建立个人所有制。"这里需要说明的是，社会主义公有制不是个人所有制，而是个人所有制的前提和准备；也就是，在否定资本主义私有制以后，有一个公有制的发展过程，在国家消亡后生产资料的所有权才归由劳动者组成的社会，因为工业的社会化生产不能将机器设备切割分归每个劳动者，但每个劳动者有权使用，因此是"共同占有"。

历史表明，若在生产力不发达（落后的资本主义国家或半殖民地半封建的国家）的阶段进入并建设社会主义社会，必然与在生产力高度发达阶段建设社会主义社会的具体路径不同。一旦照搬马克思的设想，虽然在初期可能取得巨大成就，若不能及时找到适合本国国情的发展道路，结果并不如人所愿。苏联模式可证明这一结论。苏联模式虽然在建立初期取得了一定的成效——对"二战"中反法西斯战争的胜利功不可没；但由于长期采用高度集中的计划经济，依靠高能耗、高原材料消耗、高人力投入、粗放型发展，没有及时调动社会民众的积极性与创造性，在以后的与美国争霸的过程中逐渐衰落，以致最终解体。

新中国成立后，在缺乏现代化基本建设经验的情况下，借鉴和学习苏联的发展经验②，并把在解放区行之有效的制度得以推广，最终生成中国的

---

① 《马克思恩格斯文集》第2卷，人民出版社2009年版，第53页。

② 美国学者莫里斯·迈斯纳认为，中国的经济发展模式、经济体制、经济组织方式都是照搬苏联，甚至中国的"一五"计划也是苏联1928—1932年第一个五年计划的翻版。费正清和迈克法夸尔主编的《剑桥中华人民共和国史（1949—1965）》第一部分的标题就是"效仿苏联模式"——1949年以后中国断然地采纳了苏联模式。我国学者武力也指出，从1953年开始，中国接受了苏联的社会主义经济模式。

计划经济体制——总体上是植根于中国历史文化传统,植根于中国经济社会发展演变的历史逻辑,是历史的路径依赖决定的①。正如林毅夫教授指出的,中国的传统的经济体制的主要内容,是在资源稀缺的经济中②推行重工业优先发展战略而形成的。也就是,这种计划经济体制较之原苏联体制来说更具有灵活性——地方经济权限相对较大、集体经济比重相对较大等,即使这样,到20世纪70年代,也没有把社会主义的优越性体现出来,反倒使经济社会到了崩溃的边缘。

实践表明,要想使资源得到充分高效的配置与使用,"有计划、按比例"发展的规律就是在随后的市场取向的改革。在某种意义上,这一市场取向的改革符合马克思的本义——即使在生产力高度发达的资本主义社会被社会主义取代,"在经过长久的阵痛刚刚从资本主义社会里产生出来的共产主义社会第一阶段,是不可避免的"③。这里的"不可避免"是指通过市场机制发展生产力以及由此带来的相应的各方面的变化,已达到市场机制消亡的条件。

综上所述,"有计划、按比例"发展要求,在简单商品经济条件下,通过竞争机制和价格机制实现的;在资本主义社会化大生产环境中,则是通过周期性的危机的形式来维护经济社会系统的相对稳定;在生产力高度发达的社会主义社会中,这一规律是在人们对经济活动高度自觉的认知与把握中得以实现;而在生产力发展不均衡的社会化大生产环境——社会主义初级阶段,有计划、按比例发展并非必然采用非此(市场机制)即彼(计划体制)的资源配置方式,而往往通过亦此亦彼的方式,吸收世界上一切优秀的文明成果的基础上逐步发展起来的。正如邓小平指出,"计划经济不等于社会主义,资本主义也有计划;市场经济不等于资本主义,社会主义也有市场。"④

---

① 自汉武帝之后,政府对经济的主导越来越强,货币、盐、铁等都国有化了,"重农抑商"成为基本国策。到王莽变法时,几乎变成了计划经济。此外,自隋唐之后的科举制,把优秀人才都吸引到政府部门当官,以维护国家的稳定。

② 新中国成立时,经济发展水平很低——资金十分短缺、外汇短缺、资金动员能力弱;而重工业的发展则建设周期长、初始的投资规模巨大、大部分设备需要从国外引进。因此,需要压低重工业发展的成本——压低资本、外汇、能源、原材料、农产品和劳动的价格,降低重工业资本形成的门槛。

③ 《马克思恩格斯文集》第3卷,人民出版社2009年版,第435页。

④ 《邓小平文选》第3卷,人民出版社1993年版,第373页。

（三）计划经济是社会主义社会特定阶段的配置方式，而不是社会主义社会的本质要求。社会主义社会优越于资本主义社会，不仅仅在于社会主义社会有更高的劳动生产率与资源配置效率，更在于它消灭剥削和两极分化，追求实现共同富裕，体现公平正义。也就是，社会主义社会应该为每一个社会成员的自由全面发展夯实物质的、精神的基础。借用马克思的话说，"在保证社会劳动生产率极高度发展的同时保证每个生产者个人最全面发展的一种经济形态"①，该形态"不仅可能保证一切社会成员有富足的和一天比一天充裕的物质生活，而且还可能保证他们的体力和智力获得充分的自由的发展和运用"②，以达到"每个人的全面而自由的发展"。在邓小平看来，"社会主义的本质，是解放生产力，发展生产力，消灭剥削，消除两极分化，最终达到共同富裕"——在这一过程中，使生产资料的社会性得到充分体现，以促进人的全面而自由的发展。

据此，实践中的计划经济怎么说都不属于社会主义社会的内容。它不是和马克思所说的欧洲中世纪的自然经济相像，也就是社会化大生产环境中的自然经济。不容置疑，中国的计划经济体制是建立在自然经济基础上的计划经济。实际上，计划经济体制除了基于苏联式理论以外，更多的是基于自然经济思想——构建封闭的国民经济体系、相对独立的大区经济体系和独立完整的省、地、县等"大而全""小而全"的自给自足经济体系。在该体系中，不仅强调自力更生与自给自足，还实行平均主义分配原则与分配方式，通过政治运动和精神鼓励调动人力资源的方式。

其一，在计划经济体制下，国家利益至上。在国家范围来计算和处理成本与收益的关系，个人和企业对国家与社会的贡献和他们的收入与利益这两者间没有必然的关系；他们不会因付出额外劳动或革新而获得任何报酬。在中央和地方的关系中，国家权力至上，中央政府强化地方政府的责任，而地方政府以各种理由向中央要政策与资金等，以期在与其他地方政府竞争中处于优势。这样，资源配置受到权力范围、计划视野和利益群体、条块格局的局限，使国家成了一个放大的自给自足的经济共同体。

---

① 《马克思恩格斯选集》第 3 卷，人民出版社 1995 年版，第 342 页。

② 《马克思恩格斯选集》第 3 卷，人民出版社 1995 年版，第 757 页。

在这个共同体中，经济社会的发展状况取决于极少数领导人的决策。一旦决策者急于求成，出现决策失误，会使原有的发展态势遭到破坏。更糟糕的是，这样的决策使得企业不关心技术改造与技术创新、产品开发与设计，更不关心员工的积极性、创造性，只考虑向政府报计划、争指标。由此所体现的，是基于形而上学的视角看待个人利益和集体利益的关系——把集体利益与个人利益对立起来，以集体利益否定个人利益，割裂了个人利益与集体利益的有机联系，使集体利益失去必要的价值支持，成为一种虚幻的东西①。可唯物史观一再显示，人们奋斗的一切，都与他们的利益有关："一切所谓政治革命，从头一个起，到末一个止，都是为了保护一种财产而实行的，都是通过没收（或者也叫盗窃）另一种财产而进行的"②。一旦与自身利益隔离，人们会在多大程度上去创造财富，而且更多的资源能否得以生成，则更加不确定了。

否定个人利益，就是否定个人存在的独立性，否定个人追求自由发展的空间与时间。实践表明，在计划经济体制下，谁制订计划与谁执行计划是不一样的。优先分配的，或在分配中处于优势地位的人，往往都是计划制定者。这和马克思所设想的社会主义社会所具有的公平正义并不相符，也与社会主义为每一个人营造更多发展的空间是相背离的。从这一点看，若马克思生活在计划经济体制下，则会重复这一句话："这样做，会给我过多的荣誉，同时也会给我过多的耻辱"③。马克思和恩格斯在总结巴黎公社的经验时指出，最重要的事情是全力"防止国家和国家机关由社会公仆变为社会主人"④。

其二，国家之所以能成为资源配置的主体，在于国家具有天然的力量——以忽视社会各阶层之间差别为前提、以高度统一的意识形态为基础的权威（天然权威的家长）。这一特征虽经无产阶级革命，但由于没有经历市场经济的洗礼，并没有从社会的土壤中消失，没有从传统中消失，也没有从个人的意识中抹去。在实践过程中，当国家提出要建设民众所向往的理想社

---

① 李志远：《社会主义市场经济体制下的集体和集体主义》，《社会主义研究》2004 年 4 期。

② 《马克思恩格斯选集》第 4 卷，人民出版社 1995 年版，第 111 页。

③ 《马克思恩格斯文集》第 3 卷，人民出版社 2009 年版，第 466 页。

④ 《马克思恩格斯文集》第 3 卷，人民出版社 2009 年版，第 110 页。

会（即使这种社会脱离当下的社会实践条件），仍会使公众趋之若鹜。虽然有些政府官员把"为人民服务""做人民公仆"当作自己的行为准则，可在群众看来，仍是"社会的主人"。这种颠倒的关系在一定时间内还是被大众所认可。例如，战时共产主义是旧俄国专制主义长期统治下形成的政权万能论的产物，是一种农业社会主义。1928 年以后形成的计划经济体制，只不过是这些措施进一步完善。

计划经济在中国生根，除了上面提到的当时国际国内的环境因素外，更有其深厚的文化基础。中国传统文化中的儒家经济伦理、中国传统农民自给自足以及"不患寡而患不均"等农业社会观念，深深浸透在当时人们的脑海中。在计划体制下，企业办社会，集体主义被等同于平均主义，表现在对个人利益和社会集体利益关系的处理上，片面强调集体利益（全民利益）。中国在和西方文明的碰撞与学习中，直接从一种传统的农耕文明被挟进现代化的洪流中。作为一代伟人的毛泽东，在 1958 年看到社会主义制度基本确立和经济连续七年取得高速增长的情况下，想用最快的速度扭转经济落后、物质基础薄弱的被动局面，便发动了"大跃进"运动和人民公社化运动，力图"把中国变成一个伟大、强盛、繁荣、高尚的社会主义、共产主义国家"，让贫苦的中国人过上平等、幸福的生活。然而，由于历史条件的局限，计划经济成为中国社会主义的基本内涵，从而推动着政府在社会化大生产环境下建设具有平均主义色彩的社会主义经济，并且用传统的自然经济观念及其管理方式来发展国家工业化。这一看似公平的方法，却是以牺牲效率为前提，成本很高，反而无法实现真正的公平。例如，分配制度上的"大锅饭"，使得农民"出工不出力"，工人有无技术都拿同样的工资，这是事实上的不公平。这进一步印证了"权利永远不能超出社会的经济结构以及由经济结构所制约的社会的文化发展"[①]。

第二节　商品经济在中国的发展

作为一种资源配置方式，"市场"虽然没有在中国历史上占主导地位，

---

① 《马克思恩格斯文集》第 3 卷，人民出版社 2009 年版，第 435 页。

但并不意味着就没有市场的存在与发展。恰恰相反，中国有深厚的商品经济传统。有资料显示，在16世纪以后的五百年时间里，农民家庭收入的50%以上来自商品交换，除了农业，手工业产品交换的范围更广。物物交换出现于原始社会末期的剩余产品的产生。随着农业与畜牧业的分离、手工业的产生和商人的出现，中国的奴隶社会的商品生产和交换不逊色同时期的其他国家。即使在重农轻商的封建社会，商品经济也逐渐得到发展，并在明朝末年的东南沿海一带出现资本主义的萌芽，后因西方资本主义的殖民扩张和国内的诸多因素，打断了这一进化的历程。也就是，市场在中国"封建社会时期就有了萌芽"，然后在近代社会，民族资本、官僚资本、买办资本、国外资本有所发展，但到进入社会主义社会，因种种原因，市场发展减缓。

一、中国传统农业社会中的商品经济的发展

在中国古代社会，农业与家庭手工业、饲养业的结合，是一个独立的生产与消费单位。一个农民家庭的生活即便再简单也要对外进行交换，以获得自家无法生产的必需品。更何况，为了取得非本地资源所具有的或自己不能生产的——盐、铁、药物等，就需要首先出售某些物品。在自然经济下，农民不是为了追求价值，而是要取得使用价值。贸易是社会的一种重要活动，它们附属于而不是完全融入主要的生产和分配过程。财富是政治、军事或宗教权力或地位的报酬，而不是经济活动的报酬。在长期动荡的古代，社会生存更需要的是政治领导、宗教保护和军事威力，而不是贸易专长。但资源在不同用途上的基本配置，或商品在社会各阶层间的分配，很大程度上是脱离市场过程的。在长期的实践中，人们认识到，"用贫求富，农不如工，工不如商"。一旦机会临近，人们也会通过一定的商业活动获得财富。久而久之，商业经济就成为习俗，商人就在一系列习俗权利与义务中取得了一席之地。扩张的活力可能并不立即消失；它必然是由商业革新转化而来，但有了安全和财富，它就能转移到其他领域。

范蠡曾提出，"论其有余不足，则知贵贱。贵上极而反贱，贱下极而反贵。"司马迁是世界上第一个为企业家列传的人。他在《货殖列传》中写了30多位企业家，他们是两千多年前的中国企业家，说明当时企业家是很有地位的，"千金之家比一都之君，聚万者与王者同乐"。司马迁在《史记·货

殖列传》中强调，"故待农而食之，虞而出之，工而成之，商而通之。此宁有政教发徵期会哉？人各任其能，竭其力，以得所欲。故物贱之徵贵，贵之徵贱，各劝其业，乐其事，若水之趋下，日夜无休时，不召而自来，不求而民出之"。其含义是，农民耕种，虞人开出木材，匠人做成器皿来，商人疏通这些财物。人们都是以自己的才能行事，竭尽自己的力量以此来满足自己的欲望。商人会把商品从价格低廉的地方销售到贵卖的地方。各自勤勉而致力于他们的本业，乐于从事自己的活动，如同水向低处流，日日夜夜而永无休止，他们不待召唤自己就赶来，物产不须求而百姓们自己就生产出来。

　　但自汉武帝之后，政府对经济的主导越来越强，货币、盐、铁等都国有化了，"重农抑商"成为基本国策，企业家的生存空间非常有限。到王莽变法时，几乎变成了计划经济。另一方面，自隋唐之后的科举制，把优秀人才都诱惑到了政府部门当官，好处是把国家做大了，坏处是中国人的企业家精神没有变成创造财富的力量。

　　从明朝中后期开始，市场的扩大主要表现在长距离贩运的贸易商品品种增多，贸易量的增大，市场上工业品总值超过农产品。清朝时，长江中下游一带市场一体化已具有一定的程度。中国近代兵器工业的建立源于十九世纪五六十年代的国内与国外之危机。在其后的发展中，创办兵工厂的是各省总督，中央政府限于批准、鼓励其建立与发展；全部工业国有与国营；国家对重要资源的控制始于汉代——盐铁生产为中央政府所垄断。

二、中国民主主义革命时期商品经济的发展

　　1840年鸦片战争以后，封闭的大门逐渐被打开。以通商口岸为中心的中国近代市场体系的新格局逐步建立，即工业品向沿海城市流向内地，农产品和矿业加工产品由内地流向沿海城市。这种市场体系的形成是以传统市场为基础，加速扩大、延伸，市场及市场机制在经济发展中越来越发挥主导作用。正如诺贝尔经济学奖获得者、英国经济学家约翰·希克斯在《经济史理论》一书中提出的，进入近代社会的主要标志是市场经济逐渐取代依靠习俗或指令分配资源的经济。

　　鸦片战争后，外国资本主义的入侵给中国的社会经济带来了深刻变化，为中国近代资本主义的产生提供了必要的条件。英法等国在沿海通商口岸

设立船坞、工厂；1895年甲午战争以后，帝国主义列强竞相在中国建工厂、开矿山、设银行。中国近代的一些民族资本企业为了避免官府的苛征和勒索，往往向外商支付一笔费用，然后以他们的名义注册，如江苏、浙江、福建、广东各省的商办小轮船公司。

以奕䜣、李鸿章、曾国藩、左宗棠为代表的洋务派官员主张摹习列强的工业技术和商业模式，利用官办、官督商办、官商合办等模式发展近代工业，以获得强大的军事装备、增加国库收入、增强国力，维护清廷统治。即使是采取向民间集股方法筹集资金，但企业仍由官方派员管理。所以，洋务企业是一种国家资本主义。洋务运动学习近现代公司体制兴建了一大批工业及化学企业，开启了中国的工业发展和现代化之路。各地先后引入外国新科技，开设工厂，建设铁路、架设电报网，培训技术人才；维新运动留下了许多遗产，诸如建立社团、兴办学堂、创办报刊、提倡女学、改易风俗等。官办——官督商办——官商合办——商办的工业化方案，由政府倡导和支持民间兴办企业，发展中国的资本主义经济。由政府扶助棉纺织业和钢铁业优先发展，抵制洋纱、洋布、洋钢、洋铁倾销，挽回利权，带动民族工业发展。

在中国人传统的观念中，土地是财富的主要象征。清朝时有人说"凡置产业，自当以土地为主，市廛次之，典与铺又次之"，这使得手工业扩大再生产缺乏必要的观念支持和资金准备。不过，在太平天国期间，贵族、官僚、地主目睹工商业利润的丰厚后，开始进行这种投资。一些为洋商服务的买办通过收取佣金等途径获得巨额资金，加之同外商有较多的联系和兴办工业所必需的某些洋务知识，投资工商业更是轻车熟路。从1870年开始，在上海、广东、天津等沿海地区出现了以轻工业为主的民族工业。此外，商人、华侨也投资工矿企业。如1866年方举赞、孙英德在上海虹口创办发昌机器厂，1873年陈启沅在南海创办继昌隆缫丝厂。

19世纪末20世纪初，中国涌现出一批民族企业家。张弼士创办张裕酿酒公司，从状元到实业大王的张謇，出版家夏瑞芳、张元济，面粉、棉纱大王荣氏兄弟，从穷货郎到商业家的武百祥，简氏兄弟智斗英美烟商，陈宜禧兴建新宁铁路，万金油大王胡文虎，西药业的项松茂，锐意进取的化学工业家方液仙，出版业巨擘陆费逵，从学徒到经理的沈九成、陈万运，张廷阁创办双合盛公司，化学工业奠基人范旭东、李烛尘、侯德榜，冼冠生与冠生园，民族百货业先驱马应彪、黄焕南，百货业巨擘郭乐，梁墨缘兴办广东内河航运，朱继圣、凌其峻经营仁立公司，火柴大王刘鸿生。他们是我国新式工业、商业、金融业和交通运输业的开拓者，也是学习欧美、日本资本主义企业管理方法的先行者。他们在"一缺资金，二少技术，三乏人才"的困难情况下，建工厂，开商店，办银行，搞运输，披荆斩棘。他们冲破封建势力的重重束缚，同外国厂商展开激烈竞争，在中国古老的土地上确立起新的生产方式。在时代潮流的冲击下，一些久负盛名的老字号店铺的经营者，逐步采用新式机器代替笨重的手工劳动，逐步实行了比较先进的经营管理方法，从而跻身于民族企业家的行列之中。尤其值得称道的是，一些爱国华侨为了民族的振兴和祖国的富强，放弃优裕的生活条件，回到国内兴办企业，呕心沥血，百折不挠，为促进近代民族经济的发展做出了杰出的贡献。此外，二十世纪三四十年代，以"四大家族"为代表的官僚资本，占旧中国资本主义经济的 80%，占全国工矿、交通运输固定资产的 80%。[①]

　　在新民主主义革命阶段，毛泽东在《中国革命和中国共产党》一文中指出，资本主义经济在中国社会中会有一个相当程度的发展……这是经济落后的中国在民主革命胜利之后不可避免的结果……中国革命的全部结果是：一方面有资本主义因素的发展，又一方面有社会主义因素的发展……就是民主共和国的国营经济和劳动人民的合作经济[②]。毛泽东进而在《新民主主义论》一文中提出"新民主主义经济"作为一个过渡时期的经济形态，既适合中国当时的国情国力，又没有偏离社会主义发展方向——"'凡本国人及外国人之企业，或有独占的性质，或规模过大为私人之力所不能办者，如银行、铁道、航路之属，由国家经营管理之，使私有资本制度不能操纵国民之生计，此则节制资本之要旨也'。这也是国共合作的第一次全国代表大会宣言中庄严的声明，这就是新民主主义共和国的经济构成的正确方针"[③]。在无产阶级领导下的新民主主义共和国不没收其他资本主义的私有财产，这是因为中国经济还十分落后的缘故。

---

① 刘旺洪：《"五四宪法"与当代中国宪政制度现代化——纪念"五四宪法"诞辰五十四周年》，《法制与社会发展》2008 年 11 月。
② 《毛泽东文选》第 2 卷，人民出版社 1991 年版，第 650 页。
③ 《毛泽东文选》第 2 卷，人民出版社 1991 年版，第 678 页。

　　毛泽东在《论联合政府》中强调，新民主主义经济是在新民主主义政权下大力发展"资本主义"的经济；中国需要在 10—15 年之后才能考虑向社会主义的过渡。进而在《目前形势和我们的任务》中提出了新民主主义三大经济纲领，一是没收封建阶级的土地归农民所有，二是没收垄断资本归新民主主义国家所有，三是保护民族工商业。"由于中国经济的落后性，广大的上层小资产阶级和中等资产阶级所代表的资本主义经济，即使革命在全国胜利以后，在一个长时期内，还是必须允许它们存在；并且按照国民经济的分工，还需要它们中一切有益于国民经济的部分有一个发展；它们在整个国民经济中，还是不可缺少的一部分"①。1947 年 10 月，中国共产党提出"没收官僚资本"的口号。1949 年 1 月，中共中央发出的《关于接受官僚资本企业的指示》中要求，对于企业中的各种组织与制度，应照旧保持，不应任意改革或宣布废除，旧的实际工资标准和等级及实现多年的奖励制度、劳动保险制度等，亦应照旧，不得取消或任意改变。1950 年开始，党和政府对没收的企业进行了民主改革和生产改革，使其成为名副其实的社会主义国营企业。

三、社会主义革命时期商品经济的存在

　　从 1949 到 1952 年这一时期，计划的外延范围扩大，作用范围与力度增强，市场作用的范围与力度减弱。党和政府依据《共同纲领》提出"公私兼顾、劳资两利"和在国营经济领导下的"分工合作、各得其所"的方针，对私营工商业采取"利用、限制、改造"的政策。也就是，从方式上看，政府运用经济政策、法律手段等对市场运行进行宏观调控。从经济运行过程看，计划与市场同时对生产和流通起着调节作用。

　　计划机制与市场机制是为建立新民主主义多种经济成分并存的经济形态服务。计划机制在很大程度上克服了市场机制固有的盲目性、破坏性；市场机制也能使诸多经济政策的实施起到应有的作用。实践证明，计划优势与市场优势的结合，是适合新民主主义经济形态的经济体制格局，迅速推动了国民经济的恢复和发展。大量数据表明，这 3 年，人民生活水平也有所

---

① 　武力、王丹莉：《中国经济发展道路的两次伟大转变》，《前线》2011 年第 8 期。

改善。

1953—1956 年是计划调节力量壮大，市场调节作用逐渐下降，社会主义计划经济体制初步建立的阶段。统购统销制度割裂了农民、私营企业同市场的联系。资本主义工商业，在公私合营以后，因没有明晰产权和充分的自主权，成了"实际上的国营企业"。也就是，面对百废待兴的局面，面对复杂的国际环境，必然要把国防等重工业放在优先位置，这也符合马克思的生产资料优先生产的理论要求，可整个社会的资金短缺使得这类企业缺乏自生能力，无法采用市场配置资源的办法来推动优先发展，只能由政府以行政手段，人为压低能源和原材料价格和工人工资以降低重工业发展的成本，由此必然带来要素和产品价格扭曲，各种要素和产品供不应求，只能采用计划配置的办法来保证重工业的资源（工业剩余和农业剩余），最终形成工业的国有化和农业的人民公社化。扭曲的宏观政策环境、高度集中的计划配置制度和没有自主权的微观经营机制这种三位一体的传统经济体制是内生的，是相互依存、互为条件的。

1953 年 8 月，用 10 到 15 年的时间基本完成到社会主义过渡的总路线——"从中华人民共和国成立，到社会主义改造完成，这是一个过渡时期，是要在一个相当长的时期内，基本上实现国家工业化和对农业、手工业的改造"被确立为全党的路线。1956 年，针对高度集权的计划经济体制的弊端，毛泽东在中央和地方的关系上，提出调动中央和地方两个积极性，中央只管方针、政策；在扩大企业自主权方面，进行了广泛的探索。党的第八次全国代表大会的政治报告指出，"我们应当改进现行的市场管理办法，取消过严过死的限制；并且应当在统一的社会主义市场的一定范围内，允许国家领导的自由市场的存在和一定程度的发展，作为国家市场的补充"。[①] 在中共八大上，陈云同志提出"三个主体、三个补充"的思想，不仅不要搞纯而又纯的计划经济，而且给市场、给个人一点自由度。

四、社会主义计划体制时期商品经济的存在

1958 年 11 月，毛泽东在郑州会议上指出，人民公社必须发展商品生产

---

① 　李晓西：《中国市场化进程脉络：以计划经济和市场经济为边界》，《改革》2009 年第 12 期。

和商品交换，必须保留按劳分配制度。党的八届六中全会通过的《关于人民公社若干问题的决议》指出，"企图过早地取消商品生产和商品交换，过早地否定商品、价值、货币、价格的积极作用，这种想法是对于发展社会主义建设不利的，因而是不正确的。"1959年毛泽东又指出，价值规律"是一个伟大的学校，只有利用它，才有可能教会我们的几千万干部和几万万人民，才有可能建设我们的社会主义和共产主义。否则一切都不可能"①。同年5月，中央发出的《关于农业的五条紧急指示》《关于分配私人自留地以利发展猪鸡鸭鹅问题的指示》《关于社员私养家禽、家畜、自留地等四个问题的指示》等，都承认商品、价格、价值等市场经济因素对国民经济健康发展的作用。"现在要利用商品生产、商品交换和价值法则，作为有用的工具，为社会主义服务"②；"现在我们的全民所有是一小部分，只占有生产资料和社会产品的小部分，只有把一切生产资料都占有了，才能废除商业"③；"他们向往共产主义，一提商品生产就发愁，觉得这是资本主义的东西，没有分清社会主义商品生产和资本主义商品生产的区别，不懂得在社会主义条件下利用商品生产的重要性"④；"商品生产，要看它是同什么经济制度相联系，同资本主义制度相联系就是资本主义的商品生产，同社会主义制度相联系就是社会主义的商品生产"⑤。

1961—1965年这一时期，为克服严重的经济困难，全国许多农民自发地搞起包产到户。1961年初，安徽省委在部分地区试行"定产到田、责任到人"的经营管理方法。同年5月，刘少奇在湖南与农民谈农村工作问题时，首次提出可酌情实行包产到户。同年9月中央工作会议上，刘少奇提出，不仅消费资料可以通过价值法则调剂，有些生产资料也要利用价值法则来促进生产，现在有收购价、调拨价、出厂价、销售价等四种价格，它们都应体现价值法则的作用。邓子恢、陈云等也都提出，为尽快恢复农业生产，应采取分田到户的办法。这些办法促使市场调节在农村部分地区起到了比较

---

① 《毛泽东文集》第8卷，人民出版社2009年版，第34页。
② 《毛泽东文集》第7卷，人民出版社1999年版，第435页。
③ 《毛泽东文集》第7卷，人民出版社1999年版，第438页。
④ 《毛泽东文集》第7卷，人民出版社1999年版，第437—438页。
⑤ 《毛泽东文集》第7卷，人民出版社1999年版，第439页。

积极的作用①。

　　1966—1976 年，在实行集中的计划的前提下，也在一定程度上肯定了商品、货币、市场在社会主义经济建设中的积极作用。可从实践上看，时而肯定市场，时而否定市场，时而限制市场，时而松绑市场，最终走到了把市场等同于资本主义的地步。1966 年，毛泽东作出"五七指示"，把 1958 年推行的政社合一的模式扩大成整个社会建立自给自足经济，限制商品经济的指导思想②；1974 年更是把商品生产、按劳分配、货币交换等均视为资本主义的东西。

　　中国传统计划经济体制虽然曾一再被政府强化和固化，但有时候政治运动的冲击，在实践上却往往否定计划性。例如"大跃进"时期年度经济指标不是计划工作的产物，而是根据党的少数领导人的个人意志确定的；"文革"时期否定一切规章制度，打破一切计划工作框架。此外，中国传统计划经济体制中存在着非计划经济的因素，包括市场活动及介于计划和市场之间的亚市场行为和活动。在农村主要表现为农村集体经济下的"小自由"，在城市表现为城镇个体经济，大量的城市集体企业、小国有企业，以及"文化大革命"中由于秩序混乱而在大中型国有企业之间发生的物资串换、地下经济等③。苏南地区是近代中国民族资本主义工商业的发祥地。苏南地区在二十世纪二三十年代，已成为我国民族工商业的重要基地。在计划经济时期，苏南地区也没有中断过，这为发展乡镇企业积累了宝贵的经验和必要的资金。在 1958 年人民公社化时期，苏南各地在集体副业基础上办起了一批社队企业，主要为本地农民提供简单的生产资料和生活资料。在 20 世纪 70 年代，这些小型社队企业发展成为农机具厂，为集体制造一些农具。温州

---

① 参阅李晓西：《中国市场化进程脉络：以计划经济和市场经济为边界》，《改革》2009 年 12 月。

② 逐步消灭分工。每个单位都有工、有农、有学、有兵，从而可以自成体系，自给自足。社会各行业之间的专业区别将消失。逐步消灭商品，办自给自足或半自给自足的"大学校"，是消灭商品的途径。消灭社会分工和商品制度，目的是要消灭工农、城乡、体力劳动和脑力劳动这三大差别，实现人们在劳动、教育、物质生活方面的平等。用平均主义的办法消灭三大差别。

③ 参阅赵凌云：《1949—2008 年间中国传统计划经济体制产生、演变与转变的内生逻辑》，《中国经济史研究》2009 年 9 月。

地区有着"功利""重商"的区域文化传统，在清乾隆年间，温州人就"能握微资以自营殖""人习机巧""民以力胜"。1956 年永嘉县农民自发搞包产到户，得到永嘉县委的支持，温州地区千余村庄群起仿效，可在 1957 年的"反右倾"运动中遭遇挫折。温州人另辟蹊径，大批的温州人开始背井离乡做小生意、跑供销，家庭工业和联户企业迅速成长起来。

　　回顾新中国成立后的 30 年，在探索社会主义的经济建设道路的过程中，虽有失误，但也取得了一定的成就。这可以从下列外国学者对这一时期的研究中得出。美国威斯康星大学莫里斯·迈纳斯曾指出："其实毛泽东的那个时代远非是现在普遍传闻中所谓经济停滞时代，而是世界历史上最伟大的现代化时代之一。从 1952 年至毛泽东时代结束期间，钢铁产量从 140 万吨增长到了 3180 万吨，煤炭从 6600 万吨增长到 61700 万吨，水泥从 300 万吨增长到 6500 万吨，木材从 1100 万吨增长到 5100 万吨，电力从 70 亿增长到 2560 亿千瓦 / 小时，原油从根本的空白变成了 10400 万吨，化肥从 3.9 万上升到 869.3 万吨。中国还在生产大量的喷气式飞机、重型拖拉机和现代海船。中国还成了一个主要的核强国。"① 换言之，在 30 年中，建立起相对完整的现代工业体系和强大的国防工业，拥有了"两弹一星"；大规模的基础设施改造和投资，尤其以农田改造、水利建设和重工业发展为重点，这保证了 20 世纪 80 年代农业的高速增长和城乡轻工业的快速发展②，为改革开放后经济的起飞奠定了重要的基础。

　　维克多·李皮特也指出，"毛泽东时代中国农业的发展大大快于 1868—1912 年日本备受称赞的成功的近代工业化时期。从 1952 年至 20 世纪 70 年代中期，中国农业净产值增长平均为 2.5%，日本只有 1.7%。"③ "在大多数关键性的社会和人口统计指标上，中华人民共和国不仅比印度、巴基斯坦等其他低收入国家强，而且比人均国民生产总值五倍于中国的'中等收入'国家

①　转引自［美］布鲁斯·康明斯，《每月评论》1997 年 11 月号，评莫里斯·迈纳斯：《邓小平时代：1978—1994 年对中国社会主义命运的考察》。

②　参阅武力、王丹莉：《中国共产党与 20 世纪中国经济发展道路的三次转变》，《教学与研究》2011 年第 6 期。

③　［美］维克多·李皮特：《毛泽东时代进行了伟大的现代化（2）》，中华网 2006 年 3 月 17 日。

强。在毛泽东时代，中国人大部分人口是文盲的状况变成了大部分识字。基本的社会保护措施得到贯彻，最著名的是对最穷者的食品、住房、医疗以及丧葬费用的'五保'。毛泽东时代结束之际，中国拥有一个虽刚起步但相当全面的医疗保健体系，这使得它在所有发展中国家都独一无二。医疗保健和营养的改善，共同造成中国人寿命的极大增长，从 1949 年以前的平均 35 岁到了 20 世纪 70 年代中期的 65 岁。"① 也就是说，这期间，中国通过强制性地推广低成本、覆盖全社会的初等教育和医疗保障，来提高劳动者素质，通过"集体攻关"加速了科技创新，通过"三线建设"缩小了沿海与内地工业发展的差距，以及通过"工业学大庆""农业学大寨""全国学人民解放军"等精神激励替代物质激励不足等等②。这体现出自觉探索建设社会主义现代化的道路，为改革开放后吸收和借鉴现代化的一切优秀成果来发展社会主义奠定历史前提。

在取得一定的物质成就的同时，也积累了许多宝贵的经验和吸取了珍贵的教训。例如：提出调动中央与地方"两个积极性"的主张，指令性计划和指导性计划相结合的思想，计划经济为主与市场经济为辅的思想；农业"包产到户"、恢复个体经济和市场、技术引进；处理中央与地方经济关系等经验。这些反省和经验为随后的改革开放奠定了思想基础。

第三节　中国运用市场经济发展社会主义社会的艰难性

中国迟迟没有进入市场占主导的资源配置方式的社会，从根本上来说，是由于传统封建农业势力相对较强，商品经济发展受到的阻力很大，市场经济制度的萌芽便非常缓慢，为工业革命开辟道路极为艰难。

一、经济体制与意识形态

一个国家或地区采用何种经济体制，首先看这种经济体制为谁服务，

---

① ［美］维克多·李皮特：《毛泽东时代进行了伟大的现代化（2）》，中华网 2006 年 3 月 17 日。

② 参阅武力、王丹莉：《中国共产党与 20 世纪中国经济发展道路的三次转变》，《教学与研究》2011 年第 6 期。

接下来才有怎样服务的问题。换言之，经济体制的形成不仅取决于这个国家的经济条件、社会环境、财产关系、意识形态，也受该国的利益集团、政治周期环境、大众传媒和国民情绪、寻租、外部冲击因素、异质事件、资源特性等影响与制约。

　　一般地，经济体制作为一种正式制度结构，必然有特定的社会文化心态、习俗道德规范、思想意识这些非正式制度作为原则来支撑它。其中，意识形态处于核心地位——不仅包容非正式制度安排的其他方面，而且在形式上构成一定正式制度安排的"先验"模式，甚至可能以"指导思想"的形式作为正式制度的"理论基础"。也就是，"意识形态的作用是从精神的方面把统治阶级的利益合理化，把与统治阶级利益内在统一的生产关系合理化，并以知识、观念和信念的形式保证这种利益的实现。"① 具体而言，支撑经济体制的意识形态是人们日常生活准则并由以培育生活方式，成为人们判断善恶、是非、美丑的内在尺度，凝聚社会共识去规范公民的行为，为相应国家制度的构建提供了基本思路，决定了其国家制度变革和调整的基本方向。英国著名经济学家凯恩斯在《通论》最后一章的最后一句也说，"真正对一个社会产生好与坏的影响的，不是既得利益，而是思潮或思想"。也就是说，社会中起主导作用的思想观念影响乃至决定着经济体制的类型，而其他相关理论促进或延缓这一目标的实现。

　　观念的变化是经济社会关系变化的一种表现，进而把这些理念又变成社会接受的行动、政府的政策与法制，不仅依赖于普通大众的理念，更取决于决策者的理念，即处于国家权力核心圈的成员所接受的思想观念，通过规则和规则体系的形式内化在社会群体和组织中。正如马克思所指出的，"理论一经掌握群众，也会变成物质力量。理论只要说服人，就能掌握群众；而理论只要彻底，就能说服人"②。大卫·休谟认为，尽管人是由利益支配的，但利益本身以及人类的所有事务，是由观念支配的③。也就是说，改革要推

---

① 周宏：《理解与批判——马克思意识形态理论的文本学研究》，上海三联书店 2003 年版，第 169 页。

② 《马克思恩格斯文集》第 1 卷，人民出版社 2009 年版，第 11 页。

③ 参阅张维迎：《前瞻十八届三中全会，未来十年是改革窗口期》，《中国改革论坛》2013 年10 月 5 日。

进，不仅依赖于领导人的理念，也依赖于普通大众认同的理念。

二、传统社会主义观念成为社会主义市场经济发展的桎梏

马克思通过《资本论》论证了取代资本主义社会的未来社会（即社会主义社会）是建立在生产力高度发达的基础上的。因而设想，"在一个集体的、以生产资料公有为基础的社会中，生产者不交换自己的产品，用在产品上的劳动，在这里也不表现为这些产品的价值，不表现为这些产品所具有的某种物的属性，因为这时，同资本主义社会相反，个人的劳动不再经过迂回曲折的道路，而是直接作为总劳动的组成部分存在着"①。换言之，马克思认为在社会主义社会中不存在市场经济。这一观点被后来的列宁、斯大林、毛泽东所认同并实践"计划经济"。即使他们中间发展了商品经济，也是为了解决燃眉之急的临时措施。薄一波曾指出："（20世纪）50年代，我们对社会主义的认识，只认识到社会主义经济是计划经济，而计划经济的标志就是国家直接下达指令性计划，商品经济被认为是与社会主义经济不相容的东西"②。

然而，当初俄国与中国等进入社会主义社会之前，并不是马克思所说的"生产力高度发达"的资本主义，前者是不发达的资本主义国家，后者则处在半殖民半封建社会。反而依据"无论哪一个社会形态，在它所能容纳的全部生产力发挥出来以前，是绝不会灭亡的；而新的更高的生产关系，在它的物质存在条件在旧社会的胎胞里成熟以前，是绝不会出现的"③，则应采取不一样的发展社会主义的政策措施。

唯物史观认为，人通过实践劳动创造满足自身存在的物质生活条件，但这一实践除了受自然的制约，还受前人创造的和自己所处社会关系的制约。一个处于一定历史发展阶段上的"现实的、活生生的、特殊的个人"交互活动的产物。而这个个人也以"一切社会关系的总和"与其他人相区别，并且因相近的地缘、血缘，或因社会地位、职业和收入等因素形成较大的社

---

① 《马克思恩格斯文集》第3卷，人民出版社2009年版，第433—434页。
② 薄一波：《若干重大决策与事件的回顾》，人民出版社1997年版，第358页。
③ 《马克思恩格斯文集》第2卷，人民出版社2009年版，第591页。

会单元，如家庭、家族、商会、社区，甚至政党、阶层、阶级、国家等共同体的各种存在形式，构成社会的基本内容。也就是说，每一个体都处在由人与自然、人与人之间各种关系构成的纷繁复杂的有机体中，并通过这一有机体获得自身规定性。而这一规定性受历史的和现实的诸多条件的制约，使得个体与共同体呈现出不同的特征。

个体是社会的细胞和组成部分，社会是个体的凝聚与综合。个体与共同体之间的这种辩证关系，正是马克思探求个体自由全面发展的依据。每一个时代的人，都呈现出个体与共同体对立统一之关系。只不过这种关系有时强调个体忽视共同体；有时强调共同体的利益，淡化个体的权利。换言之，个体与共同体的关系，正如毛泽东强调的，"应该集中的不集中，在上者叫失之，在下者叫专擅"，"应该分散的不分散，在上者叫作包办，在下者叫作无自动性"①。这既有集中又有分散，既有组织又有自由，才是推动社会发展的巨大力量。

从人类历史本身看，"我们越往前追溯历史，个人，从而也是进行生产的个人，就越表现为不独立，从属于一个较大的整体：最初还是十分自然地在家庭和扩大成为氏族的家庭中；后来是在由氏族间的冲突和融合而产生的各种形式的公社中"②。把人仅仅理解为个体，个体高于共同体，在实践上必然把他人作为工具。当物质生活资料的生产只能满足少数人的需要的时候，少数人的发展必然以损害和牺牲多数人的发展为代价。阶级、社会、国家，掩盖了个体作为社会主体的历史本质，失去了个性和独立性，往往成为统治阶级或被统治阶级的成员而存在。也就是，此时社会联系的各种形式，"只是表现为达到他私人目的的手段"，是处在片面的个人阶段。这只是个体在其不够发展和片面发展的历史阶段中的社会表现形式，也是个体借以进一步发展的必要形式。

如把人的存在仅仅理解为共同体或"类存在物"，个体只是其中的元素，那在生产力不发达阶段，实践中容易忽视个体的差异需求，失掉社会进步活力之源。出于对资本负面效应的否定，不仅摒弃了私有制，而且把促进

---

① 《毛泽东选集》第 2 卷，人民出版社 1991 年版，第 436、437 页。

② 《马克思恩格斯全集》第 30 卷，人民出版社 1995 年版，第 25 页。

个体发展的市场经济也抛弃掉，运用计划经济——突出并追求社会整体利益，但此时的整体利益往往是以平均主义的形式呈现出来。实质上，平均主义是以社会的"同质性"来消除的社会"异质性"，是以抽象的人类或社会整体的利益要求去谋事，带来的不是整体利益受损，就是一些个体乃至某些群体具体而实际的利益受到损害，进而扩展到多数权利受到限制，最终会导致经济社会发展的不可持续。

在工业化的进程中，个体之间逐渐打破维持同质性关系的简单的伦理规则和政治强权，除了传统的联结方式外，在机会均等基础上又生成了一种新的契约关系——异质个体之间的有机结合：许多人在同一生产过程中，或在不同的但相互联系的生产过程中，有计划地一起协同劳动。在市场经济中的资本，与资本主义社会并不完全一致。资本主义作为一种思想，把资本在社会中的作用彰显到极致，资本主义社会只不过是将这一思想作为社会中的主流观点的社会。而市场经济中的资本，作为一种要素，发挥着不可替代的作用；离开资本的运作，只能是商品经济。因而，从哲学层面看，市场经济中的资本，往往具有人格化的特点。个人在追求利益的过程中，为了自身利益最大化，在开发利用自然资源的过程中不遵循自然规律，出现生态问题；不能很好地运用人类以及人自身的发展规律，出现社会悖论、经济悖论与人性悖论。随着社会化进程的推进，这种片面的个体之间的名义上的平等和自由必然被丰富的、实质的自由的社会所取代——"各个个人在自己的联合中并通过这种联合获得自由"的共产主义社会。由此，社会主义社会是个体与共同体的有机统一的结合体，共同体的存在及其利益是为个体更好生存与发展提供平台，创造更好条件。

简言之，推动人类发展的生产力与生产关系、经济基础与上层建筑的矛盾运动，归根到底，只不过是个体与共同体之间的内在张力的显现。这是因为，生产力体现的不是物的力量，而是人的力量，社会生产力发展所创造出来的日益丰富的物质财富，印证的是作为生产力主体的劳动者个体创造力。这种创造力是社会生产力发展永不枯竭的源泉，也是生产关系变革的根本动力。然而，个体的创造力受制于生活于其中的一系列的制度安排（如准则、制度、法律等），这些制度规定着社会成员谁劳动、劳动成果由谁支配和怎样支配，使得共同体呈现出一种差异性中的秩序。从历史发展的进程和人类发展的逻辑足以说明，社会主义社会必须要为个体的自由全面发展提供强大的物质基础。

三、对大同社会转向对共同富裕、共产主义社会追求的艰难

大同社会是中国千百年来劳动群众的梦想。大同世界描绘的社会是人人敬老、人人爱幼、无处不均匀、无人不饱暖的理想社会。孔子说，"大道之行也，天下为公，选贤与能，讲信修睦。故人不独亲其亲，不独子其子，使老有所终，壮有所用，幼有所长，鳏、寡、孤、独、废、疾者有所养，男有分，女有归。货恶其弃于地也，不必藏于己；力恶其不出于身也，不必为己。是故谋闭而不兴，盗窃乱贼而不作，故外户而不闭，是谓大同。今大道既隐，天下为家，各亲其亲，各子其子，货力为己，大人世及以为礼，城郭沟池以为固，礼义以为纪，以正君臣，以笃父子，以睦兄弟，以和夫妇，以设制度，以立田里，以贤勇知，以功为己，故谋用是作，而兵由此起。禹、汤、文、武、成王、周公，由此其选也。此六君子者，未有不谨于礼者也，以著其义，以考其信，著有过，刑仁讲让，示民有常，如有不由此者，在执者去，众以为殃，是谓小康。"① 天下为公（全民公有）的社会制度；选贤与能的管理体制；讲信修睦的人际关系；人得其所的社会保障；人人为公的社会道德；各尽其力的劳动态度。

这一境界中的"力恶其不出于身也，不必为己"的劳动态度支撑了大同世界，而大同世界切实可靠的社会保障（这一保障源于长期形成的人与人的伦理关系）又是这种劳动态度产生的前提和基础。此外，这一境界中的全民公有，一是权力公有，即"天下为公"，选贤与能，讲信修睦。选举贤能的权力在于"天下"——全社会的民众，取消权力的个人垄断，坚持权力的公有，保证社会其他方面的公有。"天下为公，谓天子位也，为公谓揖让而授圣德，不私传子孙，即废朱、均而用舜、禹也"② ——"天下为公"的"大同"是有"道"时代，社会按照天赋平等的原则行事，无有不善；"小康"时代虽然无"道"，但领导人在制定了明显具有"天下为家"痕迹的

---

① 选自《礼记·礼运》。

② 选自《礼记·正义》。

"礼义"制度以后，却能进修道德，率先垂范，体现出"德"治的境界。"货恶其弃于地也，不必藏于己。""天下为公"，人人是社会的一员，社会有每人的一份，衣食有着落，地位平等，是大同世界人际关系总的概括。这一状况，是自给自足自然经济发展的理想境界。中国道家学派的创始人老子则设计了一幅没有欺压，人人平等，人人"甘其食，美其服，安其居，乐其俗"的理想社会蓝图。大同思想对中国历代思想家都产生了重要的影响。南宋康与之虚构了一个"计口授田"，人人耕桑，自食其力，劳动成果平均分配的乌托邦式社会景象。正是在这自然经济基础上，黑格尔指出，"中国历史从本质上看是没有历史的，它只是君主覆灭的一再重复而已。任何进步都不可能从中产生"①。

从秦始皇统一中国到太平天国运动，中国社会中的历次农民起义都把贵贱平等、上下同一当作自己的旗帜，并为大同理想的实现进行了不屈不挠的斗争，如从陈胜吴广的"王侯将相宁有种乎？"到东汉末年张鲁在汉中立"义舍"、置"义米""义肉"，过路者量腹取食，再到南宋初钟相起义提出的"法分贵贱、贫富，非善法也，我行法，当等贵贱，均贫富"的纲领，洪秀全领导的太平天国运动向封建等级制度挑战，提出建立有田同耕、有饭同食、有衣同穿、有钱同使、无处不均匀、无处不饱暖的社会纲领。虽然都沉重打击了封建专制，可封建体制却以顽强的生命力不断地复制与再生。

近代中华民族的大同思想与西方传来的自由、平等、博爱观念和空想社会主义思想结合起来。以李鸿章、左宗棠等洋务派力图在不改变封建体制的基础上，通过学习西方的先进科技，以实现"富国图强"的目标，也没有成功。资产阶级改良主义者康有为著《大同书》，提出破除国、级、种、形、家、产、乱、类、苦等九界，实现"天下为公，无有阶级，一切平等，既无专制之君主，亦无民选之总统"的"大同之世"，也因自身的阶级性而夭折。以孙中山为首的资产阶级革命派虽然动摇了封建体制的根基，但传统的中国文明中的绝对君主制、官僚政府制度、由士大夫组成的统治者、科举制度以及宋明理学，决定了传统中国文明在制度、意识形态以及思想等方面与市场经济的生存环境并不相容。正如马克斯·韦伯所言，儒家思想不具有"彻底

① ［德］黑格尔：《历史哲学》，王造时译，上海世纪出版社2006年版，第110页。

地集中精力追求神所中意的目标、禁欲伦理的冷酷而又现实的理性主义、实事求是地进行经营管理的方法论思想、对非法的政治的殖民的以追求君王及人们的恩惠而献媚为基础的掠夺和垄断的资本主义的厌恶、与此相反的冷静严格的合法性和日常经营的有节制的理性的活力、对最佳技术道路和现实的牢固性及目的性的理性主义的尊重而非对传统的技巧和古代手艺人的作品之美的欣赏——典型现代资本主义企业家的伦理素质和劳动者诚实的劳动意愿"①，使得市场经济在中国的发展很困难。

然而，正如马克思所言，"个人怎样表现自己的生活，他们自己就是怎样。因此，他们是什么样的，这同他们的生产是一致的——既和他们生产什么一致，又和他们怎样生产一致。因而，个人是什么样的，这取决于他们进行生产的物质条件"②。浸润在中国优秀文化传统"大同"思想中的全人类之间那种不分贫富贵贱，平等和博爱的崇高理念和精神，与产生于古希腊斯多葛学派中的世界大同、人人平等的思想一样，都体现了人类社会发展的最终必然归宿，是全人类的共同财富，也是当今全球化核心内涵中最可宝贵的东西，值得我们继承和弘扬。

在社会大生产的环境下，在世界历史的进程中，传统的"大同社会"梦想不再可能成为现实。而传承这一梦想色彩的"共同富裕"则成为中国民众追求的目标。康有为认为专制主义必将走向立宪政治，最后走向共和政治，实现人类真正的人权、平等、自由、博爱、独立。孙中山更是把"天下为公"当作自己的追求目标。对传入中国的共产主义和社会主义学说迅速燎原，激起 20 世纪知识阶层劳工根深蒂固的"大同"观念，无疑起到了推波助澜的作用。因为，封建帝制被推翻，由于北洋军阀代表着封建地主阶级利益，信奉三民主义的国民党随着孙中山的去世逐渐沦为大地主、大官僚、大资产阶级的代表，对外依靠帝国主义，对内依托封建主义，无法实现中国的大同社会。

李大钊、陈独秀等一大批中国共产党人对于马克思主义的理解，进而

---

① ［德］马克斯·韦伯：《儒教与道教》，王容芬译，广西师范大学出版社 2008 年版，第281 页。

② 《马克思恩格斯文集》第 1 卷，人民出版社 2009 年版，第 520 页。

把马克思主义传入中国，都是基于中国的实际，有着明显的"大同"传统思想影响的痕迹。郭沫若在1925年所撰《马克思进文庙》一文中慨言：马克思的共产主义和孔子的"大同世界竟是不谋而合"。毛泽东也在1949年所作的《论人民民主专政》中指出："西方资产阶级的文明，资产阶级的民主主义，资产阶级共和国的方案，在中国人民的心目中，一齐破了产。资产阶级的民主主义让位给工人阶级领导的人民民主主义，资产阶级共和国让位给人民共和国。这样就造成了一种可能性：经过人民共和国到达社会主义和共产主义，到达阶级的消灭和世界的大同。"进而在探索社会主义建设道路的过程中都有"大同"思想的印记，如"大锅饭"等。在某种意义上，也正是在中国化、民族化的过程中，马克思主义逐步在中国人民心中扎下根，使得实现大同社会从空想逐渐变为现实——实现社会主义与共产主义社会。中国共产党为实现这一目标，深入到农村去发动、组织、武装和教育农民，不断克服和纠正脱离中国实际的"左"、右倾错误观点和做法，经过二十八年艰苦卓绝的斗争，建立了让人民站起来的新中国。新中国成立后，通过对农业、手工业和资本主义工商业的社会主义改造，由新民主主义过渡到社会主义。然而，运用计划经济发展社会主义社会的生产力，虽然取得一定成就，但无法实现中国人民的梦想。于是，历史的实践推动中国共产党选择市场经济来发展生产力，实现共同富裕成为通向共产主义社会的桥梁。

总而言之，始于秦始皇建立的中央集权体制，经过汉朝的"官山海"、宋朝的"尽收天下之利"和明清的闭关锁国，到新中国成立后的计划经济，再到社会主义市场经济体制生成过程中的"放开搞活""集中力量办大事""国进民退"，其中逻辑主线就是国家在资源配置体系中始终居于主导地位，围绕这一体制所形成的利益集团和确保这一集团既得利益的收入分配体制也很难改变。

小结 中国走社会主义市场经济发展道路的历史必然性

历史表明，任何一个国家，都应该根据自己实际的社会生产力状况，来选择发展自己的途径。即哪一种方式方法有利于发展自己——扎根所生存的土壤，就会不断吸收养分；否则，就会出现"橘生淮北则为枳"的状况。

一、历史选择中国走社会主义道路

在旧民主主义革命时期，为了改变中国被侵略的命运，地主阶级中的开明人士提出了"师夷长技以制夷"的对策，向西方列强学习先进的科学技术。一是派人到西方学习，二是仿照西方的工业，建立自己的公司，使得资本主义市场经济在中国有一定的发展，国力也在某种程度上获得提升。然而，1894年的中日甲午海战，北洋水师的覆灭，彻底粉碎了地主阶级使中国走向独立的种种梦想，也意味着封建统治再也不适应世界历史进程中的中国社会的发展。

十九世纪五六十年代的太平天国运动，虽然完整提出了中国千百年来农民的梦想，也从广西一路凯歌到南京，制定了《天朝田亩制度》，但由于不能摆脱落后的小农意识，在南京建立了封建王朝。后来在清王朝和西方列强的联合围剿下失败了。十九世纪末的义和团运动，虽然打出扶清灭洋的旗帜，但也不能赢得清政府的放心，也在当局和列强的联手中失败了。这充分说明了农民阶级也不能担负起挽救中华民族于危亡之中的重任。

在资本主义萌芽中产生，在西方列强侵略中成长的民族资产阶级，也曾试图担当起拯救于水火之中的中国。以康有为、梁启超等为资产阶级改良派曾向英国和日本学习，力图使中国成为君主立宪制的资产阶级国家，可"六君子事件"宣告这一空想的覆灭。以孙中山为首的资产阶级革命派经过种种努力推翻封建帝制后，也没能使中国走向独立富强的道路。这意味着，不仅西方列强不希望中国通过资本主义道路发展起来，就是中国自身的文化传统中促进市场经济发展的因子也很弱。简言之，从太平天国运动、洋务运动、戊戌变法，到君主立宪制、议会制、多党制，中国都经历过、尝试过，但都没有找到使自己独立的正确道路。

实现中华民族独立和富强的责任历史地落在了无产阶级身上。中国共产党人带领中国人民，经过二十八年艰苦卓绝的斗争，建立了新中国。经过具有中国特色的"三大改造"，建立了社会主义制度。然而，由于当时复杂的国际环境和特殊的国内条件，中国逐步建立了计划经济体制。实践证明：在生产力不发达的社会主义初级阶段，计划经济固然发挥了很大作用，但计划经济在实施过程中所产生的弊端，也极大地影响了社会主义社会本身所具有的优越性的发挥。

二、从资本主义萌芽到市场经济的发展

中国历史上不乏市场，不乏商品经济，但为什么没有发展到市场经济？也就是说，在世界范围内的资本主义萌芽，不论是西方还是东方，都出现在14—15世纪。可市场经济在西方得到迅速发展，而在中国却没有形成西方那样的现代化道路？

我们简要地回顾西方市场经济的发展，就可以回答这一问题。西方市场经济的孕育与形成，离不开国家政权的扶持与帮助。马克思《资本论》（第1卷）的"所谓原始积累"部分给了我们翔实的解答。不论是使生产者转化为雇佣工人——生产者从农奴地位和行会束缚下解放出来，并使之被剥夺了一切生产资料和旧的制度给予他们的一切生存保障；还是生产资料的积累与积聚。这就是著名的"用血和火的文字载入人类编年史"的剥夺——"羊吃人"的圈地运动、贩奴贸易以及屠杀土著印第安人等活动。那些"突然被抛出惯常生活轨道的人"不可能一下子就适应工厂的纪律，于是转化为乞丐、盗贼、流浪者等。在15世纪末和整个16世纪，整个西欧都颁布了惩治流浪者的血腥法律。如1547年，英国颁布的法令规定，拒绝劳动的人，如被告发为游惰者，就要判为告发者的奴隶。1572年的法令规定，没有得到行乞许可的14岁以上的乞丐，如果没有人愿意使用他一年，就受鞭打和打上烙印；到18岁，又没有人愿意使用两年，就要被处死。这样，被暴力剥夺了土地的农村居民，被迫习惯于雇佣劳动制度所必需的纪律。在一定意义上，暴力本身就是一种经济力。正如马克思明确地指出，"资本在它的萌芽时期，由于刚刚出世，不能单纯依靠经济关系的力量，还要依靠国家政权的帮助才能确保自己吮吸足够数量的剩余劳动的权利。它在那时候提出的要求，同它在成年时期不得不忍痛做出的让步比较起来，诚然是很有限的。只是过了几个世纪以后，自由工人由于资本主义生产方式的发展，才自愿地，也就是说，才在社会条件的逼迫下，按照自己的日常生活资料的价格出卖自己一生的全部能动时间，出卖自己的劳动能力本身①。

其次，西方市场经济的迅速发展，也离不开国家政权的参与与推动。法律规定了城市和农村、计件劳动和日劳动的工资率。英国在17世纪末综

---

① 《资本论》第1卷，人民出版社2004年版，第312—313页。

合运用殖民制度、国债制度、现代税收制度和保护关税制度等国家权力，也就是利用"集中的、有组织的社会暴力"，促进资本主义生产方式的发展，以缩短其过程。此外，马克思还特别指出，"在中国，那就更缓慢了。因为在这里没有直接政治权力的帮助。因农业和手工制造业的直接结合而造成的巨大的节约和时间的节省，在这里对大工业产品进行了最顽强的抵抗；因为在大工业产品的价格中，会加进大工业产品到处都要经历的流通过程的各种非生产费用"[①]。而反观中国农业社会，虽然出现资本主义萌芽，但不论在国家层面上还是社会层面上，都缺乏对市场经济的支持，更多的是抑制。

因而，不论是中国共产党人的宗旨和历史使命，还是农民在现代社会对"大同社会"的重构，都呼唤一种更能加快生产力发展的经济体制——社会主义市场经济体制。但这必须是在中国的历史和社会土壤中生长出来的适合自己的制度，该制度可以借鉴国外市场经济发展的有益成果，但绝不能囫囵吞枣、邯郸学步。也就是，探索和发展国家的现代化道路，必须注重历史和现实、理论和实践的有机统一。

---

① 《资本论》第 3 卷，人民出版社 2004 年版，第 372 页。

第三章 社会主义市场经济体制孕育阶段 (1978—1991 年) 的动力机制分析

中国共产党人维护中国绝大多数人民群众的根本利益，把国家的独立和富强、民族振兴、人民幸福作为自己的历史使命。1978 年党的十一届三中全会开启了改革开放的历程。党的十二大提出"计划经济为主，市场调节为辅"，党的十二届三中全会通过的《中共中央关于经济体制改革的决定》提出，社会主义经济是建立在公有制基础上的有计划的商品经济。党的十三大提出建立"国家调节市场，市场引导企业"的经济运行机制。在这一时期，改革主要是释放人民群众的创造性，并推动国有企业挣脱指令性计划束缚而逐步走向市场。

第一节 党和政府主导的市场取向的改革

1978 年中国的人均 GDP 只有 381 元，国民经济面临几乎崩溃的危险，中国的农业停滞了将近 10 年，8 亿农民中至少有 25% 的人生活在贫困线以下。在城市，工业产品，特别是与人民生活息息相关的日常生活用品严重短缺，数百万知识青年回到城市寻找工作，面对严峻的现实，党和政府、劳动群众和社会各界人士探寻新的社会主义发展道路。

一、通过放权让利形成公有制为主体、多种经济成分为补充的所有制结构

国有企业成长于计划经济体制中，肩负着实现国家工业化的历史重任。它的一切经济活动均按指令性计划活动，利润上交财政，亏损由财政补贴。

改革国有企业完全按照指令性计划的做法，发挥市场对国有企业运行的调节作用。

（一）通过放权让利力图提高国有企业的活力。1978 年 5 月，《光明日报》发表的一篇名为《实践是检验真理的唯一标准》的文章，引起了政界和学界的震动，在全国掀起了一场以"解放思想"为内容的大讨论。这一大讨论，为改革开放奠定了思想基础。1978 年 12 月 3 日，国务院财委经济体制改革小组办公室提出的《关于经济管理体制改革总体设想的初步意见》，并没有提出明确目标，这只是试图解决社会面临的实际问题。党的十一届三中全会做出了把党和国家的工作中心转移到经济建设上来、实行改革开放的历史性决策——"现在我国经济管理体制的一个严重缺点是权力过于集中，应该让地方和工农业企业在国家统一计划的指导下有更多的经营管理自主权"；并要求公有制企业在自力更生基础上，"积极发展同世界各国平等互利的经济合作"。①

1979 年 7 月，国务院发布《关于扩大国营工业企业经营管理自主权的若干规定》等一系列文件，允许国有企业在生产计划、产品销售、资金使用、中层干部任用等方面拥有部分权力。同时颁布了《关于国营企业利润留成的规定》等 5 个文件。早在 1978 年 10 月，四川省就选择了重庆钢铁公司等 6 企业进行扩大企业自主权的试点，其主要任务是扩大企业自主权、调整国家与企业之间的利益关系，解决企业自主权问题——国有企业生产什么、生产多少是由政府来决定。改革是要在完成国家计划任务的情况下，企业可以增产符合市场需要的产品，可以自行销售国家商业和物资部门不收购的产品，完成后的利润可以分成，职工可以因个人的勤奋努力得到奖金。

1981 年 9 月，国务院颁布《关于实行工业生产经济责任制若干问题的意见》，确定了利润留成、盈亏包干和以税代利、自负盈亏的经济责任制形式——企业的"责、权、利"相一致，是国企改革扩大企业自主权的延伸与拓展，也是国企改革明晰政企关系的初步探索。1983 年 4 月国务院决定将国企向国家上缴利润改为向国家缴纳税金。1983 年重庆嘉陵摩托集团实行股份制试点。1984 年股份制改革试点开始零星地在商业、金融业及轻工业

---

① 《中国共产党第十一届中央委员会第三次全体会议公报》，1978 年 12 月 22 日。

等领域展开。股份制的提出和实践，对深化两权分离的认识，探索公有制的实现形式和国企产权制度创新有着深远的影响，为后来的国企建立现代企业制度奠定了基础。1984 年，为了搞活国有企业，国家给予企业以部分产品自行销售、自行定价的权力。1984 年 9 月，实现了国企以税代利的改革。这一阶段虽没有打破计划经济体制的框架，但赋予了企业一定的自主权利和活力，为国企改革进一步引入市场机制和实现制度创新开启了探索道路。1984 年 10 月中共十二届三中全会通过的《中共中央关于经济体制改革的决定》，则明确提出了有计划的商品经济作为中国经济的改革模式。

1985 年国家取消了只准生产企业加价 20% 的限制，企业可以稍低于市场价的价格出售产品。自此，生产资料领域中的价格双轨制全面推开。同时，国家开始将某些商品价格采取"双轨制"作为价格改革的过渡办法。1986 年 12 月，国务院发布《关于深化企业改革增强企业活力的若干规定》（国发 [1986] 103 号文），明确要求实行"所有权"和"经营权"分开。国有企业沿着简政放权和增强企业活力的基本思路继续推进，推出"放权让利"政策，赋予地方政府和各类企业更多的自主权，使国有企业成为相对独立、自主经营、自负盈亏的商品生产者和经营者。在农村领域，提高农产品的采购价格；在工业领域，加速对轻工业的投资。

1987 年，国家开始组建企业集团试点，发布了《关于大型工业联营企业在国家计划中实行单列的暂行规定》《关于组建和发展企业集团的几点意见》，并随之出台了一些相应的政策文件，企业集团得到迅速发展。1988 年，国务院曾组建国家国有资产管理局，行使对国有企业的资产所有权、监督管理权、投资收益权、资产处置权等职能，但受相关因素制约，如各行业主管部门管理仍任免直接管理的国有企业领导人、分配国家预算内投资、审批投资项目、下达部分产品生产计划等。

可到 20 世纪 90 年代初，国有企业已经出现了大量亏损，国企改革陷入了进退维谷的境地。国企的低效使权力中心感觉到它无法再按旧体制运转下去。因为承包制并没有真正解决国有企业政企不分、预算"软约束"等制度性弊端。鉴于人们一直把生产资料的"一大二公"的所有制看作社会主义社会的基本要件，国企改革只能增效而不涉及产权和工人下岗。在放权让利的基础上，企业尝试了五花八门的改革，却始终没有取得根本性的改革进展，反而陷入发展困境——面向市场生产经营的国企组织形式难以形成。

（二）通过放开搞活调动人民群众的积极性。党的十一届三中全会要求"应该充分调动干部和劳动者的生产积极性"，并肯定了社员自留地、家庭副业和集市贸易是社会主义经济的必要补充部分，并要求对此"不得乱加干涉"。1979年，国家出台了第一个允许个体经济发展的政策，允许一些有正式户口的闲散劳动力经批准后从事修理、服务和手工业者个体劳动，但不准雇工。1981年6月，党的十一届六中全会通过的决议指出，"国营经济和集体经济是我国基本的经济形式，一定范围的劳动者个体经济是公有制经济的必要的补充。"同年7月，国务院出台《关于城镇非农个体经济的若干政策规定》，第一次以"请帮手""带学徒"等名义允许雇工经营。1982年9月，党的第十二次全国代表大会指出，"在很长时期内需要多种经济形式同时并存"，"只有多种经济形式的合理配置与发展，才能繁荣城乡经济，方便人民生活"；"在农村，劳动人民集体所有制的合作经济是主要形式，在城镇的工业和服务业有相当部分应当集体举办"；"在农村和城市，都要鼓励劳动者个体经济在国家规定范围内和工商部门管理下适当发展，作为公有制经济的必要的、有益的补充"。同年12月，个体经济被写入国家宪法，取得了宪法的保护。1983年中央通过了对"超过规定雇请多个帮工"的个体经济采取不提倡、不宣传、不取缔的"三不"政策。

进而，党的十二届三中全会指出，明确非公有制经济在发展生产、改善生活、扩大就业等方面，具有公有制经济不可替代的作用，鼓励不同所有制经济在自愿互利的基础上，广泛发展"灵活多样的合作经营和集体联合"，实现共同发展；对小型全民所有制企业提出了"可以租赁或承包给集体或个人经营"；"实行国家、集体、个人一起上的方针，坚持发展多种经济形式和多种经营方式"。1984年起，中共中央《关于经济体制改革的若干决定》开始探索企业所有权与经营权"分离"的路子。党的十三大强调，除发展全民、集体所有制外，"还应发展全民所有制和集体所有制联合建立的公有制企业，以及各地区、部门、企业相互参股等形式的公有制企业"；"国家控股和部门、地区、企业间参股以及个人入股"的股份制形式是"社会主义企业财产的一种组织形式"；企业间通过联合投资、相互参股等方式，可以促进"各种生产要素合理流动与重新组合"。简言之，中国共产党人对非公有制经济的认识，从默许到允许个体户发展，再到个体大户雇工，进而支持、鼓励和引导私营企业发展的过程。

这里必须指出，起初采取的放权让利措施，是调整中央和地方的关系，把中央及中央各部组织计划和物资平衡为主的办法，改变为以地方组织计划和物资平衡为主，在地方体系基础上形成有效的计划体制。也就是说，这一改革探索的基本出发点是对计划经济体制加以完善。可随着改革的推进，这一目标逐渐被改变。

二、市场取向改革，激励企业追逐经济效益

这一时期的国有企业的运行由完全受制于指令性计划开始转为受计划与市场的双重调节。随着改革的推进，指令性计划不断被削弱，而市场的作用则不断增强。

1978 年党的十一届三中全会承认计划与市场可以结合，但它未能彻底解决计划与市场究竟何者为资源配置的基础性方式或主要手段的问题。1981年《关于建国以来党的若干历史问题的决议》确认社会主义社会存在着商品生产和商品交换，但认为商品经济作为整体来说，只能存在于私有制为基础的资本主义社会。1982 年党的十二大提出了"计划经济为主，市场调节为辅"。1984 年十二届三中全会在《关于经济体制改革的决定》中，第一次提出"突破把计划经济同商品经济对立起来的传统观念，明确认识社会主义计划经济必须自觉依据和运用价值规律，是在公有制基础上的有计划的商品经济"；并指出商品经济的充分发展是社会发展不可逾越的阶段。邓小平同志对此作了高度评价——十二届三中全会的决定是马克思主义新的政治经济学。1987 年党的十三大提出"有计划商品经济的体制是计划与市场内在统一的体制"，"国家调控市场，市场引导企业"的间接调控的公式。1989 年党的十三届四中全会提出建立计划经济与市场调节相结合的经济体制和运行机制。1992 年春，邓小平的南方谈话——计划经济不等于社会主义，资本主义也有计划；市场经济不等于资本主义，社会主义也有市场等精辟论断，从根本上解除了把计划经济和市场经济看作属于社会制度范畴的思想束缚。

思想不断解放，市场取向的改革不断推进，首先是消费品价格机制逐

步形成。从 1979 年开始，政府就着手调整农、轻、重关系，通过提高农产品收购价格，普遍提高职工工资，扩大消费。1983 年 12 月 1 日，国家宣布取消实行 30 年之久的棉布、絮棉凭票定量供应制。从 1985 年 1 月开始，国家实施了农产品统购统销价格改革和生产资料供应定价的"价格双轨制"战略。从 1985 年 5 月开始，中央连续几年推动"价格闯关"①。1988 年 7 月，国务院宣布开放名烟名酒价格。同年 8 月中旬，中央为进一步促进资源的合理流动，出台了《关于价格、工资改革的方案》。可就在方案公布的当天，全国各地就出现居民抢购食品和生活用品、又拥到银行挤提存款的风潮。实际上，这是当时社会上一些私倒、官倒等腐败的现象引发的群众的不满。鉴于此，为了稳定秩序，不久，国务院宣布加强物价管理、不再出台物价调整项目、提升银行存款利息、全面整顿市场秩序。进而在 9 月，中央决定开展全国范围的"治理整顿"，也就是，政府用行政手段抽银根、压投资、管物价。

价格改革到此并没有停止，中央在 1992 年再度价格闯关。新放开的生产资料和交通运输价格达 648 种，农产品价格 50 种，其中包括在全国 844 个县（市）的范围内，放开了长达几十年由国家统购的粮食价格，并放开了除盐和药品以外全部轻工业产品的价格。到 1993 年春，中国社会零售商品总额的 95%、农副产品收购总额的 90%，以及生产资料销售总额的 85%，放开由市场供求决定。农产品中，国家定价的只有 6 种②；工业消费品中，除食盐、药品外，价格基本上放开；重工业品中，国家定价的已不足 100 种。1994 年，粮油零售价全面放开，全国取消粮票，使用了 30 多年的商品票证最终退出历史舞台③。

在市场上消费品遵循价格机制的探索和发展，而生产资料仍遵循国家计划。1985 年实行生产资料供应和定价的"双轨制"——在物资的计划调

---

① 此前的波兰，因放开食品价格，影响工人生活，导致大罢工和波兰共产党的下台。

② 《国家物价局及国家有关部门管理价格的农产品目录（1992 年）》——粮食、棉花、烟叶、桑蚕茧、紧压茶、统配木材 6 种，实行国家指导价的品种有部分中药材、绵羊毛、松脂 3 种。此外，这一段中出现的数据，转引自周其仁：《邓小平做对了什么?》，《经济观察报》2008 年 7 月 28 日。

③ 周其仁：《邓小平做对了什么?》，《经济观察报》2008 年 7 月 28 日。

拨和行政定价的"计划轨"之外开辟出物资串换和协商定价的"市场轨"：作为计划经济基础的国有经济的存量部分仍按"计划轨"运转；新成长起来的民营经济成分大体上是由市场导向的。这样，不仅国有企业可以通过市场来购买生产物资和销售产品，而且也为非国有经济的存在和发展营造了基本的经营环境，计划经济的壁垒开始松动。通过价格双轨制基本确立市场经济的微观运行机制，价格由市场形成。

三、顺应市场经济取向的政府机构改革和对外开放举措

放权让利的经济体制改革，如果没有政治体制作保障，没有社会成员的积极参与，是走不远也是走不好的。如果完全靠自己摸索，不借鉴已有的文明成果，可能要走更长的路。为此，中央在进行经济体制改革的同时，也进行政府机构改革和理顺内外关系。

（一）两次政府机构改革。为了更好地推进放权让利的经济改革，1982年国务院进行机构改革。这次机构改革主要做法，规定了各级各部的职数、年龄和文化结构，各部委、直属机构、办事机构从 100 个减为 61 个，省、自治区政府工作部门从 50—60 个减为 30—40 个，市政府机构从 50—60 个减为 45 个左右，县政府部门从 40 多个减为 25 个左右，等等。由此可以看出，这次改革，主要任务是精简各级领导和废除领导职务终身制，因而没有触动集中的计划经济管理体制，也就没有实现政府职能的转变。

1988 年国务院的机构改革，重点是改革那些与经济体制改革关系密切的经济管理部门。用新的国家计委取代原有的国家计委和国家经委，以能源部履行先前的煤炭工业部、石油工业部、核工业部，以新组建的机械电子工业部代替前国家机械工业委员会和电子工业部；原有的 45 个部委减为 41 个；22 个直属机构减为 19 个，75 个非常设机构减到 44 个，部委内司局机构减少 20%；在这一过程中，政府工作人员一进（增加 5300 人）一出（减少 1.5 万多人），比原来减少了 9700 多人。这次改革，目的是转变政府职能，弱化专业经济部门分钱、分物、直接干预企业经营活动，增强政府宏观调控能力和转向行业管理，以适应经济发展的需要。实际上，这是符合社会主义市场经济体制演进方向的政府机构改革的起点，即强化政府的宏观经济管理部门，淡化微观管理职能。

（二）适应市场取向的对外开放措施①。从 1978 年末党的十一届三中全会的召开到 1991 年，是中国经济对外开放的起步阶段。在计划经济体制下，国家对外贸收购、出口、进口、外汇收支及各项经营活动实行严格的指令性计划，外贸公司的流动资金也由财政统一核拨。外贸定价制度上，对内经营实行计划价格，对外经营则按国际市场价格进行。

为了跟放权让利搞活国内经济相适应，中央对外贸体制进行了改革，一定程度上调动了发展对外贸易的积极性，促进了进出口贸易的发展。其内容包括：（1）实行中央和省市两级管理体制，重新设立外经贸部驻口岸的特派员办事机构。（2）兴办经济特区，引进中外合资企业、合作企业以及外商独资企业；探索补偿贸易和来料加工等多种外贸经营方式。（3）取消外贸出口收购和调拨计划。（4）把出口创汇视为国民经济新的发展战略的一个核心环节，运用汇率、外汇留成和出口奖励等经济杠杆调动出口积极性。同时在进口贸易中重视技术与设备的引进。

国务院不仅成立了一批工贸结合的进出口公司和综合性贸易公司，同时同意科技、教育、文化、卫生和体育等部门以及有关学会、协会及团体等也有权利从事经营某类商品进出口业务和从事对外广告、展览、咨询等服务性业务。此外，国家不仅赋予广东、福建两省外贸经营权，其产品除个别品种外，全部由省外贸公司自营出口；也赋予北京、天津、上海、辽宁等省市的外贸总公司有较大的经营自主权，可以经营本地自产的部分商品出口和地方生产、建设所需的物质及技术进口等业务。

1987 年国家进一步推进外贸改革。1987 年党的第十三次代表大会强调，"为了更好地扩大对外贸易，必须按照有利于促进外贸企业自负盈亏、放开经营、工贸结合、推行代理制的方向，坚决地有步骤地改革外贸体制。"一是主要由各省级及计划单列市人民政府的外贸、工贸专业公司向国家实行各项经营承包，并在取得经验的基础上从 1988 年起在全国推行以省级为主的外贸承包责任制。二是在全面实行出口退税制度的前提下，对外贸企业全面

---

① 　这一部分主要参考了裴长洪：《中国建立和发展开放型经济的演进轨迹及特征评估》，《改革》2008 年第 9 期；《中国开放型经济建立的经验分析——对外开放 30 年的总结》，《财经问题研究》2009 年第 2 期。

实行出口财政补贴、出口收汇和上缴外汇包干的承包责任制，承包指标一定 3 年不变。三是对轻工、工艺、服装行业的外贸企业取消出口补贴，实行自负盈亏的试点改革。外向型经济以出口导向为主，更多地和"两头在外""三来一补"等贸易、引资模式联系在一起。国务院在 1988 年 2 月颁布的《关于加快和深化对外贸易体制改革若干问题的规定》中指出，全面推行对外贸易承包经营责任制，即由各省、自治区、直辖市及计划单列市向国家承包经营，少数商品由外贸和工贸进出口总公司承包并统一经营。承包指标为出口收汇任务、上缴国家外汇任务以及企业盈亏总额等，超过出口收汇任务的外汇收入大部分留给承包单位。1990 年 12 月国务院做出《关于进一步改革和完善对外贸易体制若干问题的决定》，决定新一轮的承包经营，主要从实行外贸企业自负盈亏入手，在调整人民币汇率的基础上，促进外贸企业走上统一政策、平等竞争、自主经营、自负盈亏、工贸结合、推行代理制的发展轨道。

　　1979 年中央决定，让广东、福建两省的对外经济活动实行特殊政策和灵活措施。1980 年决定设立深圳、珠海、汕头和厦门 4 个经济特区。1984 年 4 月，中央决定开放沿海的天津、上海、大连、秦皇岛、烟台、青岛、连云港、南通、宁波、温州、福州、广州、湛江和北海十四个港口城市；1985 年 2 月，又把珠江三角洲、长江三角洲、闽南三角地区开辟为沿海经济开放区；1988 年 3 月，沿海经济开放区扩展到辽东半岛和山东半岛等地区。1990 年 4 月中央决定以上海浦东新区的开发和开放为龙头，沿长江流域向内地延伸开放。通过设立经济特区、经济开发区、沿海地区的对外开放，创造了与内地不同的体制与政策环境，形成了区域性的市场经济体制，为局部性贸易自由化创造了体制环境；引入国际通行的经济运行和管理的体制，借鉴外国经验推动了国内的体制改革和价值观念的再造，为我国僵化的计划经济注入了一股清泉。

　　总之，这一时段的对外开放的探索，一是为全方位、宽领域、多层次的全国范围的对外开放积累了经验，认识到对外开放能使中外双方均获得利益，有助于提升中国的管理经验和技术研发水平；二是逐步深化了对市场经济的本质的认识，厘清了市场与社会制度之间的关系，为下一步的对外开放提供了思想解放的前提。然而，该时段需要引起高度关注的问题，一是外贸企业未能自负盈亏，承包经营中保留对企业的定额补贴，但这种补贴方式很缺乏客观性，主观随意性较大；二是因对外开放分层次、分地区进行的，承包对不同地区的外贸企业规定了不同的出口补贴标准和不同的外汇留成比例，从而造成地区间不平等竞争，诱发各种对外削价销售现象，降低了出口贸易的整体利益。

第二节　劳动群众积极创造市场空间

联产承包责任制的推广和乡镇企业的"异军突起"，削弱了原有计划经济体制的基础，从根本上改变了农村经济的微观运行机制，也为城市改革提供了示范。土地承包制极大地调动了农民的生产积极性。乡镇企业建立了初步的农村工业化，大规模的农村劳动力开始转移。城市个体经济由小到大，促进了中国私营经济的发展。

一、家庭联产承包责任制

家庭联产承包责任制①的前身是包产到户，而包产到户并不是新生事物。所谓包产到户，以相应土地面积的常年平均产量为基线，农户承诺将交多少给国家、多少给集体，以此交换土地的承包经营权。在新中国建立后的农业合作化运动中，包产到户就已出现。1956年下半年，浙江永嘉县的一些地方把集体土地划分到农户，以此约束集体成员努力劳动，减少"大锅饭"带来出工不出力的倾向。进而，在1959—1961年间，"大饥荒"严重省份的一些地方，包产到户纷纷出现。如安徽一省就有40%的生产队实行包产到户。但这一举措，在意识形态超过利益主导的社会中，仅仅成为解决极度经济困难的临时性措施。这是一个"增加的产量归农民"的合约，刺激农民生产积极性。集体的土地分给农户，以农户承担一定的责任为前提。而承包到户的土地，并没有改变"集体所有制"的性质——它们还是公有的，只

---

① 现在人们所提及的家庭联产承包制发端于安徽凤阳。1978年11月24日晚上，凤阳县凤梨公社小岗村的严立华家挤满了18位开会的农民。一是分田到户；二是不再伸手向国家要钱要粮；三是如果干部坐牢，社员保证把他们的小孩养活到18岁。以此来解决本村的温饱问题。

不过按照约定的条件交给农户使用而已。

1980年5月，邓小平发表《关于农村政策问题》讲话，肯定安徽农村改革经验。同年9月，中共中央《关于进一步加快和完善农业生产责任制的几个问题》（中发75号文），肯定"在那些边远山区和贫困落后地区，群众要求包产到户的，应支持群众的要求，可以包产到户，也可以包干到户"。这是第一次认可"包产到户"解决农村贫困问题。1982年，中国共产党历史上第一个关于农村工作的一号文件明确指出，包产到户、包干到户都是社会主义集体经济的生产责任制。从1982年到1985年，连续4个1号文件，使得实行"包产到户"的生产队已占全国生产队总数的93%。随着生产条件的变化，逐步形成了以家庭承包经营为基础、统分结合的双层经营体制的新的农村生产关系。中央根据农业发展的实际情况，将土地承包的期限由一年、三年、十五年、三十年扩展为长期不变，家庭承包责任从联系产量演变为联系土地资产，这是建立社会主义市场经济体制的必然要求。

农民和基层生产队发明的家庭承包责任制，突破了"一大二公""大锅饭"的旧体制，个人付出与收入挂钩，使农民生产的积极性大增，极大地促进了中国农业的恢复和发展。有资料表明，从1978年到1984年，农业增长率是1949年以后最快的时期，年均达6.05%；1984年农村居民人均纯收入达到355元，比1980年增长85.5%。1985年农村总产值较之1978年增长了近3倍。家庭联产承包制同调整和放开农产品价格一起，使中国的农业连年丰收，农业生产迅速恢复和发展起来，农民收入大幅度提高。在土地集体所有的条件下，以"包产到户"的形式恢复农民的家庭经营，与生产力相适应的小农经济受到尊重，"亦农亦工"的小商业得以复活，使得地理气候、环境因素再次得到很好的匹配与协调，也使得由于技术落后的"后发优势"得以发挥。而这，就今天的视角看，则是市场取向的起点。

家庭联产承包责任制的实施，促使劳动者从事新型的经济活动——使农民开始得到生产什么、生产多少农副产品的自主权；放开哪种农产品的价格，哪种农产品很快就会像泉水般地涌流出来，市场的"魔力"开始显现；发展新型的经济关系，成为推动整个经济体制改革的决定性力量。在农村经济活动中尊重农民作为商品生产者的权利。1991年中共十三届八中全会通过的《中共中央关于进一步加强农业和农村工作的决定》提出，把以家庭联产承包为主的责任制、统分结合的双层经营体制作为我国乡村集体经济组织的一项基本制度长期稳定下来，并不断充实完善。在改革中释放出来的农村的活力和资源，催生出了一批乡镇企业。

二、乡镇企业① 的崛起

联产承包责任制的推行使农业生产迅速增长，为农村非农产品的发展提供了良好的物质条件；农业劳动生产率的提高又使大量农村劳动力解放出来。1979 年 7 月，国务院颁发第一个《关于发展社队企业若干问题的规定（试行草案）》，明确了社队企业大发展方针，并给予了低税、免税政策，社队企业进入了飞速发展的新阶段。

在乡镇企业发展的过程中，有两个地方的发展很有代表性——苏南地区与温州地区。苏南地区以 1983 年国家鼓励发展农村商品经济为契机，以乡镇政府为依托，将农村剩余劳动力与集体农业资本积累集聚起来，兴办了一大批具有强劲发展动力的（公私合营性质的）集体企业。换言之，苏南地区以乡镇集体经济和工业经济为发展原动力，促进区域经济的增长。这得益于上海带来的技术、信息和管理经验，通过城乡结合，以工补农、以工促农，促进区域经济的发展。进入 20 世纪 80 年代中期，苏南模式的先发优势趋于弱化，部分地区开始探索进一步发展的路径。1983—1985 年，苏南乡镇企业在政府的主导下先后进行了"一包三改""全要素滚动增值承包责任制"等改革尝试。1987 年，开始对乡镇集体企业进行股份合作制改造，试图通过股权多元化，增强企业的抗风险能力与发展活力。到20世纪90年代，随着市场经济的深入发展，市场竞争不断加剧，苏南乡镇企业产权制度的低

---

① 从 1959 年 2 月毛泽东同志叫它社办工业——农村人民公社和生产大队办的集体所有制企业，并称赞它为"伟大的、光明灿烂的希望也就在这里"。1984 年中央 4 号文件将社队企业正式改称为乡镇企业。在城乡隔离制度尚未破除的情况下，农民的这一创举被界定为"离土不离乡"。乡镇企业被西方学者（维克多·尼）视为享有地方行政组织和市场组织双重性质的"杂交组织形式"，也有的（马丁韦茨曼和许成钢，1997 年）把它称为"界定模糊的合作企业"或"社区组织"。李稻葵认为，在市场不完全的条件下，乡镇企业这种"模糊产权"是有作用的。

效导致企业竞争力及经济绩效下降，使企业深层次的矛盾逐渐暴露[1]。

改革开放后，温州地区家庭经营的个私经济得到迅速发展。到 20 世纪 80 年代，永嘉桥头镇的纽扣产销量约占全国的 80%，乐清柳市镇的低压电器产销量约占全国市场的 1/3。温州经济也因专业化生产、集聚化经营而形成了一个中小企业大群体。可就在发展的同时，部分企业的假冒伪劣产品给区域经济的发展带来了危机。1984 年发生了"柳市次质低压电器事件"；1987 年出现了"杭州武林门事件"，这使温州被贴上了"制假贩假"的标签，面临着不可逾越的信用危机[2]。此外，还有以年广久、马胜利、步鑫生以及小岗村几个农民为代表，大批私营企业主从社会底层脱颖而出，成为那个时期的改革先锋，也成为劳动人群的代表。中国的个体经济和私营经济，就是由这些人开拓出来的。

国家对乡镇企业采取了积极扶持的政策，企业在组织生产、产品销售等方面获得了较大的自主权。党的十一届三中全会上提出"社队企业要有一个大发展"。到 1983 年社队企业共吸收农村劳动力 3235 万人，比 1978 年增长 14.4%；总产值从 1978 年的 493 亿元增加到 1983 年的 1017 亿元，年均增长速度为 21%[3]。1984 年中央一号和四号文件肯定乡镇企业是国民经济的一支重要力量，有利于实现农民离土不离乡，避免农民涌进城市。1985 年，中共中央和国务院发布《关于进一步活跃农村经济的十项政策》，明确提出调整农村产业结构，积极发展多种经营的方针。乡镇企业开始突破所有制形式和经营行业的限制，由过去的社办、队办转变为乡办、村办、联户办和户办同时发展，由农副产品加工为主的产业结构拓展为农业、工业、商业、运输业、建筑业和服务业同时并举的产业格局。1985 年以后，农村的发展，包括乡镇企业就开始走下坡路。

1986 年 9 月，党的十二届六中全会提出，要在公有制为主体的前提下发展多种经济成分，在共同富裕的目标下鼓励一部分人先富起来。这是中央文件中第一次提到"多种经济成分"，为以后提出私营经济的概念做了政策铺垫。1987 年，中央政治局通过了《把农村改革引向深入》的决定，指出

---

① 参阅王琦：《江浙经济发展模式的历史变迁及其演进规律》，《中国商贸》2012 年第 11 期。

② 参阅王琦：《江浙经济发展模式的历史变迁及其演进规律》，《中国商贸》2012 年第 11 期。

③ 万忠兵：《20 年来我国乡镇企业发展的回顾与分析》，《调研世界》1998 年 11 月。

在一个较长的时期内,个体经济和少量的私营经济的存在是不可避免的。同年,从双增双节的角度,引导乡镇企业从节约、节支方面抓效益,并倡导探索中外合资、合作的办法进行现有乡镇企业的技术改造,把利用外资与改造企业结合起来。同年10月,党的十三大报告第一次正式提出私营经济的概念,指出私营经济是公有制经济必要的和有益的补充,国家保护私营经济的合法权利和利益,对私营经济实行引导、监督和管理。1988年,"私营经济是社会主义公有制经济的补充"写入宪法修正案。

到1988年乡镇企业个数达1888万个,从业人数达9546万人,占农村劳动力总人数的比重23.8%;总收入达4232亿元,占农村社会总产值的比重58.1%。邓小平同志在接见外宾时曾说过,"农村改革中,我们完全没有预料到的最大的收获,就是乡镇企业发展起来了,突然冒出搞多种行业,搞商品经济,搞各种小型企业,异军突起。"[1] 可是,在1988年开始为期三年的"调整、整顿、改造、提高"的过程中,国家采取了紧缩政策,财政、银行紧缩对乡镇企业的信贷规模,压缩基本建设规模,对一些重要生产资料恢复垄断专营。乡镇企业为主的中小企业受到极大影响,也失去资金支持。各地还根据产业政策,关停并转了一批能耗大、效益差、污染重的小企业,并加强对乡镇企业的税收、财务整顿。

三年治理整顿期间,乡镇企业发展速度减缓,两年从业人数减少了近300万人,1989年增长速度为13%,1990年为14%,1991年开始有所恢复,增长速度为37%。以江苏为例,1991年与1988年相比,乡镇企业个数减少了1.46万个,但营业收入突破千亿元大关,达到了1211.28亿元,比1988年增长了389.86亿元。经过联合兼并,到1991年底,全省年产值超过500万元以上的企业达到6017家,比1988年增加了2880家,其中有200家达到了国家规定的大中型企业标准。在外向型经济的发展中,到1991年底,开工"三资"企业442个,利用外资总额20.11亿元,分别较1988年增长2.8倍和13.3倍[2]。1992年大范围放开社会流动以后,它储备的无数廉价劳动力,更是成为中国

---

① 《邓小平文选》第3卷,人民出版社1993年版,第238页。

② 参阅胡明:《改革开放以来我国乡镇企业的发展历程及启示——以1978—1992年江苏乡镇企业发展为例》,《党的文献》2008年7月。

经济起飞的一种具有"比较优势"的"资源"。由于乡镇企业市场导向突出，有权决定经营项目、设备购置、劳动力使用、劳动报酬、利润分配等，适时改变经营策略，在随后的发展中，从分散经营转向专业化、社会化的协作生产，从运用传统技术向现代技术转变，从"就地取材、就地生产、就地销售"逐渐转向了全国市场甚至是国际市场，在国内产生了一大批企业集团或企业群体。

乡镇企业的发展，为社会主义市场经济作为中国经济体制改革的目标确定下来，起了重要的作用。一是乡镇企业与国有企业相比，由于它"不吃大锅饭""不捧铁饭碗"，独立核算、自负盈亏，竞争性强；"船小好掉头"，容易适应市场需要，很快转产；尽管劳动生产率比较低，但某些产品，国营企业生产亏损，乡镇企业生产却能盈利，开辟了一条具有中国特色的工业化道路。二是乡镇企业发展成为计划部门的有力竞争者，对计划部门形成冲击，带动了多种经济成分的大发展，从而形成了一条中国式的渐进改革之路。

除了乡镇企业在农村发展外，家庭联产承包责任制也推动全国近2000万知青回到城市，再加上新生的几百万劳动力，迫使政府突破传统思维的束缚，采取新的就业政策。于是，在单一的公有制经济的身边，出现了自谋职业、自谋生路的"个体户"。1980年8月，中央召开的全国劳动就业工作会议做出《进一步做好城镇劳动就业工作的决定》，提倡大力发展城镇集体和个体经济。1981年10月，中共中央、国务院发布《关于广开就业门路，搞活经济，解决城镇就业问题的若干决定》，明确了"在社会主义公有制经济占优势的根本前提下，实行多种经济形式和多种经营方式长期并存，是我党的一项战略决策。"回城的知青通过自食其力或利用家庭的劳动力资源，靠家庭的帮助或筹集的小本钱捕捉各种市场机会，如在街道边卖"大碗茶"，或做小商品买卖。一些个体户①善于经营，取得了成功，但不断扩大的市场

---

①　20世纪80年代初，安徽芜湖个体户年广久炒卖的"傻子瓜子"受到市场追捧，生意迅速扩张。1981年9月，年氏父子三人从雇四个帮手开始，两年内发展成一个年营业额720万元、雇工140人的私人企业。在邓小平看来，年广久雇佣的140名工人，原本都没有到国有公司工作的机会；年广久付给工人的薪水，不低于当地国有工厂的给付水平；这些工人原本或失业，或从事其他工作，但收益还不如给年广久打工。"傻子瓜子"的市场成功，刺激了更多的瓜子供给——老板与老板的市场竞争加剧了，不但是顾客的福音，更是工人的福音！

空间和竞争压力又要求他们进一步扩大经营渠道。结果，"个体户"开始越出了"家庭劳力加二、三个帮手"的规模，向着雇佣更多工人的"私人企业"方向演变①。

从历史角度看，乡镇企业的崛起，多种经济形式和成分的出现及发展，对市场经济体制的培育和确立起到重要促进作用，在某种意义上也成为市场经济的组成部分。中国私营经济是从个体经济起步的，不仅为劳动就业体制改革提出了新思路，也为所有制结构的改善打开了大门——实行国有企业、集体企业和个体经济"三扇门"的就业方针。然而，这一时期的民营企业的主要组织方式是参考江湖组织建立起来的，没有更好的办法解决激励问题，这一问题在以后演进中逐步得到解决。但不管怎样说，家庭联产承包责任制的生命力与乡镇企业的异军突起，不仅对农业和农村经济的发展具有巨大推动作用，而且对市场经济的发展也具有不可磨灭的影响。

三、海外华人的助推力

1980 年，国家决定对广东和福建两省实行对外开放的"特殊政策"，并批准在深圳、珠海、汕头、厦门试办"以市场调节为主的区域性外向型经济形式"的经济特区。经济特区采取与内地不同的体制与政策，按照市场化取向的改革要求，在计划、投融资、流通、劳动工资、土地管理、财税、金融和政府管理等各方面进行一系列改革探索。但由于各种原因，如有关利用外资的各种立法还很不完备，基础设施等硬件设施还不完善，进入特区投资的外商企业几乎全是海外华资。海外华人通过兴建独资或合资企业，在谋求自己发展的同时，引入的现代企业制度和企业家精神，把传统计划经济体制撕开了一个大口子，在竞争中让市场经济在社会上获得了广泛的认同，对推动经济制度和政策变革起到了率先示范作用。

海外华人分布在世界各个角落，连点成线，连线成片，可形成一个没有封口的世界华人文化圈。在文化联系上，以民族血亲为纽带，以经贸合作为基础，以科技交流为桥梁，以华语华文为载体，形成多领域、多方位、多渠道、多层次和多形式的华人经济国际关系网。"这种联系，有助于收集有

---

① 　周其仁：《邓小平做对了什么?》，《经济观察报》2008 年 7 月 28 日。

关经济及贸易资料，互相联系组成一个国际联络网，以便把商品打入彼此市场"①。此外，海外华人耳闻目睹西方现代文化的利与弊，有选择地将有利于自身生存和发展的东西拿来吸收，弘扬了有利于投入现代化社会的中华传统文化的积极因素。1991 年 8 月，李光耀在新加坡召开的"世界华商大会"上说："如果各位互相交流经验，就能证实，各位的成功，主要的因素是节俭、刻苦耐劳、重视教育、社群的信任和互相扶持。简单来说，就是中华文化的核心价值观，使大家成功"。

从 20 世纪 70 年代末到 20 世纪 90 年代初，邓小平提出"海外关系是个好东西""华侨华人是中国发展的独特机遇"重要的侨务思想和理论；"我们有几千万爱国同胞在海外，他们对祖国作出了很多贡献"②；"他们希望中国兴旺发达，这在世界上是独一无二的，我们要利用机遇，把中国发展起来"③。江泽民指出，"华裔科学家是发展我国科技事业的宝贵资源，海外侨胞是中国统一大业的重要推动力量"④。美国乔尔·科特金在"华人亚洲企业的巨头"一文中称："随着中国自己发展为世界的经济大国之一，分布在海外的华人企业家可能会发挥更为主要的作用"。

华商通过广泛的血缘关系和社会联系快速地进入中国市场进行投资，虽然规模小，但通过自己的商业网络所获得的精确的商业信息，都得到了很好的投资回报。这为其他国家资金的投入起到了推动作用。随着大量外资的进入，必然伴随着新技术和管理的引进，因而有助于我国经营水平和生产效率的提高，带动了我国的技术和管理水平的提升，从而扩展了中国人的视野，创造了吸收人类一切文明成果来充实自己的有利条件。简言之，我们要用共同的文化传统和共同的利益行为，团结调动海外华人，为改革开放作出新贡献。

---

① 参阅马来西亚的《星洲日报》1991 年 11 月 19 日。

② 国务院侨务办公室、中共中央文献研究室编：《邓小平论侨务》，中央文献出版社 2000 年版，第 12 页。

③ 《邓小平文选》第 3 卷，人民出版社 1993 年版，第 358 页。

④ 李其荣：《海外华侨华人是实现中华民族伟大复兴的重要力量—海外华侨华人与中国改革开放评介》，《南洋问题研究》2011 年第 1 期。

第三节　市场驱动市场经济观念渐成社会主流

基于对社会主义的传统理解和苏联模式取得的成就，中国自 1956 年完成了"工商业社会主义改造"后，建立了计划经济的社会主义社会。然而，计划经济的实践并没有体现出社会主义优越性。因而，处于社会主义初级阶段的中国，需要运用市场配置资源来加快生产力发展。而这需要破除"商品经济等于资本主义，计划配置等于社会主义"的教条理念。基于中国的历史，要做到这样，最需要的是从政府整体利益出发，既能够让广大政府官员落实中央的各项政策，使社会大众获得真真切切的利益，又能够维护秩序，同时还具有发展经济能力的"铁血"人物。

一、邓小平：推动市场取向改革的伟人①

20 世纪 70 年代末期，面对中国经济社会发展的现实，以邓小平为代表的中国共产党高层领导认识到，在"大跃进"中推行的制度和"文化大革命"中进行的阶级斗争必须改变。邓小平说，"从许多方面来说，现在我们还是把毛泽东同志已经提出、但是没有做的事情做起来，把他反对错了的改正过来，把他没有做好的事情做好。今后相当长的时期，还是做这件事。"②他在十一届三中全会上的主题报告《解放思想，实事求是，团结一致向前看》，既是开辟建设中国特色社会主义新道路的伟大指南，也对由真理标准问题大讨论引发的思想解放运动所做的深刻总结，是我们党面向世界启动改革开放和社会主义现代化建设事业的思想解放的"宣言书"。

作为改革开放的总设计师，邓小平引导政治进程并做出最终决策。这一是在于他拥有引领中国转型的能力，拥有权威、策略意识、自信、人际关

---

① 早在 1962 年邓小平就谈到，"生产关系究竟以什么形式为最好，要采取这样一种态度，就是哪种形式在哪个地方能够比较容易比较快地恢复和发展农业生产，就采取哪种形式；群众愿意采取哪种形式，就应该采取哪种形式，不合法的使它合法起来"（《杜润生回忆录》，第 332 页）。"计划经济为主、市场调节为辅"是 20 世纪 50 年代中期陈云提出的"三为主，三为辅"设想的简式表达。

② 《邓小平文选》第 2 卷，人民出版社 1994 年版，第 300 页。

系和政治判断力，以及关于党、政府、军队和外国事务的经验和知识，实事求是的态度和解放思想的勇气。二是他对所处时代的精准把握，在整个世界形成的开放的贸易体系的时代，中国成为国际组织、全球贸易、金融体系以及各行业公民关系体系的积极参与者。中国成为世界银行的一员，成为国际货币基金组织的一员，集中精力向世界经济敞开大门，尽快掌握世界经济的门道，调整先进技术满足中国的迫切需要，尽可能保留国家治理结构，反对以理想取代现实，从历史唯物主义的立场为市场经济的引入奠定了基础。中国可以利用世界上最现代化的科学和技术实践以及最有效的管理技巧推动中国的发展，况且这些实践和技巧嫁接到中国体制的过程中所发生的纷扰都是可控的。三是继承和发展了列宁新经济政策中对商品经济的认识。列宁在《俄共布党纲草案》和《全俄社会教育第一次代表大会》中指出，"要消灭货币"，"这是很多年的事情"。列宁在《全俄水运工人第三次代表大会上演说》中指出"正确地组织商品交换"，"这是关系整个工农政权、苏维埃俄国生死存亡的问题"。列宁在《论黄金在目前和社会主义完全胜利后的作用》中指出，"在我们所谈的当前工作中，这样的环节就是在国家的调节指导下活跃国内商业……商业正是我们无产阶级国家政权、我们居于领导地位的共产党'必须全力抓住的环节'，如果我们现在紧紧'抓住'这个环节，那么不久的将来我们就一定能够掌握整个链条"，"掌握商业，指导商业，把商业控制在一定范围内，这是无产阶级国家政权能够做到的"。尽管新经济政策的实施时间不长，但却开了社会主义条件下发展商品货币关系之先河，凸显了列宁等共产党人敢于否定和纠正包括自己在内的一些与实践不相符的观点，成功地进行了社会主义改革的初步尝试，首次实践了社会主义可以利用市场，开创了处理计划与市场关系、搞活社会主义经济的先例。斯大林曾在《苏联社会主义经济问题》一书中也肯定了列宁关于社会主义条件下仍然在一定限度内存在商品生产和商品交换的思想。"现时，除了经过商品的联系，除了通过买卖的交换以外，与城市的其他经济联系，都是集体农庄所不接受的。因此，商品生产和商品流通，目前在我国，也像大约30多年以前当列宁宣布必须以全力扩展商品流通一样，仍是必要的东西"①。

---

① 《斯大林选集》下集，人民出版社1979年版，第550页。

　　邓小平同志在 1979 年第一次提出社会主义市场经济时说，它"虽然方法上基本上和资本主义社会的相似，但也有不同，是全民所有制之间的关系，当然也有同集体所有制之间的关系，也有同外国资本主义的关系，但是归根到底是社会主义的，是社会主义社会的。市场经济不能说只是资本主义的。社会主义也可以搞市场经济"①。于是，他提出判断改革和各方面工作是非得失的根本标准是"三个有利于"②——是否有利于发展社会主义社会的生产力，是否有利于增强社会主义国家的综合国力，是否有利于提高人民的生活水平——"三个有利于"深刻揭示了社会主义的本质——解放生产力，发展生产力，消灭剥削，消除两极分化，最终达到共同富裕。从根本上来说，就是要看"人民拥护不拥护""人民赞成不赞成""人民高兴不高兴""人民答应不答应"。而这，"社会主义要赢得与资本主义相比较的优势，就必须大胆吸收和借鉴人类社会创造的一切文明成果，吸收和借鉴当今世界各国包括资本主义发达国家的一切反映现代社会化生产规律的先进经营方式、管理方法。"③

　　在改革的速度上，他也提出一系列看法："既要防右，但主要是防

①　《邓小平文选》第 2 卷，人民出版社 1994 年版，第 236 页。

②　"三个有利于"是邓小平经历一番思考的。1961 年 1 月 24 日，邓小平在会见外宾时明确提出，"如何搞社会主义主要看两条：（一）群众满意。（二）发展生产力。群众满意、支持是判断好坏的标准。"（《邓小平年谱（1904—1974 年）》（下），第 1615 页。）1962 年 3 月 29 日，他在谈到农业恢复生产是依靠集体还是依靠个人时指出："原则是哪种办法在哪些地方见效快，就用哪种办法。不要拘泥于形式，不要担心个人多了，集体少了。""群众愿意怎么干就怎么干，采取灵活政策、非常办法，个人、集体、集体个人相结合三种办法都可以。"（《邓小平年谱（1904—1974 年）》（下），第 1697—1698 页。）1962 年 7 月，他在中央书记处会议上指出："在过渡时期，哪一种方法有利于恢复，就用哪一种方法"，"群众要求，总有道理。不要一口否定，不要在否定的前提下去搞"。发展生产力的形式要实事求是，要多样，不要千篇一律。（《邓小平年谱（1904—1974 年）》（下），第 1713 页。）农业本身的问题，就是要调动农民的积极性。"生产关系究竟以什么形式为最好，恐怕要采取这样一种态度，就是哪种形式在哪个地方能够比较容易比较快地恢复和发展农业生产，就采取哪种形式；群众愿意采取哪种形式，就应该采取哪种形式，不合法的使它合法起来。"（《邓小平文选》第 1 卷，人民出版社 1994 年版，第 323 页。）

③　《邓小平文选》第 3 卷，人民出版社 1993 年版，第 373 页。

'左'"①；"改革开放胆子要大一些，敢于试验，不能像小脚女人一样。看准了的，就大胆地试，大胆地闯"；"没有一点闯的精神，没有一点'冒'的精神，没有一股气呀、劲呀，就走不出一条好路，走不出一条新路，就干不出新的事业"；②"抓住时机，发展自己，关键是发展经济。现在，周边一些国家和地区经济发展比我们快，如果我们不发展或发展得太慢，老百姓一比较就有问题了。所以，能发展就不要阻挡，有条件的地方要尽可能搞快点，只要是讲效益，讲质量，搞外向型经济，就没有什么可以担心的。低速度就等于停步，甚至等于后退。"③只能按照邓小平说的，一方面，要敢于试验，看准了的，就大胆地试，大胆地闯；另一方面，也要不断总结经验，对的就坚持，不对的赶快改，新问题出来抓紧解决，有力地扫清了传统意识形态教条对改革开放的干扰。

在改革的态度上，面对 1989 年的一些事情，邓小平权衡改革开放或停滞不前甚至退回去的风险，进而强调继续贯彻执行十一届三中全会以来的路线方针政策，十三大政治报告，是经过代表大会通过的，一个字都不要动。到了 1990 年 12 月，邓小平提出来要继续在经济体制改革上迈开步伐。1991年春节期间，他指出，不要以为一说计划经济就是社会主义，一说市场经济就是资本主义，不是那么回事，两者都是手段。"不坚持社会主义，不发展经济，不改善人民生活，只能是死路一条，基本路线要管一百年，动摇不得。只有坚持这条路线，人民才会相信你、拥护你。谁要改变三中全会以来的路线、方针、政策，老百姓不答应，谁就会被打倒"④。

1992 年 1 月，邓小平的"南方谈话"彻底改变了长期束缚人们的陈旧观念，成为建立社会主义市场经济体制的理论基础，推动了社会主义市场经

---

① 20 世纪 80 年代的中国，可分为三大政治思想"派别"：一是传统意识形态教条主义者，邓小平所警惕的"极左派"；二是知识分子的民主、自由追求；三是邓小平的改革开放。前两者以邓小平的改革开放话语为中点，分布于左右两翼，反复博弈。改革派在一定程度上对知识分子的追求持同情态度，后者是改革开放话语的同盟，对于瓦解传统意识形态教条的束缚有推动作用，但有一个前提，即不能突破"社会主义制度自我完善"和由权力主导的预设，不能"扬弃"既有的政治结构。
② 《邓小平文选》第 3 卷，人民出版社 1993 年版，第 372 页。
③ 《邓小平文选》第 3 卷，人民出版社 1993 年版，第 375 页。
④ 《邓小平文选》第 3 卷，人民出版社 1993 年版，第 370—371 页。

济体制建立，也是 20 年后继续深化改革特别是政治体制改革的"推进器"。首先，南方谈话澄清了"姓资姓社"问题——计划经济不等于社会主义，资本主义也有计划；只要政治结构决定经济和社会结构，中国的社会经济发展进程就完全是可控的——"我们发挥社会主义固有的特点，也采用资本主义的一些方法，目的就是要加速发展生产力。在这个过程中，出现了一些消极的东西，但更重要的是，搞这些改革，走这样的路，已经给我们带来了可喜的结果。中国不走这条路，就没有别的路可走。只有这条路才是通往富裕和繁荣之路[①]"。其次，还指明了社会主义的本质，"社会主义基本制度确立以后，还要从根本上改变束缚生产力发展的经济体制，建立起充满生机和活力的社会主义经济体制，促进生产力的发展，这是改革，所以改革也是解放生产力"；社会主义的本质就是解放生产力和发展生产力，"贫穷不是社会主义，更不是共产主义"，要实现先富带后富，最后达到共同富裕。

二、理论界对市场取向改革的不懈探究

面对计划经济体制下出现的贫穷问题以及体现社会主义的优越性的措施的探讨中，中国的理论界也做出了自己应有的贡献，即不断探索市场与计划的关系。

20 世纪 60 年代，就有研究者对计划与市场的关系就进行了探讨。孙冶方指出，经济体制改革的核心问题是企业和国家的关系，并把经济决策权划分为由国家掌握的大权和由企业掌握的小权。到了 1978 年 10 月 6 日，胡乔木在《人民日报》发表文章指出，通过扩大企业权限促进企业领导和群众主动关心企业经济活动的观点。第一个提出"社会主义商品经济"概念[②] 的卓炯，又在 1979 年《破除产品经济，发展商品经济》一文中第一个提及市场经济与社会主义联系在一起的观点："当前一个最突出的提法就是计划经济为主，市场经济为辅的问题，实质上还是把计划经济和市场对立起来，好像计划经济是排斥市场的，而市场经济是没有计划的。这种看法也是不符合马

---

① 《邓小平文选》第 3 卷，人民出版社 1993 年版，第 149—150 页。

② 卓炯：《申论社会主义制度下的商品经济》，转引《中国第一个提出"社会主义计划商品经济"概念的人》，2012 年 4 月 9 日。http://www.gd-info.gov.cn/shtml/guangdong/gdgl/gdzz/2012/04/09/59760.shtml。

克思的基本原理的"。

1979 年 4 月在江苏省无锡市举行的全国第二次经济理论讨论会，参会人员围绕社会主义制度下价值规律的作用，提出了许多具有深远影响的理论观点：一是社会主义经济是商品经济或市场经济；二是在社会主义经济中，价值规律起调节作用；三是企业是独立的或相对独立的商品生产者和经营者，主张逐步扩大企业的自主权；四是需对现有不合理的价格体系和管理体制进行改革，逐步缩小工农业产品价格"剪刀差"①。经济学界以孙冶方、马洪、蒋一苇等学者为代表，论证了社会主义经济是计划经济和商品经济的统一，社会主义经济兼有计划性和市场性，把社会主义经济规定为有计划的商品经济。因此，应该搞商品经济，扩大市场，正确处理好计划和市场的关系；在计划经济体制下给予企业更大自主权，旨在发挥国有企业经理人员和员工积极性和主动性。然而，20 世纪 70 年代末在四川省铺开的"扩大企业自主权"试点中，却导致了财政赤字的急剧扩大、通货膨胀压力增加和经济秩序混乱而不得不停止。

1980—1981 年，两位东欧改革派经济学家——波兰的布鲁斯和捷克斯洛伐克的锡克在中国产生了很大的影响。布鲁斯介绍了东欧改革的情况和他所提出的"内置市场机制的计划经济模式"。锡克介绍他们在改革中的主要做法和他提出的"宏观计划、微观市场"的改革目标模式。改革不是若干政策的无序堆集，而是从一种经济系统到另一种经济系统的转型。于光远、苏绍智等学者在对东欧社会主义国家的实践做了深入的研究后，倡导兰格—布鲁斯"市场社会主义"模式的基本框架。但随着匈牙利等国的经济改革陷入困境，这种模式的影响力也逐渐消退。

薛暮桥在《中国社会主义经济问题研究》（1979）中指出："我国现行的经济管理体制，基本上是学习苏联在斯大林时期所采取的办法。它的特点是片面强调高度集中统一"；"主要用行政办法进行管理"；"我们要尽量少用行政命令来干涉企业的经济活动"；"计划只能规定经济发展的方向、主要比例，不能规定细则，否则会把经济管死"；"要使企业摆脱那种拨一拨、动一

---

① 　张卓元：《走向"社会主义市场经济论"——纪念社会主义市场经济体制改革目标提出 20 周年》，《北京日报》2012 年 6 月 4 日。

动的'算盘珠'状态，使它们有充沛的活力"；"多利用经济手段来调节企业的经济活动"。此外，在《关于经济体制改革的初步意见》(1980)中指出，"我国现阶段的社会主义经济是生产资料公有制占优势、在国家计划指导下的商品经济；我国经济改革的原则和方向应当是按照发展商品经济的要求，把单一的计划调节改为计划调节和市场调节相结合、在国家计划指导下充分发挥市场调节的作用。"这份文件将中国改革的目标模式确定为与商品经济相适应的体制，改革方向应当是市场取向。

在1980年年底1981年初的时候，我国的经济运行物价比较高。学界对这问题的看法不太一致，有的直接向中央上书，矛头指向了商品经济，认为这是商品经济带来的，提出要抑需求、稳物价、舍发展、求稳定。1982年6月26日的《光明日报》上有一篇文章，认为有计划的商品经济，把计划给抽象了；这样会模糊社会主义和资本主义经济的区别，这一下子就把对商品经济的批判上升到了姓"社"姓"资"的问题了。也有学者认为社会主义经济具有商品经济属性，但遭到另一些学者甚至官员的反对。而在1983年以后，社会主义商品经济论以其更强烈的现实背景、更充分的理论论证，重新登上中国的论坛。

1984年的莫干山会议，对社会主义商品经济的认识进一步深化。莫干山会议上的观点有三派，一个是张维迎代表的激进改革派，愿意一下子过渡到市场经济，实行市场价格；另外还有一派就坚持还要维持计划价格。中国社科院财贸所的研究生华生、经济所的研究生何家成等人在充分调查研究、汲取各种思想有益成分的基础上，综合"调派"和"放派"的精华，走放、调结合、两条腿走路的方针。同时强调组织生产资料市场和物资部门主动进入市场，发挥平抑供需和价格水平的主渠道作用。这套"改、调、放、导"的思路简括为放调结合的双轨制。《价格改革的两种思路》《与价格改革相关的若干问题》《企业实行自负盈亏应从国营小企业和集体企业起步》《沿海十四个城市对外开放的若干问题的建议》《金融体制改革的若干意见》《发展和管理股份经济的几个问题》《粮食购销体制的改革和农村产业结构的变动》——这些莫干山会议的成果被国家政策采纳，十二届三中全会正式提出"价格体系的改革是整个经济体制改革成败的关键"。莫干山会议推动了中国经济体制改革的进程。波兰经济学家布鲁斯称赞价格双轨制"是一项有益的发明创造，是从旧体制进入新体制的桥梁"。双轨制改革是一种渐进式改革，渐进性改革保存了整个社会组织和市场网络，慢慢让大家有个适应的过程，为增长提供了不断的动力。

中国社会科学院院长马洪，受命组织几位专家起草党的十二届三中全会文件——《关于社会主义制度下我国商品经济的再探索》，文件肯定社会主义经济是计划经济时，没有"否定社会主义经济同时也具有商品经济的属性；认为商品经济的对立物不是计划经济，而是自然经济"，因而不能把计划经济同商品经济"对立起来"，于是重新肯定"社会主义经济是有计划商品经济"。换言之，之前一直受到批评的两个观点被中央接受，一个是社会主义经济是有计划的商品计划；另一个是随着经济发展的需要，要逐步缩小指令性计划，扩大指导性计划。邓小平认为，党的十二届三中全会《关于经济体制改革的决定》虽有不够完善的地方，但实现了社会主义理论的重大突破，"是马克思主义的基本原理和中国社会主义实践相结合的政治经济学"[1]。

1985年的巴伦山会议，是一次国内外学者汇聚一堂研讨中国经济发展的会议。参加会议的外方有美国耶鲁大学经济学教授、1981年度诺贝尔经济学奖得主托宾，英国剑桥大学教授、格拉斯哥大学名誉校长凯恩克劳斯爵士，联邦德国证券抵押银行理事长埃明格尔，匈牙利科学院经济研究所研究部主任科尔奈，英国牛津大学安东尼学院高级研究员布鲁斯等；以及国内的一些著名经济学者，如薛暮桥、刘国光、高尚全、马洪、吴敬琏等。这个会议上有很多的观点发生了碰撞，会议最后形成了七大专题报告：《目标模式和过渡步骤》《财政政策与宏观管理》《货币政策和金融体制的改革》《收入政策与宏观管理》《经济增长与投资问题》《通货膨胀和价格问题》以及《实现宏观经济间接控制目标的一个重要前提》。巴山轮会议的成果被同年9月23日的中共全国代表会议的"七五"计划建议所采纳。从历史上看，价格双轨制作为一种渐进的改革方式，对刺激生产、搞活流通和逐步理顺价格体系起到了积极作用。尤其是生产资料价格的双轨制，对于计划经济体制外的乡镇企业、个体私营经济的发展，市场经济体制的孕育起到了至关重要的

---

[1]　张卓元：《走向"社会主义市场经济论"——纪念社会主义市场经济体制改革目标提出20周年》，《北京日报》2012年6月4日。

作用。

随着产品市场的逐渐扩大，20 世纪 80 年代后半期，经济学家们进一步提出，应建立和发展包括商品市场和要素市场在内的市场体系，企业应成为市场竞争主体，宏观经济管理要从直接管理转变为以间接管理为主，建立市场价格体制，等等。政府的基本职能是提供公共物品，而不是在市场上提供商品和服务。政府运用其产业政策和"行政指导"对经济进行协调、规划和干预，使得经济取得巨大成就。因而，这种体制对中国具有很大的吸引力。由于产品市场化而生产要素没有市场化，到 20 世纪 80 年代末 90 年代初，出现了因物价高涨而引发的一系列抢购风潮，使得人心不稳。与此同时，东欧社会主义国家的执政党——共产党因经济改革失败导致政权瓦解，苏联也因长久以来僵化的计划经济体制没有改善国内的状况，在 20 世纪 90 年代初期也发生了剧变。由此，中国应该建立什么样的经济体制发生分歧。国内当时大致形成了两种观点：改革没有彻底引起的，解决这些国内的经济问题还需要靠深化改革；都是市场经济给带来的，危险来自经济领域，应回到计划经济。

1987 年秋冬之交，国家经济体制改革委员会受中央指示，由该委综合司组织 8 个主要单位，在北京怀柔研究提出的"中国经济体制中期（1988—1995 年）改革纲要"[①]。最后，改革纲要由综合司以"改革思路"形式统一上报给中央。这些纲要涵盖的时间从 1988 年至 1995 年，分前 3 年（1988—1990 年）和后 5 年（1991—1995 年）两阶段，又简称"3·5·8 改革方案"，内容包括总体思路、目标、阶段、路径、方式和配套的整体设计。

面对市场疲软，经济体制改革何去何从的疑问，薛暮桥在《人民日报》发表文章（1989），历陈改革开放的成果，力主市场取向的改革方向："十年改革的大方向始终是正确的，所取得的成绩也是十分巨大的，这绝不应当否定"。他在 1990 年建议抓住总供求关系比较平衡的时机，推出综合改革，在加强财政、银行的宏观调控的条件下，用放开价格的办法来理顺价格，让企

---

① 体改委综合司：《中国改革大思路》，沈阳出版社 1988 年版。这 8 个小组分别是刘国光和张卓元的中国社科院课题组、厉以宁的北京大学课题组、王珏的中央党校课题组、吴树青的中国人民大学课题组、吴敬琏和周小川的国务院发展中心课题组、陈锡文的国务院农研中心课题组、刘洪与洪佳和的国家计委课题组、贺镐圣的上海课题组。

业公平竞争，以分税制取代财政包干制，中央银行控制货币发行权并管住货币，专业银行存贷利率要反映供求关系。20世纪90年代初①，吴敬琏等经济学家在对社会主义市场经济体制的基本框架进行了较为详细的论证之后，提出它应该作为我国经济体制改革的目标。总之，学界内部的分歧与争论、实践的困惑，推动着人们对社会主义市场经济的研究越来越深入。

三、社会组织逐渐产生

西方市场经济的发展表明，对于社会来说，在政府与个人之间需要有一些协调性、媒介性的社会组织。这些社会组织，比如工商服务业类，科技研究类，教育类，卫生类，社会服务类，文化类，体育类，生态环境类，法律类，宗教类，农业及农村发展类，职业及从业组织类，国际及其他涉外组织类等，既是道德规范的重要制定者，也是道德实践和道德监督的重要主体，可以协调政府与个人的关系；具有完善市场机制、保障改善民生、繁荣发展文化、促进公众参与等诸多功能。这在于，社会组织有效承接公共服务；充分发挥优势，形成政府、市场、社会组织有效协同的社会公共治理格局；能进行不同群体利益协调和对话，减少公众自发行动给社会带来的对立、排斥、冲突，化解社会矛盾，充当缓和社会冲突的润滑剂和稀释剂，是维护社会安全稳定的"安全阀"。

基于历史的视角，"大政府、小社会"体制，即国家权力的充分扩张和民间社会活动空间的尽量压缩，是中国传统社会的一个重要特点。从计划经济沿袭下来的人，决定了制度的选择和运转——采取政府代行民间组织的方式，政府承担了组织社会生产、管理社会生活的功能。在改革开放初期，虽

---

① 1990年9月，有关中央领导同志在中南海主持召开了一个经济形势的座谈会，理论界的一些专家学者的观点截然对立，有的就提出继续经济体制改革的步伐，有的就认为要回到计划经济上来，以稳定为主。1989年以后，坚持计划经济成为主流。1991年，以"黄甫平"为笔名在《解放日报》头版发表系列文章，呼吁继续坚持改革，与当时一些保守的媒体进行了一场关于改革的论战。当时已有不少报纸杂志集中火力批判黄甫平文章，北京一大报发表《建造反和平演变的钢铁长城》评论员文章，全国大多数报纸都转载了，当时经济特区被这些人指责为"和平演变的温床"。一位中央领导来上海视察，在干部会上公开指责黄甫平文章影响很坏，党内外的思想给搞乱了。

然在政府的主导下，民间组织也有所发展。中国社会的阶级阶层结构逐渐发生变化，各种利益关系出现多元化的趋势，利益差距和矛盾不断扩大且日益复杂化，在国家机器面前，个人的利益表达不如组织的利益表达来得有效，社会成员要依托社会组织才能更好地适应社会的变化，这就为社会组织的发展提供了极大的空间①。在这一阶段，我国民间组织的发展经历了一个从无到有、从点到面、遍地开花的原始生长期，到 1992 年，社会团体有 154502个。随着经济社会的不断发展，人的需求也从求温饱到求发展转变。可我国社会组织总量相对不足，无法满足社会需求。再说社会化程度低，还比较弱小，不仅难以承接政府转移的职责、有效动员各种社会资源和承担应负的社会责任，而且使教育、文化等社会精神文明建设方面受制于行政化官僚约束。换言之，社会组织还远远不能适应社会主义市场经济体制的需要。

小结　放权让利带来的合力促进商品市场的形成

这一时期的社会主义市场经济体制的孕育，首先是突破了完全排斥市场的计划经济，形成了"计划经济为主，市场经济为辅"的观念。接着，提出"社会主义经济是公有制基础上有计划商品经济"的论断。进而，提出建立"社会主义市场经济体制"的目标。

以农村包产到户为起点的改革开放，使得中国跨越"贫困陷阱"。一个重要原因是引入市场机制激励因素：乡镇企业是在国有工业体系的缝隙中逐步发展起来，个体户则是由一部分人从小买卖开始。这些往往具有相对较好的经济效益。经济特区是在民间对外开放的形势下，由政府顺势而成。国有企业则采取了由浅入深、扩大企业自主权、实行经济责任制、两步"利改税"、承包经营责任制、转换经营机制等不同形式的改革，在一定程度上也释放了生产力。

虽然改革激发了农村和城市的各方劳动者的积极性，但这一措施不是长久之计。要在计划配置生产要素的框架下满足计划外企业的需求，即"有计划的商品经济"，政府出台了生产资料的计划价格与市场价格的"双轨

---

① 　张萃萍：《当前我国社会组织存在的问题及对策思考》，《求实》2010 年 3 月。

制"。可价格双轨制中的价格和数量并不由市场决定，而是由政府所定。也就是说，虽然国有经济部门保留着相对较多的计划经济体制因素，但国有企业只追求产品的收益而无权对要素成本负责，即也无权对包括劳动力在内的生产要素进行配置，因而经营不善的亏损企业最后只能由政府负担，无法从根本上改变"企业吃国家的大锅饭"的局面。此外，国有企业是在维持原有工资福利的基础上使用奖金来调动职工的积极性的，从而也无法从根本上改变"职工吃企业的大锅饭"的局面。简言之，由于不存在企业通过市场配置生产要素的自主权，企业无法进行自主扩张与自主创新①。

更为重要的是，国有企业与非国有企业之间的资源与市场的争夺，不是都通过市场的方式。换言之，国有企业主要通过国家计划的方式获得生产资料，而非国有企业则在国有企业的缝隙中求得生产资料，于是出现生产资料的价格双轨制。也就是，不仅劳动力、土地和资本由计划配置，就连住房、粮食、彩电等，也很难推行市场化。换言之，在维持计划经济体制不变的条件下，逐步增加市场经济的分量，使市场力量在保持经济稳定的条件下成长壮大。这一方式使市场化改革减少了阻力，增加了助力。但是，在双轨之间形成的巨大价差，极易形成争取私利的巨大的寻租空间。于是，生产要素的计划配置方式与商品的市场配置方式之间的冲突成为下一个阶段必须要解决的问题。

---

① 鲁品越：《改革开放的内在逻辑及其发展阶段》，《马克思主义研究》2007 年 9 月。

第四章 社会主义市场经济体制建立阶段
（1992—2002 年）的动力机制分析

这一阶段是指 1992 年 10 月中共十四大提出建立社会主义市场经济体制，到 2003 年 10 月中共十六届三中全会宣布社会主义市场经济体制初步确立。前一阶段市场取向的放权让利的实施以及原有计划体制的松动逐渐增强了企业的市场主体性质。接下来的改革应是进一步放权让利，在微观层次深化商品市场，推动生产要素市场的形成和发展；在宏观层次通过产权改革实现国有企业战略布局的全面调整，构建现代企业制度，推动国有企业适应市场平等竞争。1993 年的十四届三中全会出台了《关于建立社会主义市场经济若干问题的决定》，使得社会主义市场经济体制在建立过程中具有顶层设计的特色，经济体制改革进入系统阶段。政府与民间的市场推动力，使之汇合成一个巨大的合力，共同推动社会主义市场经济体制的发展——"建立社会主义市场经济体制，就是要使市场在国家宏观调控下对资源配置起基础性作用。为实现这个目标，必须坚持以公有制为主体、多种经济成分共同发展的方针"。

第一节 市场主体的培育与发展

经历了此前的"放权让利"的改革，国有企业改革进入建立现代企业制度① 新阶段，非公有制企业也进入调整发展时期，对外开放进一步深入。

---

① 现代国有企业制度是现代企业制度的一个子系统。建立现代企业制度有两种含义：一是按一般的现代企业制度对企业进行培育；二是保持国有企业的性质，建立现代国有企业制度。

一、社会主义市场经济体制中国有企业[①] 的职能界定

社会主义社会的基本特征，按照邓小平的说法，一是社会化大生产基础上的生产资料公有制，体现社会主义生产关系质的要求和实现人民根本利益的基本规定。二是共同富裕，全体人民通过辛勤劳动和相互帮助最终达到丰衣足食的生活水平，也就是消除两极分化和贫穷基础上的普遍富裕。这二者的关系是，生产资料公有制是共同富裕的前提和基础，共同富裕是生产资料公有制的必然要求。

公有制经济包括国有经济、集体经济以及混合经济中的国有成分和集体成分。国有经济，包括国家独资企业、混合经济中的国家控股部分，是由国家出资建立，是国家为弥补市场缺陷的为实现某些社会政策目标而产生的一种特殊企业组织形式。这一组织形式，对于社会主义而言带有根本性的意义——"没有国有经济为核心的公有制经济，就没有社会主义的经济基础，也就没有我们共产党执政以及整个社会主义上层建筑的经济基础和强大物质手段"[②]。而公有制的主体地位，党的十五大报告明确提出，主要体现在"公有资产在社会总资产中占优势；国有经济控制国民经济命脉，对经济发展起主导作用。这是就全国而言，有的地方、有的产业可以有所差别。公有资产占优势，要有量的优势，更要注重质的提高"[③]。进而党的十八届三中全会

---

① 国有企业作为一种特殊企业而存在是指：国有企业在国有经济中居于特殊地位，发挥特殊作用；在各类企业中，国有企业只能是少数，而不能成为普遍适用的企业形式。具体而言，一是特殊的产权制度，国有企业的财产是全民的，可以克服一般企业产权所有者的局限性，具有更大的承担风险能力，投资和决策的眼界更宽广；二是不只有商业利益目标，可其他目标（或在同一产业中与其他企业竞争中）往往削弱其市场竞争力；国有企业是特殊产业的替代生产者，如印钞制币、特殊矿产的开采、生产特殊药品、制造特殊武器等，由国有企业来提供基础设施等公共产品和公益产品；三是有特殊的融资渠道，包括财政拨款、国家银行贷款、国家向国际金融市场进行主权性融资等；严格的决策程序限制了企业的自主决策权；招致经济效益的提高受到制约，甚至发生严重的效率低下现象；四是国有企业受到政府的特别关照（行政性干预），所有者、决策者、经营者、劳动者之间的责、权、利关系可能变得相当复杂和模糊，难以用一般的民事法律来规范。

② 刘林元：《构建社会主义和谐社会的经济制度要求》，《毛泽东邓小平理论研究》2005 年 7 月。

③ 江泽民：《高举邓小平理论伟大旗帜，把建设有中国特色社会主义事业全面推向二十一世纪》，在中国共产党第十五次全国代表大会上的报告，1997 年 9 月 12 日。

通过的《关于完善社会主义市场经济体制若干问题的决定》指出，"要适应经济市场化不断发展的趋势，进一步增强公有制经济的活力，大力发展国有资本、集体资本和非公有资本等参股的混合所有制经济，实现投资主体多元化，使股份制成为公有制的主要实现形式。"

也就是说，公有经济应保持必要的数量，但主要靠分布的优化和质量的提高，即可以通过资产重组和结构调整，在"坚持公有制为主体，国家控制国民经济命脉，国有经济的控制力和竞争力得到增强"这个前提下，公有制实现形式可以而且应当多样化，"一切反映社会化生产规模的经营方式和组织形式都可以大胆利用"，"国有经济比重减少一些，不会影响我国的社会主义性质。"也就是在这个前提下，非公有制经济则是"社会主义市场经济的重要组成部分"，进而"社会主义公有制为主体、多种所有制经济共同发展"是我国社会主义初级阶段的基本经济制度。

但仍需强调的是，作为国有企业，作为特殊企业，必须评价其是否体现了国家意志和人民的整体利益要求。国有企业采取积极有效方式，建立既体现效率也体现公平的合理收入分配格局，作为全社会收入分配的公平标杆和国家扭转收入分配差距过大的调节杠杆。

二、国有企业建立现代企业制度的探索

市场经济的核心是市场主体遵循价值规律，是市场主体能够适应市场竞争法则，独立承担竞争的后果。正因为如此，党的十四届三中全会在《关于建立社会主义市场经济体制若干问题的决定》中提出应建立适应市场经济要求，产权清晰、权责明确、政企分开、管理科学的现代企业制度。这不仅针对国有企业提出要求，也是非公有制企业要适应市场竞争的要求。

于是，从1992年开始，以产权制度改革为核心的国有小企业改革在全国范围内发展。同年7月，《全民所有制工业企业转换经营机制条例》进一步确立了国营企业作为独立商品生产者和经营者的法人地位。同年9月，《关于改进工商行政管理工作，促进改革开放和经济发展的意见》明确提出，"支持私营企业、个体工商户与外商进行合作"，"在国家允许的范围内，积极鼓励和发展个体、私营经济"。1993年的中共十四届三中全会《关于建立社会主义市场经济体制若干问题的决定》，转换国有企业特别是大中型企业

的经营机制，把企业推向市场，在国有企业中建立"现代企业制度"，增强它们的活力，提高它们的素质。还强调，以公有制为主体的现代企业制度是社会主义市场经济体制的基础，并就现代企业制度特征和要求作出了规定。1993 年 12 月，《中华人民共和国企业所得税暂行条例》使得非公有企业与国有企业在市场竞争中处于同一起跑线，是实现不同所有制企业共同参与市场竞争的重要举措。1994 年 7 月 1 日起开始实施《中华人民共和国公司法》。1994 年 11 月，在百户国有大中型企业进行现代企业制度试点①——通过理顺产权关系，明确投资主体；通过改制实行有限责任公司的财产组织形式；建立规范的法人治理结构；在清产核资的基础上核定和增加资本金；在这一过程中逐步解决企业历史形成的不合理的债务。

　　1995 年后，中央提出了企业改革要与改组、改造和加强管理结合起来；调整国有经济布局和结构，坚持"有进有退，有所为有所不为"的原则和方针，对国有企业进行战略性改组；搞好大型企业和企业集团，放开搞活一般国有小型企业，为国有企业与市场经济的结合探索出一条切实可行的途径。1996 年，国家体改委出台《关于加快国有小企业改革的若干意见》，鼓励通过改组、联合、兼并、股份合作制、租赁、承包经营和出售等多种措施搞活国有小企业。推进国有经济的市场化改革，按照 1997 年中共十五大对国有经济布局进行战略性调整的决定，实现国有企业从竞争性行业退出，国有经济只是控制"关系国民经济命脉的重要行业和关键领域"。十五届四中全会更把这些"行业"和"领域"划定在"涉及国家安全的行业，自然垄断的行业，提供重要公共产品和服务的行业，以及支柱产业和高新技术产业中的重要骨干企业"的范围内。除少数需要国家垄断经营的企业外，都要实现股权多元化，并在此基础上建立有效的公司治理结构的决定，对绝大部分国有独资或国有控股的大企业集团实行"股份制改造"，使它们成为自主经营、自负盈亏、有效治理的现代公司。肯定股份制是公有制的有效形式，要求国有大中型企业实行规范的公司制改革，提出公司法人治理结构是公司制的核

---

① 《关于印发〈关于国务院确定的百户现代企业制度试点工作的组织实施意见〉的通知》（国经贸企（1995）56 号）《印发〈关于 1995 年深化企业改革搞好国有大中型企业的实施意见〉的通知》（国经贸企（1995）190 号）。

心。"股份制是现代企业的一种资本组织形式,有利于所有权和经营权的分离,有利于提高企业和资本的运作效率,资本主义可以用,社会主义也可以用。不能笼统地说股份制是公有还是私有,关键看控股权掌握在谁手中。国家和集体控股,具有明显的公有性,有利于扩大公有资本的支配范围,增强公有制的主体作用。"

1994 年,国务院启动了百户国有企业建立现代企业制度试点。到 1997 年,三年的试点工作取得阶段性成果,为推进国有企业公司制改革提供了有益的经验。1998 年 5 月,中央召开国有企业下岗职工基本生活保障和再就业工作会议,为国有企业减员增效、提高活力创造条件;1999 年 4 月至 8 月,江泽民先后主持召开五次企业改革座谈会,对企业改革中的难点问题进行调研,提出了从战略上调整国有经济布局和改组国有企业结构、坚持建立现代企业制度的改革方向、大力加强和改善企业管理、切实解决国有企业的突出问题和困难、加快推进技术进步和产业升级等一整套企业改革和脱困的思路[1]。

1999 年 9 月,十五届四中全会通过的《关于国有企业改革和发展若干重大问题的决定》,提出用三年左右的时间,推进国企进入全面攻坚和整体阶段改革,使大多数国有大中型亏损企业摆脱困境,力争到 20 世纪末大多数国有大中型企业初步建立现代企业制度。为此,实施了相应的改革措施。一是实施债转股;二是实施下岗分流,让一些失去竞争能力的企业退出市场;三是加快企业技术进步,推动结构优化;四是加强企业内部管理,以成本、资金和质量管理为重点,努力降低采购、销售、管理等费用,提高效益;五是加大对企业领导班子培训、考核、调整的力度,使一批优秀的管理人才走向领导岗位。同年 9 月,《中华人民共和国个人独资企业法》的颁布,有力地保障了个人独资企业公平竞争、共同发展的权利。在中共十五大后的几年中,中国成功地实现了数百万个国有小企业和基层政府所属的乡镇企业改制以及上万个大中型国有企业的"股份化"。这样一来,中国经济的所有制结构转变为多种所有制企业共同发展。民营经济的营业额居于各种经济成

---

① 张宏志:《建立社会主义市场经济体制的成功探索——兼论江泽民的突出贡献》,《党的文献》2008 年第 11 期。

分的首位。在就业方面，民营企业成为吸纳就业的主体。

2000 年 10 月，党的十五届五中全会通过的《关于制定国民经济和社会发展第十个五年计划的建议》把发展作为主题，把结构调整作为主线，把改革开放和科技进步作为动力，把提高人民生活水平作为根本出发点，全面推动经济发展和社会进步。党的十六大报告提出要坚持以信息化带动工业化，以工业化促进信息化，走出一条科技含量高、经济效益好、资源消耗低、环境污染少、人力资源优势得到充分发挥的新型工业化路子。这些改革举措，旨在解决 20 年国有企业改革累积的矛盾，使国有企业正常参与市场竞争。简言之，国有企业改革从扩大企业的自主权开始，放权让利、利改税、经营承包责任制、股份制企业试点，到建立现代企业制度，等等，旨在塑造能够自主经营、自负盈亏的法人实体和市场竞争的主体，使市场机制对资源进行优化配置。

调查显示，截至 2002 年底，国家试点企业已有 88 家在完成清产核资、界定产权的基础上建立了明确的企业出资人制度；出资人到位率由 1997 年的 82.8% 上升到 95.7%。说明"产权清晰、权责明确"的企业法人制度已经在国家试点企业当中普遍建立。此外，有 32 家企业成立了股东会，其中公司制企业成立股东会的比重为 85.7%；另外还有 81 家企业成立了董事会，74 家企业成立了监事会，分别占国家试点企业总数的 88% 和 80.4%；有 88 家企业依照《中华人民共和国劳动法》规定，企业与职工通过平等协商签订劳动合同，确定了劳动关系；72 家企业改革用工制度，根据生产经营需要依法自主决定招聘职工，已经实现全员竞争上岗制度，形成职工能进能出的机制；55 家企业已经取消企业管理人员国家干部身份，打破传统的干部和工人之间的界限，变身份管理为岗位管理；79 家企业按照精干、高效原则设置各类管理岗位，对管理人员实行公开竞聘、择优录用制度，企业内部已经形成能上能下的机制；86 家企业实行以岗位工资为主的工资制，44 家企业已经实行经营者年薪制度，9 家企业开始尝试实行经营者持有股权、股票期权分配制度，51 家企业实行科技人员收入分配激励机制，24 家企业实行工资集体协商制度，8 家企业实行职工持股分配制度；有 85 家国家试点企业能够依照《国务院关于建立统一的企业职工基本养老保险制度的决定》等有关规定参加各项社会保险，并且按时足额缴纳社会保险费；69 家盈利企业合计实现利润总额 86.2 亿元，其中超过 1 亿元的有 22 家；23 家亏损企业合计亏损 24.3 亿元，亏损面同比扩大了 8.8 个百分点；国家试点企业股东权益总额达到 1949 亿元，与 1997 年相比净增 265 亿元。①

　　然而，在对国有企业运用"放权让利"的方式进行改革的进程中，由于相关制度没跟上，即有效的产权约束和市场竞争约束没到位，产生了"内部人控制"的状态。一方面，国有企业高层管理权力过大、监督缺位，造成国有资产大量流失；或将国有企业职工推向社会，加大社会负担。另一方面，国有企业竞争力下降，一些外资企业利用享有的超国民待遇，抓住原材料采购和产品销售两头在外的机会，无偿地占用中国的国有资产；或借助中国企业的渠道推介自己的品牌，使中国一些著名品牌退出市场，最终使国有企业的财务状况变得日益虚弱，陷入全面亏损的困境。

三、民营经济② 积极发展

　　对国有经济进行"有进有退"的调整，为民营经济的发展提供了机会。虽然民营企业在各个领域内的推进程度并不相同，但都促使 20 世纪 90 年代中国经济实现了持续的高速增长。

　　（一）乡镇企业的发展进入一个新的阶段。虽然乡镇企业如雨后春笋般的发展，但也存在不利于持续发展的因素。从企业规模上看，1992 年调查结果表明，在全国 2079 万家乡镇企业中，约有 1900 万家分散建在自然村里。这样布局分散，不仅聚集效应没凸显出来，反而导致土地浪费严重且污染点多面广难以治理③。从产品质量上看，1993 年第四季度国家对乡镇企业产品进行的抽查结果表明，产品合格率为 60.1%，低于全国平均水平 11.7 个百分点，使得市场竞争力下降。更为重要的是，因计划经济束缚而被压抑的国有企业的能量已经得到逐步释放，使得乡镇企业起步阶段的机制优势等有利条件日渐丧失——乡镇企业固有的产权不明晰、责任不分等问题逐渐暴露

① 　此部分参阅刘英等：《"调查显示：国务院百户试点企业改制成绩斐然"》，《中国工业报》2003 年 8 月 12 日。

② 　民营经济，统计口径是包括个体、私营、集体经济以及各种混合所有制经济中的非国有成分；是一个包含多个产权主体和多种性质的所有制经济概念。

③ 　刘广海：《乡镇企业可持续发展问题探析》，《中国软科学》2001 年第 7 期。

出来。

针对乡镇企业面临的问题，苏南地区对乡镇集体企业产权制度进行逐步改革，采取企业股权多元化，明晰农村集体资产的产权归属——使抽象的集体所有逐步向产权明晰并直接具体化到社会个人所有转变，重构了苏南乡镇企业集体所有制的微观基础。1997 年，苏南乡镇企业按照"能私不股，能股不租，能聚不散"的原则，使企业向股权私有化和混合所有制形式转变，加速了产权界定模糊的集体企业向现代企业的演进，所装备的国内先进设备和国际先进设备 1/3，一批重点企业集团的主要设备达到国际先进水平，一批大中型企业迅速崛起。例如，三笑集团 10 年中从全国各地引进200 多名人才；红豆集团先后从中国台湾、中国香港以及意大利、日本聘请了众多专家加盟企业的技术开发；江苏双良集团制订了四大科技政策，失败不责难，成功给重奖，科研经费优先保证，科技项目中标者可自由组阁，科技成果奖励与销售利润挂钩。温州则成立了各种行业协会，对协会内的企业行为进行监督管理，逐步培育出诸多享誉国内外的品牌。同时，为应对经济全球化竞争的挑战，温州企业的生产突破了家庭和以血缘为纽带的泛家族的藩篱，通过企业间收购兼并与交叉持股等手段，区域内大品牌、大规模的行业龙头企业的批量出现，走上了集团化、规模化的发展道路。总之，通过改制重组，乡镇企业的投资主体和产权主体多元化、混合化，由以前的某种成分主导型经济向多种成分混合型经济转换——苏南模式与温州模式的相互融合。

在实践过程中，非公有制经济在获得宪法确认之前，往往通过上缴一定的管理费用，把生产资料属于私人所有的企业，登记为具有集体性质。在企业回归原来的性质的过程中，行政机关在界定非公有制经济产权的行为中，按照"谁出资、谁拥有产权"的原则界定产权，注重保护非公有制经济出资者的所有者权益。中国已经涌现了 3000 多万户的民间企业；以民营经济为主的中小企业总数已占全国企业的 99%，创造的价值相当于国内生产总值的 60%，提供了全国 80% 的城镇就业岗位，上缴税收约占全国的50%。生产要素大量向相对高效部门的转移导致的全要素生产率提高，市场经济是把微观活力激发出来，每个人和经济单元在自身利益最大化中推动整个经济社会的发展，有力地支持了中国经济的高速度增长。

　　党的十三届八中全会提出，将持续发展乡镇企业① 作为党在农村的基本政策。十四大提出继续积极发展乡镇企业的方针。国务院（1992）19 号和（1993）10 号文件，充分肯定了乡镇企业的重要作用，为乡镇企业创造了空前良好的外部环境。同时，乡镇企业自身也强化管理，经济效益恢复提高，总量迅速增长，出口创汇跃上了新的台阶，涌现出一批大中型企业和现代化企业集团。1992 年完成总产值 17975 亿元，比上年增长 54.7%，1993 年则又比上年增长 75.5%。1994 比 1992 年总产值增长 1.4 倍，纯利润增长 1.3 倍；每百元固定资产实现利润提高了 48.6%，每百元资金实现利润提高了 25%，每百元营业收入占用的流动资金降低了 16.8%，人均创利税提高了 1 倍多。1995 年以后，我国乡镇企业进入了一个稳步发展的新时期。从材料到设备、从人才到技术、从管理到文化，乡镇企业开始博采众长，出口产品交货值平均每年递增 40%，生产出口产品的乡镇企业发展到 124000 家，1600 家乡镇企业具有进出口经营权。1995 年，乡镇企业增加值分别占到 GNP 和 GDP 的 25.5% 和 25.1%。1998 年底，全国年销售收入 1000 万元以上的乡镇企业 4600 家，占全国乡镇企业总数的 0.02%，而其创造的营业收入却占全部乡镇企业的 22.6%。

　　个体经济是最早获准存在的非公有制经济形式。在改革开放之初，个体经济就得到了发展。个体工商户的从业人数，1978 年全国有 14 万人，1999 年达到峰值 6241 万人。注册资金 1981 年为 5 亿元，1984 年突破了 100 亿元，1994 年突破了 1000 亿元。在产值方面，1987 年为 306 亿元，1993 年突破了 1000 亿元，1998 年突破了 5000 亿元。从产值占 GDP 的比重来看，1989 为 3.29%，鼎盛时期的 1999 年为 7.88%。然而，由于多种因素的制约，许多非公有制企业为了在不规范的市场竞争中保持有利地位，往往向地方政府寻租，在一定程度上也阻碍公平市场的建立。

　　（二）农业产业化初现端倪。社会主义市场经济不仅仅是工业企业的市场，也更是农业的市场。因而，党和政府在推进现代企业制度的同时，

---

① 《乡镇企业法》规定，乡镇企业是农村集体经济组织或者农民投资为主、在乡镇（包括所辖村）举办的承担支援农业义务的各类企业。农村集体经济组织或者农民投资超过 50%，或者虽不足 50%，但能起到控股或者实际支配作用。乡镇企业在城市设立的分支机构，或者农村集体经济组织在城市开办的并承担支援农业义务的企业，按照乡镇企业对待。

努力推进农村产业化的发展。在 1992 年的武汉农村工作座谈会、1993 年的中央农村工作会议上，江泽民都提出建立公平竞争和城乡统一的市场体制，以及农业生产的保护支持体系；建立以家庭承包经营为基础，以农业社会化服务体系、农产品市场体系和国家对农业的支持保护体系为支撑，适应发展社会主义市场经济要求的农村经济体制[①]。1995 年 3 月，江泽民在江西、湖南考察工作时也指出："把农村千家万户的分散经营引导到规模化、系列化、产业化的轨道上来，提高农业的规模效益，这就是一种集约化、集体化的形式。"1996 年 6 月，江泽民在河南考察工作时又指出，"立足农业优势，抓好种植业、养殖业和农副产品加工业，实行农业产业化经营，农民收入增加了，农村市场打开了，发展其他的行业也就有了广阔的空间。"

1997 年 9 月，党的十五大报告指出："积极发展农业产业化经营，形成生产、加工、销售有机结合和相互促进的机制，推进农业向商品化、专业化、现代化转变。"进而在 1998 年 10 月中共十五届三中全会通过的《中共中央关于农业和农村工作若干重大问题的决定》指出："农村出现的产业化经营，不受部门、地区和所有制的限制，把农产品的生产、加工、销售等环节连成一体，形成有机结合、相互促进的组织形式和经营机制。"这样做，能够有效解决千家万户的农民进入市场、运用现代科技和扩大经营规模等问题，提高农业经济效益和市场化程度，是我国农业逐步走向现代化的现实途径之一。

到 2000 年，全国各类农业产业化经营组织发展到 6.67 万个，平均每个组织的固定资产规模比 1998 年增长 28%，销售收入增长 26%，带动农户5900 多万户，占总农户数的 25%。农业产业化经营组织的区域布局呈现新的可喜变化；西部地区农业产业化组织数量占全国总量的比重，比 1998 年提高了近 8 个百分点；东部地区"龙头"企业的实力进一步增强，在全部销售收入 1 亿元以上的"龙头"企业中，东部地区占 57.8%[②]。简言之，20 世

① 张宏志：《建立社会主义市场经济体制的成功探索—兼论江泽民的突出贡献》，《党的文献》2008 年第 11 期。
② 武力：《论中国共产党对农业现代化的伟大探索》，《中共党史研究》2011 年第 7 期。

纪末开展的以明晰产权为中心的企业改革，也极大地使得农业、农村的市场力量大大增强，也在一定程度上推进经济增长得以持续。

（三）非公有制企业是社会主义市场经济的重要组成部分。在市场经济体制下，所有的企业都应处于平等地位。如何使新生长起来的乡镇企业等与国有企业处于平等竞争的环境中？这首先需要从制度上加以确立。1986 年通过的《中华人民共和国民法通则》把所有权按所有制的性质加以分类，国家所有权、集体所有权因其公有制性质而处于至高无上的地位，而私营经济被界定为"社会主义公有制经济的补充"，只受到一般保护。十四大提升了非公有制经济在社会主义市场经济中的地位，1993 年《公司法》的出台，意味着企业组织可以建立在契约关系和股东关系上的法律保护的经营组织。但《公司法》中，仍对民营企业设置了许多歧视性制度障碍，制约了民营企业的发展和壮大[①]。

党的十五大把非公有制经济确定为我国社会主义市场经济的重要组成部分，并强调以公有制为主体、多种所有制经济共同发展是我国社会主义初级阶段的一项基本经济制度。这给予了民营经济一定的活动空间。1999 年宪法修正案确立个体经济、私营经济等非公有制经济都是社会主义市场经济的重要组成部分。2002 年全国人大通过了《农地承包法》，确立了农户家庭承包责任制的法律地位。按照这部法律，全部农地的使用权、收益权和转让权，都长期承包给了农户；"集体"仍是农地在法律上的所有者，但其全部经济职能就是到期把所有农地发包给农民。这些都为非公有制经济的发展提供了理论和制度保证。

进而国家通过财政政策、税收政策、货币信贷政策和产业政策，使乡镇企业等民营企业符合国家发展方向战略。此外，建立国有企业控股的国有和民营企业合作创新机制，能够发挥国有企业的技术力量雄厚，民营企业的敢于创新、敢于自担风险：在同一条产业链上的各个环节共同取得自主创新的突破；或同一个行业中共同解决本行业中的重大技术问题，解决发展中的瓶颈问题；或把国有企业跟民营企业的优势都吸收进来，专门从事研究、开

---

① 李芳等：《改革以来中国城镇私有产权模式演进研究》，《当代世界与社会主义》2011 年 10 月。

发、推广。经过政府、国有企业、非公有制经济的共同努力，基本实现了由封闭半封闭的经济向多层次、全方位开放的经济转变。

第二节　党和政府营造"市场在资源配置中起基础性作用"氛围

理顺各级政府及辖区之间和政府各部门之间的权利规范与约束，曾是放权让利环境下着力解决的问题。而市场经济环境下的政企分开，是指中央与地方之间行政权力适当、有序，政府与企业之间责权明晰，没有错位、越位或失位。前者意在调动地方积极性，并使之与中央共同营造市场在资源配置中起主导作用的氛围；后者旨在培育市场经济中独立自主的经济主体。市场和政府共同推动经济进入飞速发展的轨道。

一、政府职能[①] 由全能型向经济建设型转变

全能型政府，是指政府不仅履行本该属于自己的职能，而且还包办社会、个人的一切事务。换言之，这实际上就是计划经济下的政府。经济建设型政府就是指政府主要精力放在经济生产活动上，成为市场活动的主角，而把应该履行的公共服务职能放在次要地位。市场化取向的改革，是在计划经济环境下启动的，也就是从"拨改贷"开始，经过两步利改税，厂长负责制、承包经营制、股份制，到建立现代企业制度，政府逐渐退出了一些领域，腾出相当一部分市场给民营经济和外资经济。

经济体制改革，虽是"自下而上"广大基层组织和群众的参与的制度创新，但在这一进程中，由于政府在政治力量的对比与资源配置权力上均处于优势，使得政府的制度供给能力和意愿是决定制度变迁的方向、深度、广度、形式的主导因素，即使是来自于基层的自发的制度创新，最后也要通过

---

① 毛泽东在1945年写的《论联合政府》中说了两个标准。标准之一是生产力的解放和发展，对一个政党及其实践的评价，"归根到底，看它对于中国人民的生产力的发展是否有帮助及其帮助的大小，看它是束缚生产力的，还是解放生产力的"；标准之二是人民的最大利益的满足，"共产党人的一切言论行动，必须以合乎最广大人民群众的最大利益为最高标准。"《毛泽东选集》（第3卷），人民出版社1991年版，第1079、1096页。

政府的认可或批准才能被全部或部分满足①。换言之，经济性分权时常通过行政性分权发挥作用。市场经济中决策权由集中到分散的过程是产权不断界定不断清晰的过程。但把经济低效率归因于放权不够，而没有对分权进行更细致的区分，没有深入认识经济性分权和行政性分权的联系和各自发挥作用的范围，往往使得处于强势地位的行政权力越位，对经济权力进行控制和攫取，对微观的企业经营进行干预，造成了权力寻租的巨大机会。国有企业的产权从由国家代表人民行使所有权的"所有权虚置"状态到"自然人持股"，直至提出建立现代企业制度，企业的自主决策权在政策上得到了最终确认，为真正实现生产要素的自由流动开辟了通路，提供了重要的制度保障。

围绕着建立市场经济体制，推进计划投资、财税、金融、外贸体制改革，初步建立了向市场经济转轨的宏观调控体制框架。1993 年，颁布《关于金融体制改革方案》和《关于农村金融体制的方案》，全面推进金融体制改革：强化中央银行的宏观调控作用——加强存款准备金、再贴现和公开市场业务等货币政策工具的使用；建立政策性银行，初步实现政策性金融与商业性金融的分离。1994 年《关于实行分税制财政管理体制的规定》：将税种划分为中央税、地方税和中央地方共享税，建立中央税收和地方税收体系；建立规范的中央财政对地方财政的税收返还制度。但这一改革还存在着中央和地方事权划分不明确、地方政府财力和事权不对等以及财政转移支付制度不规范等问题，也存在一定程度上造成地方片面追求 GDP 增长以及区域间发展差距加大的弊端。1994 年完成国家开发银行、中国进出口银行和中国农业发展银行等三家政策性银行的组建；实现国家专业银行向国有商业银行的过渡。

在外汇管理体制改革方面，《关于进一步改革外汇管理体制的通知》中规定，取消外汇留成和外汇额度，实行结售汇制；建立银行间外汇市场；实行人民币汇率并轨，实行单一的、以市场供求为基础的有管理的浮动汇率等。这一改革进一步改善了我国的投资和贸易条件，为外贸领域形成平等竞争的环境奠定了基础。到 1997 年，实行指令性计划管理的工业品只余 12 种，

---

① 李万峰等：《政府权力主导下的一场复杂制度变迁——基于中国经济体制转轨的一个认识角度》，《新疆社会科学》2006 年第 11 期。

仅占总产值的 4.1%，95% 以上的工业消费品的生产及其价格，由生产者根据市场供求状况自主决定。

土地、资本、劳动力等生产要素亟待市场化建设。也就是说，资本市场建设、劳动力市场建设、土地市场开始起步。然而，政府在自身利益的驱动下追逐 GDP，加上使得各级政府把主要注意力放在物质生产部门的扩张上，各级预算的主要收入是生产型的增值税。由此进一步，政府各个权力部门以审批炫耀权力，不去削减审批内容反而想方设法增加项目，实在不能审批就变相搞评比达标；权力放纵，权大于法，虽然法律制定的越来越多，但往往敌不过红头文件，甚至一张半指宽的领导批条，打官司不找法官找书记的现象。一句话，本应为市场提供服务的权力部门，在既是"运动员"又是"裁判员"的矛盾中，往往违背公平竞争原则。

基本确立社会保障体系的制度框架——推进养老保险、医疗保险和失业保险建设，为市场经济体制的演进进一步创造条件。1997 年 7 月《关于建立统一的企业职工基本养老保险制度的决定》统一了个人缴费比例、个人账户的规模以及养老金发放的标准。这一制度选择，使我国企业职工的养老保险制度实现了根本性转变，即养老保险由国家和单位全部包揽，向国家、单位和个人共同分担转变，由企业自保向社会互济转变，由单一尺度原则向效率优先、兼顾公平转变，由福利包揽向基本保障转变，以及由现收现付向部分积累转变。1998 年 12 月，国务院发布《关于建立城镇职工基本医疗保险制度的决定》，在全国范围内进行城镇职工医疗制度改革，实行社会统筹和个人账户相结合的医疗保险制度。1999 年 1 月，国务院颁布《失业保险条例》，将原来的"待业保险"更名为"失业保险"，并将其范围扩大到城镇所有企业、事业单位及其职工，明确城镇企业事业单位及其职工都应当依照规定缴纳失业保险费，城镇企业事业单位失业人员依照规定享受失业保险待遇。

计划经济体制下通过放权让利，权力逐步分解，由中央下放到地方，地方下放到企业，但中央与地方的职责分工尚未完全明确。比如民生投入，中央该做什么，地方该做什么，这些都没有明确的界定，相应的职能划分也就模糊。市场取向的改革以来，政府逐渐退出了一些生产部门和经济领域的同时，又因自身的利益需要抓住一些可以放松的管制不放；或一些政府部门却以别的形式重新进入已退出的领域。政府垄断的资源配置不仅是缺乏效率，更是无法区分行政垄断人的私利与公共利益之间的关系，存在着将私利包装成公共利益的可能性。有些政府官员凭借国家机器掌握经济资源，本身处在特殊的地位，当他们以公共利益捍卫者的面目出现时，他们的私人利益往往隐身在公共利益之后，他们的私利性与公共利益的区分变得很困难。

总之，初步建立起来的社会主义市场经济体制——体现市场配置资源和计划配置资源并存。这表现在，一方面，商品买卖和货币交换已成为社会通行的交易方式，市场价格引导相当一部分资源的流向；另一方面，政府握有支配土地、资金等重要经济资源流向的巨大权力，政府官员凭借手中的裁量权，通过多种手段对企业的经营管理活动进行频繁的干预。

二、地方政府成为市场主体

一般地，地方政府应具备有效运转的能力——在提供社会公共产品和服务产出的同时，促进经济社会发展。可一旦只把推动经济发展看成政府的主要任务，政府则会成为市场竞争的主体。而作为市场主体，则具有盈利性、独立性，反过来必然与建设服务型政府相违背。

起初，由于生产力极不发展，人民群众的日常生活都成为困难。鉴于此，为了提高地方政府发展经济的积极性，中央政府扩大地方各级政府的经济管理权限，使得地方政府在财政、税收、资源配置、投融资等方面获得相当的决策权和调控权。与此同时，中央也把地方社会经济发展的责任分给地方政府，也激发了其对本行政辖区内经济发展的责任意识，于是，逐渐形成了以行政区域为界限的利益格局。具体而言，通过地方政府在其施政范围的行政区划内形成集权，在经济总量扩张上相互追赶，政绩优劣是以其辖区内GDP 的增长情况为主要标准，从而使其经济行为有着强烈的行政导向性。地方政府重在发展地方经济，是事实上的资源配置主体、投资活动的主要组织者。为此，最有效的发展手段就是鼓励和加快投资。在追求投资规模扩大的过程中，地方政府只重数量而忽视结构优化，一些项目则成为地方官员为个人树立的形象工程，由此造成极大浪费；地方政府压低各种要素价格，引导企业投资，使得投资从整体上表现出严重违背比较优势原则的低效率结构特征。以汽车产业为例，中国现在有 130 多家汽车制造商，这一数字远远超过美国和日本等国。

在地方政府作为地区经济发展主导力量和政府经济行为异化的情况下，我国形成了一个个以行政区划为界限的地方政府经济圈。按行政级别划分，这又可分为省级、地市级、县级政府经济圈，各级别的经济圈在各自的范围内独立运行，构成我国独特的分割的地区经济运行格局。地方各级政府之间都存在着相对的竞争关系。从纵向看，上下级政府之间的关系是串联关系，一个环节出现问题，整个系统都或多或少会受到牵连。从横向看，同级政府权、责、利及资源相对均衡，尤其是在同一个市或同一个省所辖区域内的县级政府之间更是如此——县政府与上级政府之间通过增值税的分成或其他税费上缴责任制确定经济发展收益的分配合约；县政府与县域内投资者之间也是通过土地转让合同、税收减免规定等确定投资者创造的收益在相互之间的分配合约[1]。"县际竞争"使得"集体行动"造成了资源浪费和产能过剩。

这一竞争模式不仅容易形成县际竞争格局，也形成省际竞争格局。为了追求 GDP 的更快增长，地方政府往往追求短期内见效快的项目，其经济发展规划和政策凸显本行政区特征。有关资料显示，各省之间的贸易壁垒从20 世纪 80 年代以来一直在增加，消费者购买本省的商品数量是其他省的 21倍。例如，江苏个别地方为了保护本地啤酒产业，政府就以印发红头文件或通过行政手段的方式，在交通要道设卡检查，限制外地啤酒入境。据调查，贵州、云南、广西三省区旅游资源丰富，但由于各自从局部利益出发，互相分割市场，客流资源不能共享。法国巴黎国际研究和发展中心经济学家庞塞特对这一现象进行研究，成果表明，中国各省之间的关税在 1997 年大约相当于 46%，1987 年则是 35%，国内地区贸易壁垒大约相当于欧盟各国之间，或是加拿大和美国之间的水平[2]。

然而，在地方政府经济圈格局下，政府、企业、市场三角关系使得拉动经济增长的三驾马车——投资、消费和出口的关系失衡，造成大量显性与隐性经济损失；且政府成为企业组织的影子主管部门，大大限制企业独立经济主体地位的形成。

---

① 郑京平：《中国"县际竞争"发展模式的利弊分析》，《中国信息报》2010 年 10 月 18 日。

② 黄庭满等：《透视"地方政府经济圈"行为异化》，《经济参考报》2010 年 12 月 2 日。

三、建立符合市场经济要求的政府机构以及对外开放格局

1988 年的政府机构改革，虽然确定了转变政府职能，但这是为了更好地发挥政府在放权让利中的作用，此时资源配置的主体仍是政府。这与"让市场在资源配置中起基础性作用"的社会主义市场经济体制的要求相距甚远。换言之，众多的政府部门是计划经济时代的产物，是资源配置的载体，不利于充分发挥企业的微观经济主体地位。

（一）政府机构改革旨在适应社会主义市场经济体制的需要。政府职能由直接管理微观主体和经济运行逐步向宏观间接管理转变。1993 年国务院机构改革是在确立社会主义市场经济体制的背景下进行的，主要是建立适应社会主义市场经济体制的行政管理体制，促进社会主义市场经济体制的建立。

1993 年《关于国务院机构改革方案的决定》，将国务院经贸办改建为国家经贸委，设立机械部、电子部、国内贸易部，组建国家航空工业总公司、航天工业总公司，部委归口管理的国家技术监督局等 15 个机构改为部委管理的国家局。这次改革，将专业经济部门转变为行业总会或经济实体，减少具体审批事务和对企业的直接管理，消除政企不分的组织堡垒，加强宏观调控和监督部门，强化社会管理部门。然而，此次改革也还存在滞后性，如机械电子部又被拆成两个部——机械部和电子部；能源部被撤销而设立了电力部和煤炭部。1994 年在完成中央政府机构改革的同时，积极推进地方政府机构改革。除了把属于企业经营自主权范围的职能还给企业，还把经济活动中社会服务性和一部分监督性职能转交给市场中介组织。1995 年则是抓好地方各级政府的改革，制定事业单位机构改革的方案和主要措施。1997 年国家专业经济部门逐步改组为不具有政府职能的经济实体，或改为国家授权经营国有资产的单位，或改为行业管理组织，将原有的政府管理职能转移给政府综合部门负责。

1998 年的《关于国务院机构改革方案的决定》，是按照社会主义市场经济的要求，转变政府职能，实现政企分开。按照权责一致的原则，调整政府部门的职责权限，完善行政运行机制。国务院不再保留具有专业经济性质的部、委。新组建 4 个部、委——国防科学技术工业委员会、信息产业部、劳动和社会保障部、国土资源部。这样，改变了计划经济时代按部门、行业设

置管理部门的管理体制，基本建立起适应社会主义市场经济要求的政府行政管理体制。

（二）建立与国际规则接轨的市场经济体制环境。邓小平的南巡讲话和中国共产党的十五大在思想上、理论上、政策上全面清除了扩大开放的主要障碍，顺应现代信息技术、网络技术等高新技术产业的快速发展的不可逆转的潮流，积极融入全球化进程中。

1992 年中国的对外开放加速向纵深发展，对外开放由沿海扩大到沿边、沿江和内陆省会城市，形成了全方位、宽领域、深层次的对外开放格局。1992 年 3 月，开放黑龙江的黑河、绥芬河，吉林省珲春市和内蒙古自治区的满洲里等北部地区四个边境城市。7 月，开放云南的畹町、瑞丽、河口和广西壮族自治区的凭祥、东兴镇，新疆的伊宁、博乐、塔城市和内蒙古自治区的二连浩特，西藏边境口岸普兰对印度开放。与此同时，国家开放了内陆的所有省会、自治区首府城市，开放沿边口岸，黑龙江与俄罗斯一江之隔的21 个口岸；内蒙古自治区与蒙古人民共和国边境线上的十几个水陆空口岸。广西开放了对越南的 12 个口岸；云南沿中越、中老、中缅的边境线上，开放了 16 个对应口岸。2000 年对外开放又进一步扩大到广大西部地区。

我国在对外开放中的关税方面，1992 年 1 月 1 日起，主动降低 225 个税目商品的进口关税率；1992 年 12 月 31 日起，调减 3371 个税目商品的进口关税率，使关税总水平下调 7.3 个百分点；1993 年进一步放开出口商品管理，将出口配额许可证管理的商品品种减少 52%，扩大市场调节范围，使外贸企业可以进一步放开经营；1993 年 12 月 31 日调减 2998 个税目的进口关税率，平均降税率为 8.8%；1993 年实行许可证管理的商品减至 53 种，在更大范围并以更多形式鼓励外商投资。①

1994 年外贸管理体制改革侧重于，一是实行统一的银行结售汇制度。创汇企业按照创汇的 50% 自由购买外汇，其余 50% 和没有创汇企业仍需审批；二是将对外贸易管理纳入法制化轨道，1994 年 7 月 1 日实施《中华人民共和国对外贸易法》，赋予具备条件的国有生产企业、科研单位、商业物质

---

① 　裴长洪：《中国开放型经济建立的经验分析—对外开放 30 年的总结》，《财经问题研究》2009 年第 2 期。

企业外贸经营权，同时最大限度地放开进出口商品经营；三是按照现代企业制度改组国有外贸企业，积极推行股份制试点，具备条件的外贸企业要逐步改变为规范的有限责任公司或股份有限公司，等等①。1995年6月，国家计委、国家经贸委和对外经贸部联合颁布《指导外商投资方向暂行规定》。1997年12月发布的《外商投资产业指导目录》将外商投资分为鼓励、允许、限制和禁止四类。商业零售、银行、保险、证券、电信等开始对外开放。这一《目录》的出台，意味着由单纯重视利用外资数量开始转变为重视数量和利用外资质量并重。由于跨国公司在中国投资的产量——在汽车制造业、无线通讯设备制造业和洗涤用品制造业等行业中外商投资经济占有较大的比重。这不利于我国自己企业加快产品技术更新。1998年确定1000家重点企业实行进出口经营权登记备案制，调动了企业参与对外贸易的积极性。1999年1月1日起实施《关于赋予私营生产企业和科研院所自营进出口权的暂行规定》，允许非公有制经济成分进入外贸领域，标志着外贸企业市场化主体地位的确定。2001年3月，第九届全国人民代表大会第四次会议批准了《中华人民共和国国民经济和社会发展第十个五年计划纲要》，将扩大对外开放、发展开放型经济写入"十五"计划。共产党第十六次全国代表大会提出了"坚持引进来和走出去相结合，全面提高对外开放水平"。

简言之，对外开放开阔了人们的视野，带来了先进的市场经济意识和管理经验，为改革提供了强大动力，有力地促进了社会主义市场经济体制的建立。

第三节　要素驱动呼唤市场主体自主竞争意识

社会主义市场经济本是一个利益多元化的共同体。在该共同体中，各种合法的利益诉求都得到充分的表达——通过协商和博弈，形成通向各个利益群体互补共赢的坦途。

---

① 裴长洪：《中国建立和发展开放型经济的演进轨迹及特征评估》，《改革》2008年第9期。

一、推进社会主义市场经济，需积极培育社会力量

在政府与企业、社会没有有效分开的条件下，人们并非均等地承受利益与权利。这必然引发人们的进一步追问，因国家干预不当而导致的这些成本谁来承担，是国家还是企业，还是其他？这关涉到社会主义市场经济体制建立的进程。

（一）在市场经济体制演进进程中，政府职能错位。在社会主义市场经济体制演进的进程中，计划经济向市场经济的转型过程中，政府对市场职能错位、越位或不到位主要表现在，一是因户籍制度导致城市和农村劳动者在收入、社会保障等方面的双轨制，以及资本、土地等生产资料交易并没有在市场进行所带来的市场体系不健全和劳动力市场不统一；二是政府对市场干预过多，造成资源行业和一些自然垄断行业同其他竞争行业之间产生巨大收入差距（如垄断性企业员高管乃至员工收入过高；或依靠权力资源得到优先发展、优先致富甚至一夜暴富的一些个人或群体）；三是政府官僚化倾向愈加明显。政府机构越减越臃肿，出现了"公共利益部门化、部门利益个人化"，吃饭财政成为中国财政的代名词。可能正是由于部分领域改革不到位导致的机会不平等、资源分配不合理以及权力寻租等原因，贫富差距逐渐拉大——2000 年中国基尼系数为 0.412 之后，2003 年为 0.479。

更深层次上，在权利不到位和经济决策不完善下，市场主体虽已进入经济活动领域，但不能在交易中充分表达和保护自己的正当权益，当权益受到伤害时，没有中立的权威的第三者及时有效地加以仲裁，伤害者得不到制裁，被伤害者得不到及时的补偿，被伤害者的积极性受到伤害后消失[①]。本应在住房、医疗、义务教育等公共基础设施等方面承担更多责任的政府，却对进入市场的企业进行管制，扼杀生产效率和竞争性定价的市场激励——费率制定、进入限制、产品特征限制、企业投入或技术管制、作业场所健康和安全的管制、环境管制与合同条款规则等；通过税收、补贴或其他转移性支付制度安排，影响市场主体的生产与消费行为；通过施加于产品特征、对企业投入、产出或生产技术的限制，影响企业决策和企业产品组。对交易一方进行的管制行为对另一方都具有相等或相反的效果——最高限价施加于自然

---

① 方竹兰：《论中国转轨阶段的不可交易成本》，《学术月刊》2003 年 10 月。

资源及其他商品，最低限价则针对劳动力（如最低工资）；因具有公共福利产品的性质，使得政府提供与市场配置并不协调。

一般地，政府官员容易利用手中的社会经济资源以权谋私。一些政府官员通过压制和牺牲弱势群体的利益表达，来实现短期内的社会稳定，结果反而起到了维护既有利益格局的作用，甚至对社会公正造成严重损害。在利益分配的过程中，利益受损者会通过各种制度化的渠道比如协商、谈判、仲裁、司法去维护自己的权益，但这些制度化的渠道并不能发挥作用，使得利益受损者只能通过非制度化的方式去解决问题。在双方地位很不对等的情况下，强势方随时都可以不遵守协议而不受法律制裁。"当市场不完美时，权力和财富的不平等转化为机会的不平等，导致生产潜力遭到浪费，资源分配丧失效率"①。这主要在于，在由政府与市场主体组成的两极社会中，容易使社会发展的总成本居高不下。

我国改革的设计和路径在政府的主导下进行。企业经营管理者是在对政府政策感知和理解的基础上进行企业各种决策的，对企业的判别标准是诸如利润、利税、就业等一些主观的静态指标，忽视了对企业发展的客观动态的判断，更漠视了市场自身机制对企业发展的正确激励，最终使得很多问题没法解决。也就是说，没有妥善处理中央和地方、上级政府和下级政府的职责分工，不利于对行政权力进行科学合理的配置。政府的自上而下的等级制度抑制自下而上的信息传达，在对社会知识和信息的集合过程中，经过等级的过滤产生知识和信息的丢失，以及信息传递速度缓慢而容易失真，使社会信息和知识的集合具有消极递减倾向，从而使行政垄断者容易产生知识的自负和自闭，容易出现角色错位，而错位则会产生侵权成本，也包含弃权成本。同时，当政府失灵，也需要有一种替代性制度和组织，以满足公众或消费者的异质需求。还有，市场不管分配却能制造差别，可这差别需要控制在一定范围内，才能进一步发挥市场的优势。否则，会走向反面。

实际上，从一个由行政权威控制的计划经济转变成一个自由交换的经济，从行政命令支配的经济、政府机关和党政官员的自由裁量权特别大的命

---

① 参阅世界银行《2006年世界发展报告》，中文版本由胡鞍钢主持的中国科学院／清华大学国情研究中心译校，清华大学出版社2006年版。

令经济转变为一个规则透明、公正执法的法治经济，不是一蹴而就的。以公有制为主体的非公有制经济的产生和发展的进程中，由于路径依赖——传统体制中的国家本位的、自上而下指令性的一元公共利益主体模式影响，使得市场主体的独立市场决策推进缓慢，辐射范围小；而政府的强力推进则带有制定者的利益倾向性。由此所表现出来的社会主义市场经济体制，一方面还保留着原有计划经济体制的若干重要因素，政府对经济生活的干预和国有经济对市场的控制——既有经济体制改革不够深入的问题，也有政治体制改革不到位的问题，更有文化体制改革跟不上的问题。

（二）政府与市场之间需要一个第三方①。市场体系是一个开放系统。某一制度维持着某一种社会经济集团的利益，某一种社会经济成分及活动方式支持着某一种制度运行。社会成员的知识和能力作为获取经济资源的客观标准，个人与社会的行为合理化价值系统随外在秩序的变异而潜移默化。企业、社会和市场对政府职能实施替代，社会组织逐步替代政府和企业的部分职能，社会对政府和企业的替代，并逐步形成合理的体制结构。企业家从企业生产中创造货币价值或经济价值，而社会企业家通过非营利组织创造社会价值。非营利组织是信仰或理想的组织实体，它的组织目标是非物质利益的最大化，即非营利组织通过组织使命、组织信念或组织成员信仰的实现，最大化非货币回报。

市场的扩大使越来越多的资源进入市场，同时也伴随着更多的关系和权力进入市场。市场关系渗透到各个经济角落和非经济领域，由于市场规范的缺乏和法制不健全，市场上总有许多空隙、机会及擦边球可得；这些似是而非的机会，在合法与非法之间，谁有权力、谁有能力，即可获得这些发展空间。在一定意义上，这些机会与空间，也许为那些创新者提供契机，也可能为那些寻租者提供舞台。为了鼓励前者，抑制后者，需要一个发挥作用的第三方，即社会组织。社会组织是国家与市场、个人之间的组织框架。没有社会组织，政府这只有形之手往往错位——在社会保障、公共服务方面往往

---

① 该第三方就是各种非政府、非盈利性社会组织。国际上社会组织通常被叫作"非盈利组织"，所谓"非盈利"是指社会组织可以有收入，但是收入不能够在会员当中分配。所有收入必须用于章程规定业务。

缺位，而在不需要的经济、创新等方面常常与民争利，教育行政化、医院行政化、科研管理行政化等，影响社会成员创新创业。对政府官员的监督、国家机构的监督，只靠自上而下的行政体系内的自我监督，就如同既是裁判员又是运动员一样，实践证明效果并不理想。若有大量的社会监督，就会极大地减少政府官员价值观扭曲，决策出现偏差；减少竞争行为短期化，降低本位主义的做法等。

在市场经济体制中，存在可以自由支配自身资源的"经济运行的基本分析单位"——中间性体制组织①——它们既不归属于纯粹的层级组织，也不是那种纯粹的完全竞争市场组织。中间性体制组织以及其他非政府组织，把企业、市场和政府组织有机地联系起来，有效地在市场机制与层级组织之间架起了协调沟通的桥梁；它已成为现代市场经济体制中"最有活力和富于变化的一个部分，它在整个经济体制中的地位正趋于加强"。

一定的社会组织也是在维护自身合法利益的需要的基础上形成的。在市场经济中，利益的主体是多元的、可分的，在可分的基础上才可能事权自治、主体合作、有效连接、互相制衡、积极参与，个人财产主体形成的社区建筑物专有部分之外的公共利益主体——业主、居民或社区事务志愿者；企业创办过程中形成的经营型财产公共利益主体——董事会、股东、员工；在企业竞争与合作中形成的行业或产业公共利益主体——行业协会、产业联盟、商会、企业家联合会；在社会各阶层、各群体谈判交易、利益制衡中形成的阶层或群体代表组织——农民合作社、农民工工会、听证会代表等；推进社会公益事业的各种社会自治组织——慈善公益组织；参与国家事务的研究组织——各种体制改革研究会、公共财政公开推动组织、媒体；地方事务的发展组织——各种地方文化促进机构、民间人才合作机构。每一个行业、每一种职业，都会形成一个相关利益者的组织团体，如教育、医疗、慈善、环保等既可以是政府行为，也可以是民间自组织行为。属民间行为的非常难

① 表现为处在两个极端的层级组织和市场组织的某种折中，但它们并不是层级组织和市场组织分别处于完整状态时相互"板块式"组合的产物，而是层级组织向市场组织逐步递进的某种过渡形态或转换形态。如政府为加强外贸具体事务管理设立的贸易促进会组织等；也有企业组织中市场因素增加后出现的中间性体制组织，如由企业通过联合形成的各类企业联合组织、行业协会等。

能可贵，需要得到及时的支持。

在这一阶段，不仅登记注册的社会团体、基金会和民办非企业单位发展迅速，民政部有资料显示，2002 年高达 244509 个；而且在社会生活的各个领域都涌现出一大批采取工商登记注册的各种民间组织，如教育支持、行业管理等等。

然而，我们必须承认，传统社会的一体化虽被打破，但新的社会同构性远未形成，社会政治、经济、文化的异质性仍存在，法治远未达到与市场化进程相配套的程度，现代与传统、社会主义制度与市场经济体制之间复杂的矛盾急需解决。为此，必须积极推进合法的民间组织的建立，调整政府与市场、国家与社会、企业与职工、效率与公平等方面的关系，重建社会良好秩序。

二、社会主义市场经济的推进要求加强文化建设

运用市场经济发展社会主义，所受到的不只是国内深受传统观念和主观偏见束缚的人们的忧惧，更有在市场经济道路上走过几百年的西方政治精英的质疑。为此，必须加快建立一种与社会主义市场经济体制相适应的文化，以减少社会主义市场经济体制演进的阻力。

历史的发展表明，在资源有限且存在级差的社会中，政治权力、物质财富总是表现为最具影响力的社会资源。在传统社会（奴隶社会与封建社会）里，政治权力是最重要的资源——"官本位"意味着政府对社会和市场万能、中央政府高度集权、上级政府对下级政府集权。在这种语境下，习惯于用行政权力来度量和分配一切，所有的社会市场资源都依赖行政权力来进行分配。

而在市场社会，经济财富则不仅是最基本的社会资源，且该资源能衍化出其他资源，包括文化资源。可文化是人真正成为人的领域，是与其他物种相区别的标识。诚信是一种高层次的文化，而诚信在市场经济中表现为信用，而信用又是市场经济中可发展的产业，同时又像润滑剂助推产业和服务业的健康发展，淘汰伪劣产品和服务。发展信用经济和信用社会不仅可以大大增加 GDP 的产出，还能使人们安心消费，促进社会和谐。如果人们往往只看到实体经济对 GDP 的贡献，却看不到信用在商品经济中所起的作用，

以及信用的缺失对商品经济的损害，那这个社会就是不完善的社会。柯亨认为，"缺乏这样一种社会风尚，那些对提高最差者的景况来说不必要的不平等就会出现……市场伦理的建设则有助于将社会正义内在于市场主体的偏好中，并展示出合作性的行为方式。能够保证的更公正的分配"①。需要进一步指出的是，随着市场化进程加快，一些领域道德失范行为时有发生，不讲信用、欺骗欺诈成为社会公害，以权谋私等公民道德建设方面一些问题现象凸显出来。这些问题有损于社会主义市场经济体制的建立。为此，中共中央关于印发了《公民道德建设实施纲要》。《公民道德建设实施纲要》的基本内容包括，基本道德规范——爱国守法、明礼诚信、团结友善、勤俭自强、敬业奉献。这些内容实际上是社会主义市场经济相适应的道德观念和道德规范。

依据中国社会和文化变迁的逻辑，应充分考虑"仓廪实""衣食足"之后人们的精神需要和容易滋生的问题，将"礼节"与"荣辱"给予时代的诠释并作为社会秩序和文化规则建设的重要内容。儒家认为国家引导社会发展，不能把"利"字放在首要位置，"国不以利为利，以义为利也"②。这就是说，虽然老百姓爱利、逐利就像"水之就下"一样本能、自然，但是若以利益成就作为衡量人的主要标准或促发展的主要动力，就会毁掉社会道德的根基。建设"礼义"社会，需"正人心而后正天下"这一路径。如果在上位的人人品正直、心术端正，自然会对下面的人产生感染力；否则，"上梁不正下梁歪"。把培养过程制度化，让一批人才通过修习"六艺"树立坚定的信仰，培养健全的人格，掌握治国的本领。同时，也要推动财富分配公平。因为财富公平分配与否，是决定人心朝向、社会风气好坏的主要因素之一。此外，人际关系的商品化也是中国经济的一大特色。商人们可以通过人际关系获取特殊的经济利益。这也是我国经济市场化过程中出现较严重的腐败现象的不可忽视的因素。

为此，1996年十四届六中全会通过的《关于加强社会主义精神文明建设若干重要问题的决议》指出，社会主义思想道德建设集中体现社会主义精神文明建设的性质和方向。加强社会主义思想道德建设，最根本的是要在全

---

① [英] 柯亨：《马克思与诺齐克之间：柯亨文选》，江苏人民出版社2007年版，第245页。
② 《礼记·大学》。

社会形成共同理想和精神支柱。教育科学文化建设是解决整个民族的科学文化素质和现代化建设的智力支持问题——科学技术、教育、哲学、社会科学等。教育发达、科学昌明、文化繁荣是社会主义市场经济发展的重要条件。

　　党的十五大报告对有中国特色社会主义的文化建设作了概括。这就是，"凝聚和激励全国各族人民的重要力量，是综合国力的重要标志。它渊源于中华民族五千年文明史，又植根于有中国特色社会主义的实践，具有鲜明的时代特点；它反映我国社会主义经济和政治的基本特征，又对经济和政治的发展起巨大促进作用。建设有中国特色社会主义，必须着力提高全民族的思想道德素质和科学文化素质，为经济发展和社会全面进步提供强大的精神动力和智力支持，培育适应社会主义现代化要求的一代又一代有理想、有道德、有文化、有纪律的公民。这是中国文化建设长期而艰巨的任务"。报告还提出，要改革文化体制，发挥市场机制的积极作用，"充分调动文化工作者的积极性，多出优秀作品，多出优秀人才"，使之有利于建立社会主义市场经济体制。

　　2000年10月，在中国共产党第十五届五中全会通过的《关于制定国民经济和社会发展第十个五年计划的建议》中第一次提出了"文化产业"概念。江泽民在中国共产党成立80周年大会的讲话中指出，"发展社会主义文化的根本任务，是培养一代又一代有理想、有道德、有文化、有纪律的公民。要坚持以科学的理论武装人，以正确的舆论引导人，以高尚的精神塑造人，以优秀的作品鼓舞人"。2001年9月，中国共产党十五届六中全会通过的《中共中央关于加强和改进党的作风建设的决定》提出了"八个坚持，八个反对"——"坚持解放思想、实事求是，反对因循守旧、不思进取"；"坚持理论联系实际，反对照搬照抄、本本主义"；"坚持密切联系群众，反对形式主义、官僚主义"；"坚持民主集中制，反对独断专行、软弱涣散"；"坚持党的纪律，反对自由主义"；"坚持艰苦奋斗，反对享乐主义"；"坚持清正廉洁，反对以权谋私"；"坚持任人唯贤，反对用人上的不正之风"，来纠正党的作风建设中存在的突出问题。此外，2001年中共中央批转了中宣部、广电总局、新闻出版总署《关于深化新闻出版广播影视业改革的若干意见》，以及这一时期各部门制定的，如《著作权法》《电影管理条例》《出版管理条例》《广播电视管理条例》《音像制品管理条例》《印刷管理条例》等政策性文件或部门规章，都旨在大力推进依法管理，为社会主义市场经济体制的发展营造更有利的空间。

小结　建立现代企业制度催生生产要素市场的形成

经济体制改革的每一个步骤都受上一个步骤的影响与约束，同时也影响和约束下一个步骤，甚至决定下一个步骤的走向。

以邓小平 1992 年南巡讲话为起点，党和政府全力推进市场化进程，具有顶层设计特点的改革取代 20 世纪 80 年代的"摸着石头过河"的市场取向的改革。这个发展阶段是市场经济制度探索和建立的阶段。党的十四届三中全会提出，"我们要建立的社会主义市场经济体制，就是要使市场在社会主义国家宏观调控下对资源配置起基础性作用，使经济活动遵循价值规律的要求，适应供求关系的变化；通过价格杠杆和竞争机制的功能，把资源配置到效益好的环节中去，并给企业以压力和动力，实现优胜劣汰"，等等。也就是说，社会主义市场经济体制是建立以公有制为主体的市场经济模式。在这一模式下，坚持效率优先、兼顾公平的原则，创造条件允许生产要素参加分配，并把个人的贡献与经济利益挂起钩来，使得平均主义的分配方式被多劳多得的分配方式所取代；倡导和执行"允许一部分人、一部分地区通过诚实劳动和合法经营先富起来"的政策。

在初步打破计划经济体制模式基础上，按照中央 1993 年的总体部署，有方向、有目标地整体推进体制机制改革。先是在农村以联产承包责任制方式，扩大农民在生产、交换、分配中的自由选择、自主决策的权力，后是在工业、商业流通和其他服务领域放权，引进和加强市场调节，走向竞争。当商品买卖和货币交换已成为社会通行的交易方式，市场价格引导相当一部分资源的流向，这意味着市场在资源配置中已经广泛地发挥作用，进而是体制发生系统性变化。

也就是说，这一时段已基本形成社会主义市场经济体制的基本架构。所有制结构方面，形成以公有制为主体、多种所有制经济共同发展的格局；分配制度上，建立以按劳分配为主体、多种分配方式并存的制度；资源运行机制上，在全部消费品领域建立起以市场形成价格为主的机制，劳动力、土地、资本、技术等生产要素市场得到迅速发展；运用经济、法律手段，并辅之以必要的行政手段，基本形成了开放条件下较为健全的宏观调控体系。

然而，一旦把经济增长作为目标，市场主体就会选择投资作为，经济建设型政府通过行政手段，规定只准买本地的产品，不准买外地的产品，由此妨碍了市场优胜劣汰功能的发挥，即妨碍了产业结构的调整和提升以及全国统一市场的建设。此外，急功近利的追求 GDP 致使分配会向政府税收和企业利润转移，投资偏向生产，而不是公共基础设施，加上环境的不完善使得相关制度存在不确定性，民营企业的投资行为因此倾向于短平快，缺乏长期经营的动机，结果就忽视了资源与环境的可持续使用。

资本助推了经济发展，它和劳动、技术一起，共同构成了长期经济增长的动力来源。资本在一定意义上可以看作"引擎的引擎"，劳动力是需要资本来养活的，而研发投入对技术进步的影响力也与日俱增。资本又放大了经济混乱，这种混乱源于日趋扩大的市场波动性和贫富两极分化。波动性和两极分化的根源是人性而非资本，但资本也负有不可推卸的责任——赋予一部分人以力量，进而无限放大了人性阴暗面对经济发展的扭曲。

市场经济强调按劳分配，不同行业、不同地区、不同人群之间出现收入差距有一定合理性。新中国成立后长期实行优先发展重工业、农业支持工业、农村支持城市的政策，导致农村发展落后于城市。近年来，国家加大向农村和中西部的投资，但因发展的基点不同、条件不同，城乡差距、东西部差距及其居民收入差距仍较大。

因此，劳动要素的市场化呼唤就业合同制度、失业保障制度和再就业制度等。各种所有制经济平等竞争环境尚未很好形成，宏观调控过多地运用行政手段，收入分配关系远未理顺，社会保障体系尚待完善，等等。也就是说，社会主义市场经济体制基本框架已经建立，但在政府和市场关系的处理上，既存在政府干预过度问题，也存在"市场失灵"问题，政府作用和市场功能都亟待进一步完善。

在 20 世纪末 21 世纪初建立的新市场经济体制，包括政府机构和国有经济在内的国家部门仍然在资源配置中起着主导的作用。这种过渡性的经济形态，既包含新的、自由市场经济的因素，也包含旧的统制经济的因素。行政力量配置资源的能力和手段不断强化，统制经济因素的不断增加，异化政府的公共性质，消解一切可能的内部监督，造成劣币驱逐良币的效应，使腐败活动日益猖獗。简言之，中国在 20 世纪末建立起来的市场经济初步框架还存在很大缺陷，解决这一缺陷就成为下一个阶段的主要任务。

第五章 社会主义市场经济体制完善阶段 (2002—2012 年) 的动力机制分析

中国在 20 世纪末建立起来的市场经济初步框架还保留着原有计划经济体制的若干重要因素——政府对经济生活的干预和国有经济对市场的控制，现代市场经济所必需的法治体系还没有完全建立起来。2003 年中共十六届三中全会作出的《关于完善社会主义市场经济体制的决定》，要求进一步推进市场化改革，以便充分发挥市场在资源配置中的基础性作用。从增强微观市场主体活力向进一步规范和发展土地市场与劳动力市场和统筹促进整个经济社会的发展活力与进步转变；从满足生存型发展需求到推进新型工业化、信息化、城镇化加速发展；从经济体制改革为主向五位一体协调配套改革转变。

第一节 增强市场主体的竞争力

社会主义市场经济体制的演进，就国有企业而言，是解决国家对其所有权的"虚置"和产权主体责任心不高的问题，促进国有企业效率提高、资产增值，增加人民群众作为国有企业所有者的权益，更好地满足人民群众的物质文化需求，增强其引领作用和主导力量；就民营经济而言，使其真正成为充满活力的市场经济主体。

一、增强国有企业① 的主导力与活力

"坚持和完善社会主义初级阶段的基本经济制度，就是必须毫不动摇地

---

① 国企改革大致经历了三个阶段：放权让利的初步探索阶段 (1978—1992 年)，企业制度创新阶段 (1993—2002 年)，继续完善和深化现代企业制度的阶段 (2003 年至今)。

巩固和发展公有制经济；推行公有制多种实现形式，推动国有资本更多投向关系国家安全和国民经济命脉的重要行业和关键领域，不断增强国有经济活力、控制力、影响力"①。这既是坚持公有制为主体的具体体现，也是实现公有制为主体的要义所在。

（一）进一步增强国有企业的活力。20 多年国有企业改革的艰辛探索，对创新国有企业在市场经济中竞争发展的体制与机制提供了宝贵的经验。为此，党的十六大提出，建立由中央政府和地方政府分别代表国家履行出资人职责，享有所有者权益，推行权利、义务和责任相统一，管资产和管人、管事相结合的国有资产管理体制；以产权主体多元化为基础，推动国有企业成为市场的法人实体和竞争主体，努力增强国有经济的活力、控制力和影响力。进而，2003 年 4 月成立的国资委对中央企业履行出资人职责，尊重企业法人财产权，尊重企业自主经营权，实行经营业绩考核与年薪制。考核结果作为企业领导人是否留任或晋升的根据，并同时决定他们的薪酬。

十六届三中全会提出股份制是公有制主要实现形式、建立现代产权制度。加快国有大型企业公司制股份制改革，推进国有经济战略性调整，健全国有资本有进有退、合理流动机制，健全国有资本经营预算和收益分享制度。通过国有资本重组，促进国有集团二三级子公司股权多元化，推动更多企业集团上市，从独资形态转化为多元投资的股份制，建立企业资本的市场化补充机制，形成生生不息的资本循环。资本补充的来源除通过股票上市募集资金外，还要通过吸引社保基金、商业保险基金、私募股权基金、产业引导基金、风险投资基金、法人投资等资金进入，形成多元化的市场补充渠道。股权融资的方式也要多元化，可以采取收购转让、增资扩股、购买企业可转股债券、融资租赁等多种方式。入股资金也不限于现金、实物，还可以通过土地使用权、知识产权等方式入股。

在《国务院鼓励支持非公有制经济发展的若干意见》实施过程中，国企改革引入民资的步伐进一步加快。2012 年 5 月 25 日，国资委印发了《关于国有企业改制重组中积极引入民间投资的指导意见》，提出"中央企业和

---

① 胡锦涛：《坚定不移沿着中国特色社会主义道路前进为全面建成小康社会而奋斗——在中国共产党第十八次全国代表大会上的报告》，2012 年 11 月 8 日。

地方国资委积极引入民间投资参与国有企业改制重组，发展混合所有制经济，建立现代产权制度，进一步推动国有企业转换经营机制、转变发展方式"。在竞争性领域，国家放弃对国有企业的支持，让国资、民资公平竞技，发展混合所有制经济。同年，9 月 6 日国务院常务会议提出，"尽快在金融、石油、电力、铁路、电信、资源开发、公用事业等领域向民间资本推出一批符合产业导向、有利于转型升级的项目，形成示范带动效应，并在推进结构改革中发展混合所有制经济"；"通过整合、吸收、保留原民营企业部分股份和经理人，发挥其民营企业的活力。"这种模式叫作"央企民营"，"央企的壳，民营的瓤，吸收双方的优势，超过各自原来的那个体制，是一种双赢的市场化选择。"

2012 年 6 月 4 日，新华社"走进国有企业"栏目刊发题为《坚持基本制度　坚持市场化改革方向——解析国有企业改革发展的路径选择》的文章，认为国有企业在继续发挥骨干引领作用的同时，应努力为各种所有制企业营造公平的市场环境。同一天，《人民日报》在 A17 经济周刊的头条位置发表的《超越争议、公平竞争》一文认为，国有企业骨干已取得了很大进展，但骨干的任务并没有完成。该文的数据表明，从 2002 年到 2011 年，全国国有企业营业收入年均增长 17.6%，利润年均增长 22%，税金年均增长 17.9%；从 2007 年至 2012 年，仅 100 多家中央企业就实现年利润 1 万亿以上。通过国有经济布局结构战略性调整，基础性行业和支柱性产业的国有资产比重上升到了 50.6%，而在军工、电信、民航、石油及天然气开采和电力供应领域，国有经济占到了 90% 以上。在这一阶段，钢铁、汽车、装备制造等重化工业发展较快，国有资本在这些领域的比重也较大；国有资本大举进入重大基础设施、基础原材料、能源开发、重要服务业、重要制造业等领域。国有经济朝着"关系国家安全和国民经济命脉的重要行业和关键领域"的方向调整，保留的主要是大型企业。中央企业现有 113 家，但分布的领域九成以上是竞争性行业，如钢铁、有色、化工、建筑、建材、机械制造等。电力、石油、公用事业、军工等领域，则是我国经济的基础和支柱。在推进国有企业改革中，既要增强国有企业市场竞争力，也要积极搭建公平竞争平台，不断加大股权多元化力度，吸引更多的社会资金参与这一领域的国企改革。尊重市场规律，不断推进企业的现代制度建设，完善内外部监管考核体系，国有企业具有同样强劲的市场竞争力，能够与市场经济同步发展，相互融合。中国的国内生产总值由 1978 年的 3645 亿元增长到 2010 年 39.8 万亿元；经济总量在世界的排名，由 1978 年的第 10 位跃升至 2010 年的第 2 位。这开创了世界经济发展史上的一个奇迹。

按照党的十七大报告的要求，完善反映市场供求关系、资源稀缺程度、环境损害成本的生产要素和资源价格形成机制，努力形成公开、公平、公正的竞争环境。十八大报告对公有制经济和非公有制经济发展的关系作了全面阐述，提出"要毫不动摇巩固和发展公有制经济，推行公有制多种实现形式，深化国有企业改革，完善各类国有资产管理体制，推动国有资本更多投向关系国家安全和国民经济命脉的重要行业和关键领域，不断增强国有经济活力、控制力、影响力。"产权改革、股份制改革，让国有企业成为真正的市场主体，国有企业由法人治理结构来管理。一个层次是国有资产配置机制的改革，或者是配置体制的改革。国资委就是管国有资产的配置，成立若干个行业性或者是综合性的投资基金公司，而不管具体的企业。在这个过程中，尽量避免一家独大，这样董事会就不是一个声音、一个面孔，有利于效率提高。

（二）国有企业的主导地位得到增强。国有企业在一定程度上承担政府和社会的某些职能。国有企业的发展，一是使部分国有资本转到社保和公益性基金，如养老基金、医疗保险基金、扶贫基金、教育基金、科技开发基金等，使国有资本回归全民所有、全民共享的本性；二是在基础科学研究、重大科技专项、中小企业融资、新兴产业发展、重要基础设施，以及社会保障等方面充分发挥作用。

国有企业在经济发展方面，竞争力和经济效益不断提升。这表现在科技创新方面，中央企业的专利指标年均增长 35% 以上，在载人航天、绕月探测、特高压电网、支线客机、4G 标准等领域和重大工程项目中取得了一批具有自主知识产权和国际先进水平的创新成果；在国家标志性重大工程建设中，三峡工程、青藏铁路、西气东输、西电东送、南水北调、奥运场馆、神舟飞船等，也做出了突出贡献；在海外建设了一批技术居国际领先水平的大型工程项目，输出了一批成套技术装备，带动了一大批中小企业集群式"走出去"，探索了国际化经营的新模式，在全球资源配置和国际竞争力上取得明显进步①。简言之，国有企业的发展，推动着社会主义中国前行。

在推进股份制的同时，必须保证公有制的主体地位。2006 年国资委提出，国有经济应对军工、电网电力、石油石化、电信、煤炭、民航、航运等七大行业保持"绝对控制力"；对装备制造、汽车、电子信息、建筑、钢铁、有色金属、化工、勘察设计、科技等九大行业的重要骨干企业保持"较强控制力"。保持行政垄断地位的其他国有企业，得到国有银行的大量贷款支持，迅速扩张。一些产业关联度高、具有优势互补和战略协同效应的国有企业进行强强联合重组。到 2007 年底，中央企业共有 152 户，且 80% 以上的国有资产集中在军工、能源、交通、重大装备制造、重要资产开发等领域，除铁道行业，在电信、电力、民航等初步形成了竞争性市场格局。陈清泰指出，将国有资产资本化，委托专业投资机构运营；对国有企业进行整体改制，确立企业独立的市场地位；通过国有企业转化经营机制、完善法人治理结构等举措，积累了宝贵资源，为我国经济的进一步发展奠定了良好的基础②。然而，前一阶段的国有企业改革中，我国解决了国有中小企业改制退出、建立国有企业优胜劣汰机制这两大难题，社会体制改革和国有资产管理体制建设也已基本到位。目前，我国经济体制改革需要进一步改革调整，改善因承载着大量就业和财政收入，支撑着金融运转的畸形的国有经济③，建立符合市场经济发展的国有企业体制，实现国有经济和市场经济的最终结合。

二、提升民营企业的市场竞争力

民营企业发展已经历三个阶段。第一个阶段是在 1993 年《公司法》出台以前，中国民营企业从零开始，民营企业的主要组织方式是参考江湖组织；到了 1993 年以后有了《公司法》，民营企业是建立在契约关系基础上的受法律保护的经营组织；2001 年之后，民营企业进入现代公司治理结构时

---

① 参阅李保民等：《国有企业是落实"两个毫不动摇"的中坚力量》，《人民日报》2012 年 6 月 1 日。

② 陈清泰：《国企改革转入国资改革》，《财经》2012 年第 13 期。

③ 2009 年国有银行提供的 10 万亿元以上的贷款，绝大部分贷给了国有大企业和"地方政府融资平台"。国有和国有控股企业的固定资产总额在 2001 年到 2009 年的 8 年间增加了 1.2 倍。

期和新的发展时期。也就是说，作为市场经济中的不可或缺的主体，应享有与国有企业平等竞争的机会。

（一）深化经济体制改革，营造民营企业公平发展的环境。从宪法到相关法律都给予民营企业平等发展的机会。2002 年 11 月，党的十六大报告提出"毫不动摇地巩固和发展公有制经济"，"毫不动摇地鼓励、支持和引导非公有制经济发展"。2004 年《中华人民共和国宪法修正案》明确国家鼓励、支持和引导非公有制经济的发展，并对非公有制经济依法实行监督和管理。2005 年国务院颁布了新中国第一部促进非公有制经济发展的政策性文件《关于鼓励支持和引导个体私营等非公有制经济发展的若干意见》，即"非公有制经济 36 条"：清理和修订限制非公有制经济发展的法规、规章和政策性规定，允许非公有资本进入法律法规未禁止的行业和领域等，是民营经济发展史上的标志性文件，彻底打破了"体制与政策玻璃门"。例如，进一步拓宽民间投资的领域和范围，全面开放国有垄断行业；鼓励民间资本参与交通运输、参与水利工程建设、参与电力建设、参与石油天然气建设、参与土地整治和矿产资源勘探开发、基础电信运营市场；支持民间资本重组联合和参与国有企业改革。

2005 年修订后的《公司法》进一步落实了宪法修正案的基本精神，也落实了国务院《关于鼓励、支持和引导个体私营经济等非公有制经济发展的若干意见》的规定。新《公司法》坚持股东平等原则——"各类投资者和各类公司百舸争流、纵横驰骋的普遍游戏规则"，是一部"真正意义上的民营经济促进法"，至此，中国基本形成了促进非公有制经济发展的政策框架和法律体系。[①] 即使这样，随着民营经济的发展，与国有企业竞争的矛盾也越来越突出（主要在平等竞争方面）。而在这一竞争中，国有企业与民营企业自身的矛盾——经营者经营管理才干的增长和资本积累的加剧与现有产权安排之间的矛盾也得以发展，这一矛盾也成为制度变迁的一种内在动力。

国有企业与民营企业在市场上的平等地位不断被法律和制度确认和巩固。2007 年 3 月，全国人民代表大会通过《中华人民共和国物权法》，该法

---

① 李芳、余四川：《改革以来中国城镇私有财产权演进模式研究》，《当代世界与社会主义》2011 年第 5 期。

是我国财产权利的基本法。《物权法》第三条规定，"国家在社会主义初级阶段，坚持公有制为主体、多种所有制经济共同发展的基本经济制度。国家巩固和发展公有制经济，鼓励、支持和引导非公有制经济的发展。国家实行社会主义市场经济，保障一切市场主体的平等法律地位和发展权利。"第四条规定，"国家、集体、私人的物权和其他权利人的物权受法律保护，任何单位和个人不得侵犯。"也就是，非公有制经济被无差别的法律保护。2007 年 10 月，党的十七大政治报告提出："坚持和完善公有制为主体、多种所有制经济共同发展的基本经济制度，毫不动摇地巩固和发展公有制经济，毫不动摇地鼓励、支持和引导非公有制经济发展，坚持平等保护物权，形成各种所有制经济平等竞争、相互促进新格局。"法律上的平等保护为市场经济体制中市场主体之间的平等竞争消除了制度障碍。"坚持平等保护物权，形成各种所有制经济平等竞争、相互促进的新格局"的要求，打破行政垄断，维护竞争秩序，完善市场法治和实现公正执法，建设现代市场体系。

为了推动民营企业在市场中真正得到平等发展，2009 年 9 月 19 日，《国务院关于进一步促进中小企业发展的若干意见》（国发〔2009〕36 号）指出，进一步营造有利于中小企业发展的良好环境，切实缓解中小企业融资困难，加大对中小企业的财税扶持力度，加快中小企业技术进步和结构调整，支持中小企业开拓市场，努力改进对中小企业的服务，提高中小企业经营管理水平。还有，为鼓励引导民间投资，《国务院关于鼓励和引导民间投资健康发展的若干意见》（国发〔2010〕13 号），这也就是人们常说的"新 36 条"——鼓励民间资本进入基础设施建设领域、公用事业和政策住房建设领域、社会事业领域、金融服务领域、商贸流通领域、国防科技工业领域，鼓励民资重组联合和参与国企改革、鼓励和引导民企积极参与国际竞争、推动民企加强自主创新和转型升级——促使民间资本为转变经济发展方式服务。这进一步体现了通过政策松绑，调动民间投资积极性，推动中、小、微企业的发展，有利于完善社会主义市场经济体制的举措。为了推动国务院各部委办局落实"新 36 条"，国务院专门下发了《国务院办公厅关于鼓励和引导民间投资健康发展重点工作分工的通知》（国办函〔2010〕120 号）。

依据《银行业监督管理法》《商业银行法》《关于鼓励和引导民间资本投资健康发展的若干意见》等法律法规和国家政策，银监会于 2012 年 5 月出台了《关于鼓励和引导民间资本进入银行业的实施意见》（银监发〔2012〕27 号），明确提出要支持民营企业参与商业银行增资扩股，鼓励和引导民间资本参与城商行重组；支持民营企业，特别是符合条件的农业产业化龙头企业和农民专业合作社等涉农企业参与农村信用社股份制改革或参与农村商业银行增资扩股；支持民营企业参与村镇银行发起设立或增资扩股等。《关于 2012 年深化经济体制改革重点工作的意见》提出，推动国有资本从一般竞争性领域中退出，进一步消除制约民间投资的制度性障碍，拓宽非公有制经济发展的市场空间。这些规定，可以视为对 2004 年新修正的宪法中"国家鼓励、支持和引导非公有制经济的发展，并对非公有制经济依法实行监督和管理"的具体化。

　　然而，法律上的平等不等于实际的平等，形式上的平等不等于实质上的平等。前者向后者的发展不是一蹴而就的。如，2010 年有关部门曾出台《关于进一步鼓励和引导社会资本举办医疗机构意见》，医疗机构投资掀起一轮热潮，但就在民营资本摩拳擦掌准备进入时，相关部门随即在产业政策、税收、准入、人才瓶颈等方面相继装上"玻璃门"。然而，中国私企是政策扶持起来的，对政治权力有着天然的依附性；且私企多为家族经营，企业结构并非现代企业制度。如政府为了多收费，仍执行各种已废未废的税费项目，因而有些企业成立专门办公室，来打点政府各种收费；对私有财产的界定任意性较强，法制法律不能给予私有财产有力保护，如多起政府以低价强行收购民营企业的矿山、油田等资产；民营企业进入垄断性行业，不仅要向有关部门支付"中介费"，还面临着"不对等"。这种"利益玻璃门"以垄断上游资源为重要手段、以程序性规定为直接借口，并由此逐步强化了垄断行业的自身利益。即使"体制玻璃门"被打破，行业自身的"利益玻璃门"也长期难以破解。此外，在金融危机中陷入窘境的则更多是民营企业，主要原因是融资困难。

　　（二）深化农村经济体制改革，推进农业产业化发展。城乡差距的出现，主要是没有盘活农村资源，尤其是土地资源。进而城乡资源没有得到合理流动。为此，2003 年 1 月中央农村工作会议指出，全面建设小康社会，必须统筹城乡经济社会发展，更多地关注农村，关心农民，支持农业，把解决好农业、农村和农民问题作为全党工作的重中之重，放在更加突出的位置。2004 年 10 月，党的十六届四中全会提出："纵观一些工业化国家发展的历程，在工业化初始阶段，农业支持工业，为工业提供积累是带有普遍性的趋向；但在工业化达到相当程度以后，工业反哺农业，城市支持农村，实现工业与农业、城市与农村协调发展，也是带着普遍性的趋向。"

美国经济学家罗斯托在《经济成长阶段》一书中认为人类社会从传统经济到现代经济中间有一个变化过程，这个过程就是起飞阶段。这个变化主要是两方面：一个是产业结构的变化，从原来以农业为主逐步变成农业的比重越来越低；另一个是社会结构的变化，从大多数人居住在农村，逐步变为大部分人居住在城镇。从产业结构来看，我国农业已下降到只占 GDP 的 10%，但是服务业比重还不够。以美国为参照，美国的服务业占到近 80%，而中国只有 40%，产业结构的变化只走到了一半。2007 年 10 月 15 日，在中国共产党第十七次全国代表大会上，"要加强农业基础地位，走中国特色农业现代化道路，建立以工促农、以城带乡长效机制，形成城乡经济社会发展一体化新格局。坚持把发展现代农业、繁荣农村经济作为首要任务，加强农村基础设施建设，健全农村市场和农业服务体系。"党的十八大进而指出，"加快完善城乡发展一体化体制机制，着力在城乡规划、基础设施、公共服务等方面推进一体化，促进城乡要素平等交换和公共资源均衡配置，形成以工促农、以城带乡、工农互惠、城乡一体的新型工农、城乡关系。"

从 2004 年到 2011 年，中共中央连续八年发出一号文件来推行农业现代化方针政策。其中 2007 年一号文件提出："用现代物质条件装备农业，用现代科学技术改造农业，用现代产业体系提升农业，用现代经营形式推进农业，用现代发展理念引领农业，用培养新型农民发展农业；提高农业水利化、机械化和信息化水平，提高土地产出率、资源利用率和农业劳动生产率，提高农业素质、效益和竞争力"。"科技进步是突破资源和市场对我国农业双重制约的根本出路。"以棉花生产为例，20 世纪 90 年代前期，我国曾发生大面积棉铃虫灾害，不仅每年给国家造成几十亿元甚至上百亿元的经济损失，还增加生产成本和劳动强度，破坏了生态环境，并损害了棉农的身心健康。我国"863"计划将抗虫转基因棉花研究立项后，从 1999 年起国产抗虫棉种的市场份额以每年 10% 左右的速率递增，到 2004 年，抗虫棉种植面积达到 5000 万亩。

　　以龙头企业为主形成的"公司＋基地＋农户"的农产品行业协会、农民专业合作组织等产业化组织负责产品选择和收购，村民实行订单种植。在同一组织内的农户人手不够，还可以统一耕种收获，到时候农户按照一定比例付费就行。根据各地实际，产业化组织形式也不尽相同，有的是"企业＋乡村组织＋订单农户"，有的是"企业＋收购商＋订单农户"，有的是"企业＋专业组织＋订单农户"等，规模实力各不相同，但发挥的作用大体一致。这就是，通过合作社或农业大户实现农业适度规模经营，弥补农村劳动力转移对农业生产的不利影响；通过规模经营，减少劳动力需求量。在山东、安徽、江苏、河南等地，"农机大院""机耕队""农机服务队"纷纷出现，有的由乡镇农技站牵头，有的以村为单位，有的以农机大户为龙头，加入农机组织的农户可以优先得到农机服务，农机队还对外服务，赚取利润壮大发展。植保服务队通过统一防治人员、统一植保机械、统一防治时间、统一药剂等为村民展开服务。村民外出打工，只要给植保队打个电话，植保队就负责搞定，质量也有保证。霍邱已形成"县中心—乡大队—村植保服务队"的植保统防服务网，服务队员们像"职业农民"，一定程度上缓解了劳动力不足、种地不专业的问题。

　　在法制的框架下，还给农民土地转用的权利。土地使用权是农民的，放弃土地使用权也是农民的权利。让农民自己议价，可以增加农民的财产性收入。如果这一环解开，中国的农民不仅可以售卖农产品打工，还可以获得城市化进程当中的土地权益，这会大大增加中国内需的厚度。在劳动力市场上，受雇者，尤其是农民工是弱势一方；在农牧产品市场上，卖方，尤其是单个农牧民是弱势一方。地位不对称，使弱势一方收入偏少，政府和工会应发挥作用，保护弱势一方。在农村经营性用地、宅基地"确权、登记、领证"的基础上，真正落实"建立城乡统一建设用地市场、建立土地经营权流转市场"两大原则，允许农村经营性建设用地通过出租、出让、入股、信托等多种方式进入市场。让农民得到承包土地使用权和权证、宅基地使用权和权证、宅基地上自建房屋的产权和房产证。农民可以自愿参加土地流转，或自愿土地入股获得股权和土地分红，农民自营家庭农场也可以如愿。鼓励和支持承包土地向专业大户、家庭农场、农民合作社流转，发展多种形式的适度规模经营。据介绍，截至2012年12月底，全国土地流转面积约2.7亿亩，占家庭承包耕地面积的 21.5%，经营面积在 100 亩以上的专业大户、家庭农场超过 270 多万户。通过土地流转，实现了集中连片种植和集约化、规模化经营，节约了生产成本，促进了农业发展和农民增收。

从社会结构来看，中国农业占 GDP 的比重已下降到 10%，但据 2011年的数据显示，中国农村人口占总人口的比重刚刚降到 50% 以下。而从世界范围来看，没有一个发达国家的农业人口是超过 5% 的。这就说明，中国还有 40% 左右的农民需要转移。根据经济学中的奥肯定律，每 2% 的 GDP增长能够降低 1% 的失业率。中国目前的城镇登记失业率在 4% 左右，但是如果加上农村的隐性失业人口，这个数字就会很大，这就需要在足够长的时期内保持经济的高速增长，以推动农村人口的转移。

就农业本身而言，生产方式已实现了从人畜作业为主向机械作业为主的历史性跨越；家庭农场、种粮大户、龙头企业等新型农业经营主体日成规模，成为农业生产的生力军，开启了从传统农业向现代农业挺进的征程。农业与工业、农村与城市不再是单纯的奉献与索取，而是构建以工促农、以城带乡、工农互惠、城乡一体的新型工农城乡关系。然而，我国城乡发展不平衡，城乡差距扩大，很大程度上是由于城乡资源要素交换不平等造成的。要素城镇化超前，农民城镇化滞后，农村资源过多地流向了城市，突出表现在土地、资金和劳动力等方面。

三、国有企业与民营企业的发展互利双赢

在市场经济中，企业之间的竞争是推动着企业积极创造社会财富。只要这种竞争是发生在市场秩序之内和法制框架之下，就应该得到尊重和保护。而国有企业和民营企业之间的竞争，可以充分发挥双方各自优势，实现优势互补、相辅相成。这主要是，国有企业在资金、技术、规模上具有优势，民营企业在市场经营和运行机制上具有活力。也就是，国有企业以公司制股份制改革为契机，优化资源配置，发挥自身优势，学习民营企业机制优势，为创造我国经济发展奇迹做出了重要贡献[1]。

随着我国国有企业股份制改革的不断深化，一些国有企业探索股权流

---

[1]　国资委：《国有企业是落实"两个毫不动摇"的中坚力量》，《人民日报》2012 年 6 月 4 日。

转机制，推进股权多元化，让民间资本通过出资入股、收购股权、并购，促进了国有企业和民营企业的协调发展；此外，也有通过注资持股的方式，携手民营企业，为民营企业的发展注入新的活力和动力①。竞争性领域国企改革的终极目标，不是实现国有企业"一家独大"，而是通过国有与非国有经济，实现国有资本的资产化管理及公平收益，构建与民营企业共赢发展的机制，并使竞争者变成合作者。非公有制企业进入的行业与领域并不意味着要求国有企业退出，而是指在形成十七大报告所提出的"各种所有制经济平等竞争、相互促进的新格局"。国有企业为社保基金提供了重要资金来源，保障了社会退休职工的基本生活。国有企业不断提高上缴税费水平，为保障和改善民生提供物质基础。

第二节　政府着力完善资源产权、市场规制

由于信息和知识的不完备，使得市场这只"无形之手"不能完全保证充分就业、价格稳定和持续的经济增长以及社会公正的实现，需要政府的"有形之手"来协助。然而，政府在消解阻挠市场化进程的行政力量，一旦控制不当，其管理和调控的范围、力度超过了维持市场机制正常运行的需要，或干预的方向不对路、方式选择失当，其结果非但不能纠正"市场失灵"，反而会抑制市场机制的正常运作。也就是说，通过政治权力获得"非直接生产性利润"——政府运用行政权力对企业和个人的微观经济活动进行干预和管制，或有人运用关系、行贿等手段接近权力取得超额收入，使得权力驾驭市场，"看得见的脚踩住了看不见的手"，影响市场的正常运行。

一、完善资源合理流动的平台

前一阶段的市场经济建设，着力于市场主体的培育与锻造，而对市场主体所支配的资源关注度不足。在一定程度上，当下的生态问题与民生问题与此有关。由此，2007年召开的党的十七大，除了强调要坚持和完善按劳分配为主体、多种分配方式并存的分配制度，还特别提出要健全劳动、资

① 林火灿：《国企和民企并非"零和博弈"》，《经济日报》2013年8月7日。

本、技术、管理等生产要素按贡献参与分配的制度，初次分配和再分配都要处理好效率和公平的关系，再分配更加注重公平。美国著名经济学家克鲁格曼认为，专利的出现，不仅保护了企业的创新，也保护了企业的生产规模[①]。中国的产权界定奠定了市场经济的基础，也奠定了刺激经济高速增长的基础。

（一）建立健全保护资源财产的法律制度。依据资源产权能否明晰，可将资源分为私人所有与公共所有之分。而公共资源又有经营性的和非经营性的之分。经营性公共资源可以"价高者得"，比如矿山开采权、运输经营权的公开拍卖。资源的公共性体现在所有权人对这些占有或使用资源的集团的有效监控上。一旦监控失效，公共资源的属性就可能变成小集团所有或私人所有了。非经营性公共资源，比如在教育、环境、医疗等方面就应该坚守公益性，即应当由全民共享的东西不能以"价高者得之"的方式进行拍卖[②]。

公共财产内部的产权结构也是极其复杂多元的——所有权、占有权、使用权、转让权、委托权、代理权、赠与权、收益权等，进行公共财产权改革需要对公共财产内部的产权关系进行划分与建构——共有与公用关系就不同。传统社区公共财产可分为可区分的私人财产如业主的私人住房和可区分的群体公共财产如一栋楼道内住户共有的楼道、电梯、门铃，真正不可分的公共财产构成公共财产的内核如小区的治安、消防、绿地、保洁等。分解后的公共财产的全部信息公开透明包括物权公开、经费公开、行为公开，在公开的基础上通过公开选举形成公开透明的组织结构和管理规则如业主大会、业主代表大会及业主委员会、业主监事会，以及外部被聘用的专业公司、第三方评估机构等，形成一个一环扣一环分工并合作的组织架构，形成可持续组织模式。

对公共资源进行公平公正的分配，是社会对公共权力的基本诉求。可长期以来，不在公共参与监控公共资源的制度建设上下功夫，而只是在行政上属于地方或国家部门管理上下功夫，把全民的资产变成了各级行政的资产，本身就扭曲了公共资源的性质。如果任由甚至变相鼓励公共资源向富

---

① 海闻：《我国经济高速增长还能持续 20 年》，《中国改革论坛》2012 年 4 月 25 日。

② 夏侯、昭珺：《不能让公共资源见钱眼开》，《光明日报》2010 年 6 月 22 日。

人倾斜的现象继续下去，给整个社会风气带来的不良影响将不可估量。因而，政府必须做好资源产权，尤其是公共资源的界定工作。有的公共资源可以拍卖，如城市公共交通运输系统等，有的公共资源不可以拍卖，如国防安全等。政府有针对性地做好资源开发利用工作，把社会责任摆在经济利益之上。不论是哪种公共资源，都不仅要保护还要促进更多资源的生成。为此，政府在制定政策，充分考虑到社会后果时，做好观念导向和行为导向；也就是说，制定、执行和审批的资源开发的程序，包括各利益相关者，尤其当地老百姓，在涉及切身利益的问题上，都应当有知情权。

中国大部分商品价格已经市场化，但一些基础性要素，如水、电、煤气等价格仍然受到严格管制，成品油和天然气出厂价格实行政府指导价。而作为企业，基于利润的考虑，资源环境便宜就浪费资源和环境，也就是热衷于拼资源、拼消耗，以致自主品牌附加值不高，核心竞争力不强。这反映出我国基本的资源配置状况，即资源价格成本构成不完全，资源税额低、开采成本低、不承担环境恢复责任，是分配手段调节失灵、贫富差距拉大的"症结"。从资源要素投入看，土地要素对经济增长的贡献率逐年增大（1997—2008 年平均在 20%—30% 之间），超过劳动的贡献率；矿产资源的消耗对工业增长的贡献率更要高一些（有研究表明高达 37%），环境资源消耗的贡献率是 18%，能源的贡献率为 16%①。此阶段中国经济增长也明显带有劳动驱动、资源驱动、资本驱动甚至土地驱动的"有形要素驱动"的特征。2012 年度美国《商业周刊》公布的"全球最有价值的 100 个品牌"中，中国品牌榜上无名。经济增长更多依靠的是成本优势和国内广大市场，绝大部分产品属于为他人做嫁衣的贴牌产品。

资源要素分配不公，加剧了社会财富的分配不公。不可再生的矿产资源也被少数人占据、利用并迅速暴富。由于物质和货币担保注重短期利益，导引更多的人将大量的货币投入最能带来短期效用的投机性强的行业。那些没有经营业绩、没有资金物资，但具有创业创新潜能，能够提供未来高收益的人力资本所有者贷款难度很高，如，中国物流与采购联合会发布的数据显示，2010 年，中国货物运输总量 75% 是由公路承担的，过路过桥费占到了

---

① 郑秉文：《中国经济需向效率驱动转型》，《中国证券报》2011 年 3 月 9 日。

运输成本的20%到30%。北京市物流协会专门做了一个调查，发现蔬菜从批发市场到零售市场的这最后一公里，流通成本比从山东寿光拉到北京的费用至少高出150%。

为此，要形成产品竞争力，要素资源价格的形成就应由市场通过价格机制来完成，让价格体系释放出正确信号，引导资源向正确方向流动。政府主管的定价范围，应严格限定在比较重要的公用事业、公益服务和一些自然垄断环节，而且公开成本并接受社会监督。说到底，用审批的方式分配资源，不仅会降低资源配置的效率，而且极易寻租——民间资本不能平等进入市场，诸如此类，使得发展面临的深层次矛盾和问题[1]——政府、社会、市场的治理边界不清晰、不合理，只能用深化改革的办法去化解，发展中出现的问题只能靠科学发展去解决。

于是，这一时段，市场经济体制着力于健全土地、资本、劳动力、技术、信息等各类要素市场。十六届三中全会强调要大力发展资本市场，提出了资本市场发展的方向和重点。2004年，《关于推进资本市场改革开放和稳定发展的若干意见》，资本市场进入规范发展的轨道。2008年《劳动合同法》《就业促进法》实施，初步形成了以《劳动法》为主体的劳动关系的法律法规体系，建立了市场导向的就业机制、劳动合同和集体合同制度、三方协调机制、劳动标准体系、劳动争议处理体制和劳动保障监督监察制度等，给劳动力市场的运行和完善提供法律和制度保障。以农村土地为例，其产权的归属越清晰，土地作为生产业要素的增值空间就越大，农民从土地增值中获得的收益就越多——引导农民发展适度规模经营，可考虑对种养大户从农民手中流转的土地给予一定的补贴，弥补流转费用不断提高而增加的成本，降低其经营风险，调动生产积极性。除此，要用好资本，加强对民间资本和民营企业的引导，鼓励国有资本、民营资本和外资更多地相互参股，发展以股份制为主要形式的混合所有制经济组织，促进民营经济持续健康发展。

简言之，20世纪90年代中期以前，中国经济增长的主要动力是规模巨大的农村剩余劳动力向工业部门的转移，即市场驱动和卖方市场效应推动资

---

① 有的属于传统计划经济体制遗留下来、至今尚未得到根本解决的，有的属于社会主义市场经济发展过程中体制机制建设滞后造成的或由新情况新问题带来的。

源配置效率的改进。20世纪90年代中期，除了丰富和廉价的劳动力成为经济增长的比较优势，以劳动密集型产品出口成为增长的重要引擎。2003年以来，我国通过经济体制等一系列改革，培育创新驱动，使得市场环境和市场体系建设取得了明显成效。

（二）努力完善社会主义市场经济体制下的分配制度。运用市场经济发展社会主义，是为了更好地体现社会主义社会的优越性。然而，由于诸多因素的存在，使得社会主义市场经济在发展过程中出现较大的贫富差距。

社会分配最终取决于生产方式，分配的结构是由生产的结构决定的。以投资驱动的生产方式在分配时青睐资本，而不是专业技术人员。资本所有者是国家，是国企、是大的私企，有钱人和国家储蓄倾向是高的，消费倾向是低的。投资驱动的经济增长模式导致了收入差距的扩大，掌握财富的人不消费又导致内需不足。居民收入来源中初次分配占主要地位，初次分配的不平等对总体不平等具有支配性作用。而钱权结合更加导致贫富差距过大。除了资本以及人的能力、努力等因素外，权力差距和权利差距过大也会导致贫富差距过大，如对劳动者权利的保护明显不足，比如农民工劳动时间长、劳动强度大、工资低、三险不全等；因条件有限，穷人投资于自身和孩子的资金就严重不足，通过教育和医疗保障自己和下一代的劳动能力就很差；而权富集中了过多资源，他们的后代受教育很好，下一代资源很多，继续保持在社会的高层。更可怕的是，贫富差距是一种马太效应、恶性循环，降低国民的创造活力。最终，贫富差距降低了社会发展的能力、发展的潜力和整体可到达的富裕程度。

从2003年以后，中国政府采取了一系列的政策，旨在使发展更加平衡、协调和可持续，并促进发展成果的更广泛和公平地共享，起到了一定的抑制收入差异扩大的效果。从推进社会主义市场经济体制环境建设的视角看，有西部大开发、东北老工业基地振兴和中部崛起这三大均衡性区域发展战略，以及社会主义新农村建设和农村扶贫战略；建立健全覆盖城乡居民的社会保障体系——基本养老保障制度、基本医疗保障体系和最低生活保障制度；通过财政转移支付手段对国民收入进行再分配，以兼顾各个地区、各个社会阶层的利益；利用税收杠杆进行宏观调节，对于中等收入群体，在"少取"，提高中等收入家庭的劳动收入和经营性收入比重。此外，着手进行户籍制度和劳动力市场改革、农产品价格开放、农村土地流转政策改革、取消农业税和所得税改革、教育普及等政策调整，对过去城乡二元体制等非均等化制度和政策进行纠偏。随着工业化、城镇化的加快推进，把农民纳入城镇职工社保和失业保险体系，使他们在脱离土地后，失业有低保托底，退休时有社会统筹养老；让他们病有所医、教有所学（当下着重于生存技能培训和再教育）；保障他们居者有其屋，是确保他们最终转变为"市民"的基础之基础所在。

2006 年在全国范围取消了农业税、牧业税、农业特产税和牲畜屠宰税。2007 年农村处于义务教育阶段的孩子上学不用交纳学杂费了。2008 年全国农村基本建立起新型合作医疗制度和医疗救助制度；《中共中央关于推进农村改革发展若干重大问题的决定》（2008 年）提出，到 2020 年农民人均纯收入要比 2008 年翻一番。2009 年启动新型农村社会养老保险，农民看病贵、养老难的负担也大大减轻。2008 年世界金融危机之后，国家出台了一系列刺激经济增长的措施，4 万亿投资主要投到了基础设施建设上，带动了劳动力市场对农民工的需求，再加上近年来中央高度重视"三农"问题，政策、投入都向农业、农村倾斜，新农合、新农保、农村低保等基本保障制度全面建立，都有助于缩小城乡之间的收入差距。

在企业层面上，由于实行的是按资本、技术、管理和劳动贡献进行分配的一种新分配方式，收入分配的结果总是向业主或经营管理者一方倾斜。数据显示，1978—1983 年，我国劳动报酬比重从 42.1% 上升到 56.5%。从 1983 年到 2005 年呈持续下降态势，其中只在 1993—1996 年中略有上升，2005 年的比重为 36.7%，比 1983 年下降了 19.5 个百分点[①]。从 1978—2005 年，与劳动报酬比重的持续下降形成鲜明对比的，是资本报酬（企业利润）占 GDP 的比重上升了 20 个百分点。也就是说，工资收入在我国初次分配中所占份额过低，增长速度低于企业利润的增长速度。要缓解收入差距过大，这是政策必须要调整的地方。

根据财政部发布的《2011 年公共财政收支情况》，2011 年全国财政收入 103740 亿元，把个人所得税 6054 亿元剔除后为 97686 亿元即是政府分得的

①　黄世贤：《提高劳动报酬在初次分配中的比重》，《中国经济时报》2007 年 11 月 27 日。

蛋糕，占 GDP 约为 21%，企业为 225781 亿元，占 GDP 的比重为 48%。对
183 个国家的工资制度进行比较研究，中国公务员工资是最低工资的 6 倍，
世界平均为 2 倍。国企高管工资是最低工资的 98 倍，世界平均为 5 倍。中
国行业工资差高达 3000%，世界平均为 70%。根据国际货币基金发布的报
告，欧洲国家从 1980 年以来劳动报酬占 GDP 的比重一直在 63% 以上，在
20 世纪 80 年代初甚至高达 70%，而中国劳动报酬仅占 31%。中国劳动报酬
低的劳动者——农民、农民工与城镇私营单位就业人员，其劳动人口总数为
6.412 亿，占从业总数的 84%，相当一部分人没有任何保险和福利保障。根
据国家统计局发布的《2011 年我国农民工调查监测报告》，2011 年外出农民
工每个月工作 25.4 天（一年工作 9.8 月），每周工作超 5 天占 83.5%，32.2%
的农民工每天工作 10 小时以上，每周工作时间超过《劳动法》规定的 44 小
时的农民工高达 84.5%。雇主或单位为农民工缴纳养老保险、工伤保险、医
疗保险、失业保险和生育保险的比例分别为 13.9%、23.6%、16.7%、8% 和
5.6%。

　　1978 年实行改革开放在农村实行家庭联产承包责任制，农民从土地上
解放出来，随着工业化进程推进和城市不断扩张，农民获得了自由迁徙权，
规模越来越大的农民工队伍告别黄土地，进城务工，逐步成为产业工人的主
体。进城务工——以建筑业、制造业为主；流动迁徙的形式——中西部地区
的农民跨地区流动到东部经济发达地区和农民流动到快速发展的本地城镇。
政府规定一些行业必须首先雇佣本地市民，同工不同酬问题存在，农民工工
资长期被压低。在市场经济孕育的初期，因社会保障缺失和政府监管不力，
资本所有者为了获取更多的利润，采取各种各样的手段，压低农民工工资和
不给缴纳相应的养老、医疗等保险。有学者对北京农民工情况做了调查，超
过 55% 的农民工月收入不足 1500 元，2010 年医疗保障情况，看病自付医
药费的比例高达 97.81%，医保报销的只占 1.46%，87.9% 的农民工子女只能
在所谓的农民工子弟学校上学，83.33% 的子女辍学前就读于初中。在住房
上，农民工自租房费在 500 元以下比例高达 87%。80 后农民工的生活逐渐
被城市化，在穿着、饮食习惯、价值观念、谈吐、思维方式等方面逐渐与城
市人接近，但如何为他们提供就业教育机会、提高他们自身素质、完善进城
配套政策等已成为必须要解决的课题。

另一数据更能反映贫富差距。据世界银行的数据，中国基尼系数 2003 年为 0.47，2008 年达到最高点 0.491。0.47 到 0.49 之间的基尼系数反映出目前我国收入差距比较大①，尤其是城镇居民内部、城乡居民之间的收入差距比较大。北京大学中国社会科学调查中心发布的《中国民生发展报告 2014》显示，我国财产的基尼系数 2002 年为 0.55，2012 年我国家庭净财产的基尼系数达到 0.73，顶端 1% 的家庭占有全国三分之一的财产，底端的 25% 的家庭拥有的财富总量仅为 1% 左右。

不合理的一次分配使"强资本、弱劳动"趋势不断强化，劳动者报酬占比总体偏低，劳动者工资增长赶不上企业利润增长。在二次分配中，由于现有社保制度不够完善，没有以制度形式明确各级财政用于社会保障以及转移支付的支出比例，二次分配领域甚至出现"逆向调节"现象。三次分配规模小，慈善捐赠有待健全机制，调节功能有限。由此，经过 30 年的改革开放，社会流动板结化、社会结构固定化的难题——"潜水艇夹肉面包的社会结构"，上面一层是没有明显差异的庞大官僚体系，底下一层是没有明显差异的农民，二者之间缺乏一种有效率的制度来进行"联系"。

从市场经济体制初期的"分离化"转变为完善市场经济体制时期的"一体化"②。"分离化"是因资源与经济实力有限，国家出台的改革政策向部分人、部分地区、部分企业、部分组织机构倾斜。国有企业改革当时也采取了有差别的政策，如在人事管理制度方面，采取了"老人老办法，新人新办法"的改革政策；在国有资产管理制度方面，采取了"增量改革，存量不动"的政策。然而，在这一过程中，权力与资本结合，也就改变着自身的性质：权力依靠资本自肥，而会主动为资本服务；资本利用权力，直到直接掌握权力。资源越多，权力动员和汲取资源的能力越大，资源消耗得越快，经济陷入停滞和衰退的可能性就越大。财政刺激政策本应产生的"财政乘数效应"并未显现出来，带动私人部门投资消费也不十分明显。1995—2007 年，去掉通胀成分后，政府财政收入增加了 5.7 倍，城镇居民人均可支配收入只增加 1.6 倍，农民的人均纯收入才增加了 1.2 倍。这样的体制，既不同于过

---

① 主要发达国家的基尼系数一般都在 0.24—0.36 之间。

② 参阅白永秀：《后改革时代的关键——城乡经济社会一体化》，《经济学家》2010 年第 8 期。

去的计划经济体制，也非同于一般的市场经济。

"一体化"是指实现由非均衡发展到均衡发展的转变，推动城乡一体化、工农一体化、区域一体化、经济社会一体化、国际国内一体化。自党的十七大以来到十八届三中全会提出总体建设规划。从"低级收入"到"中等收入"的这个发展阶段，控制经济对政府来说非常容易，因为"投资"和"人力"在这一阶段是发展的动力，而从"中等收入"这一阶段开始，效率和创新取代了投资和人力，成为经济发展的核心因素，这时，政府就成了经济发展的障碍，而企业才是创新的源泉、效率的推动者。必须加快形成企业自主经营、公平竞争，消费者自由选择、自主消费，商品和要素自由流动、平等交换的现代市场体系，着力清除市场壁垒，提高资源配置效率和公平性。必须积极稳妥从广度和深度上推进市场化改革，大幅度减少政府对资源的直接配置，推动资源配置依据市场规则、市场价格、市场竞争实现效益最大化和效率最优化。

二、由经济建设型政府向公共服务型政府转变

政府作为公共权力，与市场主体不同之处就在于，一是维护平等有序的竞争秩序，二是保持经济平稳发展，三是努力增加公共产品和公共服务的供给，使人民群众共享改革发展成果。这是完善社会主义市场经济体制的关键，是政府职能转变走向新阶段的标志。

（一）政府逐渐减少对经济建设的直接干预。经过二十多年的放权让利改革，中央和地方政府们之间的关系总体上适应经济社会发展要求，但仍存在中央各部委管得过多的问题，企业在自主权上受到地方政府的种种制约。如各级政府部门具有各种项目、许可证、指标等直接决策权。除涉及国家安全、公共安全等重大项目外，按照"谁投资、谁决策、谁收益、谁承担风险"的原则，缩小审批、核准、备案范围，确保企业和个人投资自主权。对已列入国家有关规划需要审批的项目，除特定情况和需要总量控制的外，一律由地方政府审批；即使需要审批、核准、备案，也应简化程序、限时办结。国家采用补助、贴息等方式扶持地方的点多、面广、量大、单项资金少的项目，国务院部门确定投资方向、原则和标准，具体由地方政府安排，相应加强对地方政府使用扶持资金的监督检查……建立健全政府非税收入管理

制度，为地方政府更好地履行职能提供财力保障①。

根据"职权法定、依法行政、有效监督、高效便民"的基本原则，逐渐改革政府行为范式，改变各级政府官员过大的自由裁量权，通过直接审批投资项目、对市场准入广泛设立行政许可、对价格进行管制等手段，直接对企业和个人的微观经济活动进行频繁干预的现状。规范约束区域财政权利，切实解决贫困地区基本公共服务与管理所需财政资金的问题。根据《政府采购法》，实施统一规范的政府采购。

减少行政审批项目，简化审批程序。国务院发布《关于第六批取消和调整行政审批项目的决定》，概括了减少行政审批的基本原则："凡公民、法人或者其他组织能够自主决定，市场竞争机制能够有效调节，行业组织或者中介机构能够自律管理的事项，政府都要退出。凡可以采用事后监管和间接管理方式的事项，一律不设前置审批"。对按照法律、行政法规和国务院决定需要取得前置许可的事项，除涉及国家安全、公民生命财产安全等外，不再实行先主管部门审批、再工商登记的制度，商事主体向工商部门申请登记，取得营业执照后即可从事一般生产经营活动；对从事需要许可的生产经营活动，持营业执照和有关材料向主管部门申请许可。以各种行政审批项目为例，很多都是计划经济向市场经济转轨过程中产生的"怪胎"。当一个项目，在几十个政府部门、无数的文件和上百个公章间"流转"时，暗箱操作的黑洞和权力寻租的空间非常大。规范约束政府部门权利，建立公示制、听证制、问责制、承诺制，培育民众知情权、参与决策权、监督权，强化政府部门权责约束，解决权利挂钩、权责脱钩等问题，规范政府行为方式，改善政务环境，提高政务质量；根据《行政许可法》，建设公民自主、市场竞争、行业自律、政府监督的公共管理方式，解决政府部门公权寻租和与民争利等；整合业务相同或相近的检验、检测、认证机构②。

整合工程建设项目招标投标、土地使用权和矿业权出让、国有产权交易、政府采购等平台，建立统一规范的公共资源交易平台，有关部门在职责

① 欧文汉：《改革完善政府非税收入管理》，《财政研究》2013年第7期。
② 《国务院办公厅转发实施意见——整合检验检测认证机构》，《人民日报》2014年3月12日。

范围内加强监督管理。推进商务诚信建设，加强对市场主体、市场活动监督管理，落实监管责任，切实维护市场秩序。推动建立统一的信用信息平台，逐步纳入金融、工商登记、税收缴纳、社保缴费、交通违章等信用信息。房屋登记、林地登记、草原登记、土地登记的职责，城镇职工基本医疗保险、城镇居民基本医疗保险、新型农村合作医疗的职责等，分别整合由一个部门承担。

国务院和国务院各部门都要带头维护宪法法律权威，发挥法律的引导和推动作用，用法治思维和法治方式深化改革、推动发展、化解矛盾、维护稳定。严格依照法定权限和程序履行职责，确保法律、行政法规有效执行。完善宏观调控体系，强化宏观调控措施的权威性和有效性，维护法制统一、政令畅通。消除地区封锁，打破行业垄断，维护全国市场的统一开放、公平诚信、竞争有序。加强社会管理能力建设，创新社会管理方式。公平对待社会力量提供医疗卫生、教育、文化、群众健身、社区服务等公共服务，加大政府购买服务力度。

按照市场主体能够自主决定、市场机制能够有效调节、行业组织能够自律管理、行政机关到位不越位的原则，减少对生产经营活动和产品物品干预，减少对各类机构及其活动的认定。除依照行政许可法要求具备特殊信誉、特殊条件或特殊技能的职业、行业需要设立的资质资格许可外，其他资质资格许可一律予以取消。按规定需要对企业事业单位和个人进行水平评价的，国务院部门依法制定职业标准或评价规范，由有关行业协会、学会具体认定。除法律、行政法规或国务院有明确规定的外，其他达标、评比、评估和相关检查活动一律予以取消①。

（二）政府向公共服务型进发。随着市场经济体制的推进，一些长期积累下来的、制约全局的深层次问题，如粗放型经济增长方式、经济结构不合理、城乡、地区差距扩大和经济社会发展不协调等问题开始凸显。这些问题的根源是体制、机制不完善。于是，党的十六届四中全会对深化行政体制改革、强化政府公共服务职能、建设服务型政府提出了新的要求，即政府从"经济发展的管理者、规划者"转为"撤出经济活动的服务者"。其实，早在

---

① 盛若薇：《国务院取消 76 项达标表彰评估项目》，《人民日报》2013 年 9 月 12 日。

2003年，国家财政就开始向公共财政转型，并要求逐步做到基本公共服务均等化，2005年上市公司股权分置改革，中国建设银行、中国银行、中国工商银行先后整体上市，20世纪末开始的农村综合改革，进入21世纪后尤其是以全覆盖为目标的社会保障制度建设等。

在市场经济环境下，政府究竟应履行何种职能？理论与实践都表明，政府应着力于建设公用基础设施、公共文化设施、公共卫生设施、公共教育设施——发展义务教育和公共医疗卫生保健，建立健全社会保障体系（让人们在新的市场空间里拥有自己事业与发挥自己的聪明才智），保障国内治安和国防安全，加大环境保护力度等，做到公共服务不"缺位"。世界银行中国局局长罗兰德认为，提高基本公共服务的质量有助于实现中国更加公平和包容性的增长；有助于减少机会的不平等，进而促进社会公正，提高社会凝聚力[①]。科茨认为，中国经济目前正面临增长方式不可持续的问题，一个大国不能长期依赖出口和投资来引导经济增长，国家出台新政策来提高工人和农民的收入，比如可以实行更高的最低工资政策，来解决收入分配不公的问题。政府通过提供免费的医疗和教育，使得中国普通民众将更多的钱用在消费上。因为许多家庭把收入中很大的比例用于储蓄——医疗、高等教育和养老[②]。

2006年国家提出基本公共服务均等化。以义务教育、基本医疗和公共卫生、社会保障、保障性住房、就业服务等为重点，逐步完善符合国情、比较完整、覆盖城乡、可持续的基本公共服务体系。中国基本公共服务体系建设不断推进，城乡免费义务教育全面实施，基本医保覆盖95%以上人口，建立起覆盖城乡的养老体系和社会救助体系。《国家基本公共服务体系"十二五"规划》首部基本公共服务规划的出台，标志着中国在进入经济社会加速转型的关键时期后，把促进基本公共服务均等化从理念上升为国家实践。

按照基本公共服务均等化的要求，根据具体转移支付项目的性质，对

---

① 转引自新华网：《中国首次明确公民有权享有的基本公共服务项目和标准》，2012年7月20日。

② 转引自凤凰网大卫·科茨：《中国崛起可以持续吗?》，2014年1月17日，第91期。

现行一般性转移支付和专项转移支付进行重新划分和界定，使各级政府基本公共服务的提供责任和财政能力相匹配和协调，即合理界定中央与地方政府的基本公共服务事权和支出责任，并逐步通过法律形式予以明确。中央在专项转移支付中，应加大对经济欠发达地区、贫困和弱势人群的转移支付力度；降低特大城市和大城市的户籍门槛，分步骤解决已经进城的具有稳定就业和缴纳社会保险人员的落户问题；加快推进新进城农民工及其家庭与原有城市户籍居民的基本公共服务和福利安排均等化，实施更加积极的劳动力市场政策，促进劳动力的自由流动，减少劳动力市场的分割；保障全体公民生存和发展的基本需求，扭转基本公共服务发展程度与经济发展严重失衡的局面。在合理界定事权基础上，按照财力与事权相匹配的要求，进一步理顺各级政府间财政分配关系；增加一般性转移支付规模和比例，加强县级政府提供基本公共服务的财力保障。

在市场经济发展的过程中，地方政府扮演着公共事务管理者的角色。加强行政协调磋商，克服多头管理，制定相关整合区域政策，完善区域共同市场。在招商引资、土地批租、外贸出口、人才流动、技术开发、信息共享等方面要联合制定统一政策，着力营造一种区域经济发展无差异的政策环境，彻底清除市场分割形成的壁垒。建立区域市场共同规则，突破相互之间壁垒，开放相互之间市场，做到市场透明；努力实现金融服务自由化和自由融合；统一和完善技术、人才在地区间自由流动和就业的区域服务网络。

地方政府从直接参与经济活动转向提供教育、医疗、保障性住房等社会公共产品和服务。社会保障方面，尽管至今还未建立起城乡、各地各行业、机关事业单位和企业统一的全覆盖社会化保障制度，但是城乡养老、医疗、低保等方面的保障覆盖率逐步提高，社会保障的"社会化"水平逐步提升。行政体制改革正朝着理顺"政府和市场、政府和社会、中央和地方"的关系推进。简言之，政府走向公共服务，不仅是为了让市场更好地发挥资源配置功能；更是推动经济增长遵循经济规律，使社会进入可持续发展轨道。

三、根据市场经济发展需要，深化政府机构改革和对外开放措施

一个好的政府，就是一个既能谨守自己的职责，又能为民众提供优质公共服务的政府。政府改革的目标应该是建立"有限政府"和"有效政府"。

有限政府，是和计划经济下的全能政府相反的政府形态。市场经济条件下的政府职能范围是有限的，它所掌握的资源限于与公共物品的提供有关的资源。有效政府，则是政府应当在纳税人的监督之下，改善政府的管理，杜绝贪污和浪费，做到低成本、高效率地为公众提供服务。

随着加入世贸组织以及政企分开的加速，市场主体自主倾向越来越强，中央和地方政府的职权划分越来越明晰，规范政府本身也就越来越迫切。社会主义市场经济体制要求政府转变职能，推行大部制，合理划分中央和地方权限，完善行政立法制度、改革行政审批制度，推行政务公开，扩大社会协调、公众参与，加强行政权力配置改革的法治化。

2003 年的政府机构改革正是顺应这一要求，设立代表国家履行出资人职责的国有资产监督管理委员会，监管不含金融类企业的中央所属的国有资产。完善宏观调控体系，将国家发展计划委员会改组为国家发展和改革委员会；健全金融监管体制，设立中国银行业监督管理委员会；组建商务部，推进流通管理体制改革；组建国家食品药品监督管理局，加强食品安全和安全生产监管体制建设；国家人口和计划生育委员会代替国家计划生育委员会，推动人口与计划生育工作的综合协调。这次改革，旨在合并交叉职能，加强监管职能，突出宏观调控；减少资质资格许可和认定、减少专项转移支付和收费、改革工商登记制度、改革社会组织管理制度、加强基础性制度建设、加强依法行政等，逐步形成行为规范、运转协调、公正透明、廉洁高效的行政管理体制。

2008 年机构改革是围绕转变政府职能和理顺部门职责关系，探索实行职能有机统一的大部门制，合理配置宏观调控部门职能，以改善民生为重点加强与整合社会管理和公共服务部门。具体地讲，一是减少微观管理事务和具体审批事项的国家发展和改革委员会，健全中央和地方财力与事权相匹配的体制，健全中国人民银行货币政策体系，维护国家金融安全。这几部门间建立健全协调机制，形成更加完善的宏观调控体系。二是组建国家能源局。三是新组建工业和信息化部，将国家发展和改革委员会的工业行业管理有关职责、国防科学技术工业委员会核电管理以外的职责、信息产业部和国务院信息化工作办公室的职责与国家烟草专卖局进行整合。四是将交通部、中国民用航空总局的职责与建设部的指导城市客运职责进行整合，组建交通运输部。五是将人事部、劳动和社会保障部的职责整合划入人力资源和社会保障部。六是组建环境保护部。七是组建住房和城乡建设部。八是国家食品药品监督管理局改由卫生部管理。这次改革的突出特点是建设"服务型政府"——增强宏观调控职能，突出政府公共职务职能，广泛重视科教文卫等职能，政府职权划分日益科学化等。

（二）深化对外开放，优化社会主义对外经济关系。前一阶段的对外开放措施，旨在理顺、符合 WTO 多边贸易体制的规则要求，解决严重的结构性供求矛盾。这一时段的主要任务是，解决低技术水平的产品严重过剩，高技术水平的产品严重短缺，推动引进来和走出去更好结合。为此，进一步深化开放政策，缩小与发达国家的技术差距，提高本国企业的竞争力。

这一时段前期改革的措施有，一是修订《中外合资经营企业法》《中外合作经营企业法》《外商投资企业法》及其实施细则，取消了对外商投资企业的外汇平衡、本地采购、出口业绩以及企业生产计划备案等要求；修订《专利法》《商标法》《著作权法》和《计算机软件保护条例》，制订实施了《集成电路布图设计保护条例》，基本上达到世贸组织《与知识产权有关贸易协议》（TRIPS）规定相一致的要求；实施了《货物进出口管理条例》《技术进出口管理条例》《反倾销条例》《反补贴条例》以及《保障措施条例》等对外贸易的配套法规。二是根据《关于进出口经营资格管理的有关规定》，进一步放宽各类企业申请进出口经营权的资格条件。三是逐步取消对原油、钢材、汽车轮胎、天然橡胶、所有机电产品等进口数量限制；对粮食、棉花以及重要农业生产资料化肥，实施完全关税化。2004 年 4 月 6 日，第十届全国人大常委会第八次会议根据我国加入世界贸易组织承诺和世贸组织规则，对《对外贸易法》中与我国加入世界贸易组织承诺和世贸组织规则不相符的内容进行了修订，对我国享受世贸组织成员权利的实施机制和程序做出了新的规定，形成了完整的对外贸易管理的法律体系。

在外商对华投资方面，优化利用外资结构，提升利用外资质量。2007年的《外商投资产业指导目录》鼓励发展节能环保产业。2008 年施行统一的《企业所得税法》，新税法将内资企业和外资企业的所得税率统一为25%，同时还出台了《反垄断法》和《关于外国投资者并购境内企业的规定》。

在一系列政策鼓励下，出口在中国加入 WTO 之后长期保持两位数甚至

高达 20% 的增长，2007 年出口占 GDP 的比例达到 30% 以上，外贸顺差占
了 GDP 的 8.8%。据统计，2000 年至 2010 年，在华外商投资企业从中国累
计汇出利润达到 2617 亿美元，年均增幅高达 30%，远高于全球同期 20% 的
增长率。2007 年，完善外资产业准入制度，加强对外资并购涉及国家安全
的敏感行业重点企业的审查和监管；2008 年 1 月 1 日起，统一的《企业所
得税法》开始实施；商务部等部委联合发布外资并购新规投入实施。2010 年
12 月 1 日起，中国取消了对外企最后两项税收优惠政策。2000 年至 2011 年，
中国服务进出口总额从 660 亿美元增长到 4191 亿美元，年均增长 18.3%。
其中，信息技术服务、工业设计、信息咨询等生产性服务业加快发展。2011
年信息技术服务咨询、数据处理和运营服务分别实现收入 1864 亿元和 2028
亿元人民币，同比分别增长 42.7%、42.2%。2012 年，共有 70 家内地企业
入选美国《财富》杂志 500 强，非金融企业销售收入、资产总额与美国的相
对差距分别由 2003 年的 5.48 倍和 4.74 倍缩小至 2012 年的 1.19 倍和 1.40 倍。
通过吸收、利用外资，形成了大量能够有效提高资产质量的人才、技术和管
理等创造性资源，给内地企业带来示范作用和竞争压力，培育了中国特色的
市场经济体系，为不同所有制企业共同发展创造条件，促进经济的多元化
发展。

　　总之，在全球化进程中，我国市场主体的国际竞争力逐步得到提升，
市场环境得到优化。然而，要实现党的十八大提出到 2020 年实现两个"翻
番"、两个"百年"的宏伟目标，不仅需要解决在开放中出现的诸如对外技
术依存度过高等问题；还需要有更多的话语权，拓展更加广阔的市场空间，
提供持久可靠的资源保障。

第三节　创新驱动市场主体的责任意识提升

　　对一个国家发展进程的影响，文化比经济和政治的影响更深刻、更久
远。深厚的历史文化底蕴，是民族赖以生存和繁衍发展的精神沃土；丰富的
历史文化遗产，是民族取之不尽的宝贵精神财富。在社会转型时期，新的社
会结构要素不断取代旧的社会结构要素；原有的秩序结构逐渐"解组"，即
传统规范的丧失、价值观念和社会文化的多元、社会中心控制力量的减弱。

重视道德规劝和教化、缺乏法律的公平规范、重视成功与结果、忽视成本和代价、大家族意识的传统观念以及计划经济体制下的意识形态与道德高压逐步空壳化，使许多社会规范被虚置和形式化。

一、市场主体及其监管者亟待提升社会责任意识

在社会主义市场经济体制演进的过程中，公有资本的经营方式和组织形式逐渐多样化、所有权和经营权相分离，使得我国的社会阶层构成发生了新的变化，出现了民营科技企业的创业人员和技术人员等新的社会阶层。新的社会阶层的出现，表明社会关系在发生变化，从农民到城市新市民，从单位人到社会人，从国有制的人到个体、私营和外资等多种所有制的人等。但这还没有消除官员与百姓的差别、城市与农村的差别、国营与民营的差别、官商勾结与合法经营的差别、身份和地位所带来的差别。这些差别突出表现在教育、就业、社会保障、医疗、住房、生态环境、食品药品安全、安全生产、社会治安、执法司法等关系群众切身利益的方面。这差别是传统文化以及计划经济遗留下来的①，随着经济社会的发展更加凸显。

（一）市场主体及其监管者市场道德素质有待提高。加入世界贸易组织以后，我国在历史、文化和价值观念方面与西方发达国家存在巨大差异。如，全球多边贸易规则的制定贯彻程序至上，而不是结果至上的原则。除了相互监督、定期贸易政策评审和贸易争端解决机制的约束手段以外，世界贸易组织还要求各成员方提供有效的咨询、独立仲裁、行政裁决、司法审议等救助机制，以供个人和企业在遭受政府不公平贸易待遇时寻求救助。

然而，我国在具体行政行为的实施过程中，大量表现为无法可依、有法不依，或权力高于法律、以人治代替法治。有些地方、部门为了局部利益法执法不严、违法不究，有的执法人员乱执法、滥执法、粗暴执法，少数

---

① 通过计划体制下的定价权，定价定量收购农业产品，以低价将大部分农产品作为"公粮"上缴，以农民的利益牺牲，来支撑城镇居民享受比农民高得多的所得，并支撑着国家的工业化战略，农村和农民"缴足国家的，剩余才可能是自己的"。通过户籍制度把农民限制在土地上，农民不可以朝非农产业的工业转移、朝城镇转移，自由迁徙权被剥夺，争取好的生活权利被剥夺。通过这种极端的计划体制安排，压低农民，抬高城镇居民、优先保障国家，通过农民利益牺牲来保护另一部分人的利益。

执法人员知法犯法、执法寻租、贪赃枉法，甚至充当"黑恶势力"的保护伞；一些地方或监管虚设，或监而不管，一些监管人员与不法者沆瀣，放任其做大；一些地方，为不给政绩抹黑，发生严重的食品安全事件后，大肆隐瞒，甚至拦截举报；一些违法、违规食品企业即便被查，监管部门处理方式往往是罚款了事，人情公关也让罚款不痛不痒；一些大牌企业出了食品安全事故，当地政府先算自己的小账，保企业往往成为第一反应；一些生产有毒有害食品企业，与黑恶势力联手欺行霸市。

有些市场主体丧失道德底线。仅仅在2011年就曝出猪肉变牛肉、地沟油机械化规模生产、毒豆芽、美容猪蹄、香精包子、带淋巴血脖肉等影响大的食品安全事件。2012年又曝出思念汤圆创可贴、红牛添加剂、毒胶囊事件等。针对此类问题，国家出台了一系列法规，如按照中华人民共和国食品安全法（2009年6月1日起实行）第85条，经营腐败变质、超过保质期的食品等十种情形，将受到如下处罚：由有关主管部门按照各自职责分工，没收违法所得、违法生产经营的食品和用于违法生产经营的工具、设备、原料等物品；违法生产经营的食品货值金额不足一万元的，并处二千元以上五万元以下罚款；货值金额一万元以上的，并处货值金额五倍以上十倍以下罚款；情节严重的，吊销许可证。实际上，政府曾出台了一些管理办法，如《流通领域食品安全管理办法》（2007年5月1日起施行）、《国务院关于加强食品安全监督管理的特别规定》（2007年7月26日起施行）、《流通环节安全监督管理办法》（2009年7月30日起施行）、《流通领域商品质量检测办法》（2012年8月21日执行）。然而这些管理办法实施效果并不尽如人意。

（二）特殊利益集团① 可能成为深化改革的最大障碍。在社会主义市场经济体制演进过程中，不仅有正式的市场交易规则，也存在扭曲正式的交易规则，且在整个交易过程持续起作用，使得许多按照正式制度规则谈判后形成的交易契约，没有起到真正的法律效应。也就是说，一般民众为了获得经

---

① 特殊利益集团是在改革过程中形成的，因推进改革不仅会损害其既得利益，也妨害继续攫取更多收益，对限权的政治改革持消极态度，或者将改革从有形化为无形，或将改革带来的危机和不利转出去的集团。

济资源和创业机会，不仅需要通过支付必需的交易成本，还要支付非正式制度规则的额外成本。

特殊利益集团围绕行政权力的意图、好恶、利益取向、政策导向去获取财富，即特殊利益集团推动权力与市场结盟，权力与市场手段交替结合使用，在权力手段方便的时候使用权力手段，在市场手段方便的时候使用市场手段。这突出表现在国企改制、矿产资源开发、土地开发、房地产开发、企业上市融资……涉及遍布全国的基础设施、城市开发、公共工程、农村水利建设以及能源、电力、通信、制造等重要行业攫取了主要利益。根据特殊利益集团自身对公共资源的实际占有程度，有关学者把中国当下的特殊利益集团分为以下七类①。

一是有审批和管制权的中央各部门及其官员。中央各部门特别是直接负有管制权和资源配置权的部门，部门的权力又掌握在政策制定者和具体操作者手中，在对经济的调控和社会管理中形成了独特的部门和个人利益。二是地方政府及其相关官员。地方官员在招商引资等通过各种途径设租、寻租，造成一部分国家财富以各种渠道变成了自己的财富。一方面通过控制行政立法对市场和社会进行多余的管制；另一方面，对于有利可图的行政管理事项，如行政处罚、行政许可、行政收费等行政权相互争夺，而对于某些公益性职责事项、无利益或者难以管理的复杂事项，则相互推诿。例如，利用收费权和罚款权、审批权举办各种培训班等，部门往往利用自己在参与立法和政策制定中的特权和便利，谋求本部门的利益。基于政府官员对自身能力的过度自信和层出不穷的"政绩工程"。这些耗费巨量纳税人资财的工程项目与官员的个人私利密切相联。政府在放开和引入市场的同时，也成为当今中国社会中最强大的、最主要的、无处不在的市场主体，对经济高增长的偏好成为这个体系的内在逻辑。政府不仅指挥市场、驾驭市场、调控市场，还直接参与市场的竞争和运作。部门利益是偏离了公共利益的小团体和个人利益：政府权力部门化、部门权力利益化、部门利益法治化。

三是国企及其高管。央企和地方国企凭借对重要公共资源的占用和支配权，不让其他社会资本进入，把由社会共享的成果变成企业利益。四是跨

---

① 芳芳：《对话吴敬涟：当前中国改革最紧要的问题》，财新网 2011 年 12 月 2 日。

国资本及其国内代理人，"洋买办"充当外国机构的代理。五是房地产及其开发商。房地产是地方财税、GDP 增长、就业等的支柱产业，开发商有挟持政府的力量。六是民营房产商、煤老板等实业资本家和金融资本家。七是依附于上述各类利益集团之上的专家学者和专业人士。专家学者以自己的影响力为身兼顾问的政府部门和企业游说牟利；或为其提供政策咨询，实是借助专家学者的研究影响国家决策，一些媒体充当资本的喉舌。一些特殊利益集团，是中国改革最大的受益者。现在一些改革久推不动，只是无法触动既得利益群体。当"改革"要改变少数人为主导的利益格局时，这些人会自觉不自觉地强烈反对某些改革，或打着改革的旗号恢复或扩充自身的权力等各种途径来阻碍甚至反对这种调整，甚至千方百计地把其利益制度化，从而让其不正当的利益合法化。"当市场不完美时，权力和财富的不平等转化为机会的不平等，导致生产潜力遭到浪费，资源分配丧失效率"[1]。国际货币基金组织首席经济学家奥利维耶·布朗夏尔认为，中国经济要持续增长，必须要对收入进行重新分配[2]。诺贝尔经济学奖获得者阿瑟·刘易斯说，收入分配的变化是最容易诱发妒忌心理和社会动荡混乱的问题[3]，奥尔森认为，一段时间的经济高速增长之后，一定会在国内形成一些分利集团，它们在过去的经济发展中获得了雄厚的政治和经济资源，越来越专注于既有财富的分配而不再是新财富的创造——日益丧失了技术革新的动力，致力于通过游说或直接操纵权力部门来提高新进入者门槛，以获得垄断性收益，并阻碍熊彼特所说的"创造性破坏"，从而成为经济进一步增长的阻力[4]。政府权力归位最大的阻力在于既得利益集团的干扰以及权贵资本扭曲行政权力。

也就是说，改革所形成的利益格局，错综复杂、盘根错节，形成了一个个的利益障碍，并成为进一步改革的最大难点[5]——儒教对官员日常行为

---

①　世界银行：《2006 年世界发展报告：公平与发展》，清华大学出版社 2006 年版，第 104 页。

②　转引自钟声：《分配制度改革释放制度发展红利》，《人民日报》2012 年 10 月 31 日。

③　转引自钟声：《分配制度改革释放制度发展红利》，《人民日报》2012 年 10 月 31 日。

④　转引自李巍：《改革才能突破体制的极限》，《学习时报》2013 年 9 月 23 日。

⑤　改革之初，由于经历了"文革"的冲击，极"左"思想已经在很多人大脑中扎下了根。因此，要想推进改革，必须在认识上求突破。邓小平不仅在较短的时间内在中央层面取得了相对统一，而且迅速出台了许多改革政策，并迅速转变了广大干部群众的观念。

的影响仍然是根深蒂固的。马克斯·韦伯曾对中国古代官僚体制的研究。他认为，在中国古代，虽然作为整体的官僚阶级享有巨额俸禄收入是有保障的，但官员身边的吏役，不是没有薪俸，就是薪俸少得可怜。由此，官府允许在吏役为官府收税过程中将浮收部分攫为己有，并默许他们在与农民打交道中收取礼物；吏役们为了保住自己的位置，在上司就任时以及逢年过节，为了巴结上司就得尽量送厚礼。因此，任何危害地方官员及其幕僚这些收入的改革必然会招致他们的联合反对①。韦伯还认为，地方官员上下级之间具有的这种内在的利益关联——下级官员的仕途被牢牢掌握在上级官员手中，这就使得下级官员必然要关心上级的目标和利益，并努力寻找能兼容自身利益与上级官员利益的共同利益……小规模的外来监督者很容易被吸纳成为利益共同体的分子，利益同盟得以巩固并共同抵制其他的监督者，产生锁定效应②。

换言之，社会资源主要被控制在少数精英集团手中。在不改变蛋糕分配方式的前提下，通过做大蛋糕来使得各方获得福利增进；这一增进，往往由于经济行政垄断人凭借国家机器掌握经济资源，本身处在特殊的地位，当他们以公共利益捍卫者的面目出现时，他们的私人利益往往隐身在公共利益之后，他们的私利性与公共利益的区分变得很困难。由此带来的，社会阶层的固化导致个人从草根阶层爬升到精英阶层的"梯子"已经被撤掉了，不确定性与焦虑感可能使得平民出身的青少年丧失进行教育、培训等人力资本投资的动力。

因而，要使改革释放新的活力，就必须撬动特殊既得利益板块，对现行利益格局进行一次根本性的改革，形成公平与效率兼顾的新的利益格局。马克思也说，"一般说来，社会改革永远也不会以强者的软弱为前提；它们应当是而且也将是弱者的强大所引起的"③。

---

① 参阅［德］马克斯·韦伯，《儒教与道教》，广西师范大学出版社 2008 年版，第 102—103 页。

② 参阅［德］马克斯·韦伯，《儒教与道教》，广西师范大学出版社 2008 年版，第 103—105 页。

③ 《马克思恩格斯全集》第 4 卷，人民出版社 1985 年版，第 284 页。

二、社会组织获得极大发展的空间

从社会主义市场经济体制完善所具有的内在要求看，特殊利益集团应该被消解，而作为政府与市场中间的第三方力量即社会组织[①] 则应大力发展。截至 2012 年底，全国共有社会组织 49.9 万个，全国共有社会团体 27.1 万个，全国共有基金会 3029 个，全国共有民办非企业单位 22.5 万个。社会组织的业务活动涉及教育、科技、文化、卫生、体育、环保、法律、农业及农村发展等众多领域，初步形成了层次各异、覆盖广泛的社会组织体系，在提供社会公共服务方面已经具备了一定的规模和能力[②]。

在社会组织发展的过程中，社会组织也赢得了党和政府的高度重视。党的十七大报告第一次将社会组织作为"发展基层民主，保障人民享有更多更切实的民主权利"的一条重要渠道，要求社会组织继续在扩大群众参与、反映群众诉求方面发挥积极作用。国家"十二五"规划纲要也首次专章阐述社会组织，明确必须创造条件——"统一登记、各司其职、协调配合、分级负责、依法监管"，推动社会组织快速、健康发展，充分发挥其在完善社会主义市场经济体制中的作用。2012 年的《政府工作报告》中提出理顺政府与企业、公民之间的关系，把一部分政府承担的社会职能转交给社会组织管理。这意味着，政府向社会放权，向社会组织开放更多公共资源和领域，通过社会组织参与社会工作，从而在生活、生产性服务领域为群众提供更多的帮助。

为此，也就需要积极发展、规范社会组织，建立社会组织支柱机制和政府购买服务的机制，健全和落实社会组织从业人员薪酬待遇等政策。有资料显示，至 2012 年 4 月，民政部一共出台了 12 部社会组织登记管理的相关部门规章，规范性文件大约有 40 部，地方政府目前已经出台超过 20 部关于

[①] 中介组织是一种社会组织，指介于政府和企业之间，按照一定的法规、章程或根据政府委托而建立，为市场主体提供信息咨询、代理、培训、经纪等各种服务，并在经济社会生活中发挥监督、协调、自律等职能。按照市场中介组织职能的差异，可以将其划分为咨询性中介组织、代理性中介组织、经纪性中介组织、公证性中介组织、监督性中介组织和协调性中介组织等六类。

[②] 姜力：《积极发挥社会组织的作用　努力为社会提供更好更多的公共服务》，《中国机构改革与管理》2011 年第 12 期。

社会组织地方性的法规和政府规章。民政部在 2004 年出台措施，促使农村地区和城市社区的社会组织都能顺利登记注册，随后出台的，如《社会团体登记管理条例》《基金会管理条例》和《民办非企业单位登记管理暂行条例》等规范性的登记管理制度初步形成；以《企业所得税法》及实施条例、《公益事业捐赠法》《民办教育促进法》等一批社会组织配套政策不断完善。

然而，仍存在一些地方和部门对社会组织认识不足。在市场经济发展过程中产生的弱势群体或"市场竞争失败者"不能以原子化的状态分散存在，否则，影响市场经济的正常发展。既然个人的力量单薄，无法改变自身的处境，就需要把他们组织起来，使之有序表达自身的利益诉求。经济层面的社会财富分配问题，该结果不在于个人的权利缺失，而在于个人不知如何去维护和实现自身的权利。而社会组织是实现个人权利的有效途径之一。在社会组织的推动下，市场主体在市场竞争中，逐渐实现员工的同工同酬同福利，国家逐步调整取消带有歧视的分配政策，去除诸如身份、编制等外在符号上的束缚，加快社会保障一体化进程，养老、医疗等保障逐步并轨，才可能实现广义上的公平。

一般的，社会公众是一个缺乏组织的、松散的和忍气吞声的大集体。其中不仅存在着每个市场主体有自身的利益诉求，也存在着诸如消费者组织之类利益群体。当不同利益群体之间的目标诉求之间存在不一致时，政策往往对处于优势或者特殊群体有益。那如何保障社会大众的利益需求？这只能由大众自己组织起来，做保障自身安全的参与者。近年来查处食品药品安全案件的线索，大部分来自群众举报或消费者投诉。新闻媒体对食品药品违法现象的曝光直接引发了为期一年的对瘦肉精的专项治理行动。一度沉默的社会力量一旦被新的技术手段所动员起来，在一定程度上弥补了其种种不足，增强其与强势群体抗衡的筹码，进而推动改革者借助这股力量，进行新的制度设计，以调整利益分配，进而打破既有利益格局。

更何况，行业协会贴近企业，熟悉内幕，可以加强行业内部约束，引导企业加强自律、遵守法律，杜绝行业潜规则，促进行业健康发展。在经济服务领域，社会组织可以通过调解贸易纠纷等中介服务，加快交易进程，提高资源配置和管理决策效率；在教育服务领域，社会组织可以通过提供学前教育、职业培训等服务，承担一定的社会责任；在医疗服务领域，社会组织可以通过向社会提供多样化、个性化、便捷化的医疗服务，促进医疗机构与社会之间相互关系的良性互动，给整个医疗服务市场带来活力；在科技文化服务领域，社会组织可以通过提供学术交流、科学普及等活动，在满足人们日益增长的多元的精神文化需求的同时，也为经济社会发展提供智力支持；在公益慈善领域，通过开展减贫济困、扶弱助孤等公益活动，弥补政府基本公共服务的不足[①]。此外，有研究显示，社会组织的正常发展，其工作人员一般占本国就业人口的 4.4%，这也是我国解决就业问题的一个途径。

社会组织得到重视和发展，并不是说它已经很好。实际上，现有的许多社会组织是从政府部门中分离出来，其人员、设施等基本来自政府，且主要领导也是由来自政府本身的官员担任；更为重要的是，社会组织章程的制定、人事权、日常决策权，都与政府部门有着千丝万缕的联系。有的社会组织规章制度不完善，有的虽有较为完善的章程，却存在着专职人员少、财力不足；或工作人员素质不高，不是未经专业训练，就是缺乏公共管理知识等等。2010 年各级登记管理机关依法查处社会组织违法案件 2377 起，其中取缔非法组织 57 起，行政处罚 2319 起，其中包括中国电子商会、中国经济报刊协会、中国爱华联合会的一些违法行为。值得一提的是，2011 年红十字会的"郭美美事件"导致一些公益组织遭遇了前所未有的信任危机。这不能不说对于中国的整个社会组织发展来说具有警醒的作用。

加快实施政社分开，建立权责明确、依法自治的现代社会组织体制。推进行业协会商会与行政机关脱钩，引入竞争机制，探索一业多会，以改变行业协会商会行政化倾向，适合由社会组织提供的公共服务和解决的事项，交由其承担，增强其自主性和活力。推进行业协会商会真正成为提供服务、反映诉求、规范行为的主体。民政部门坚持积极配合，推动社会组织完善内部治理结构，促进社会组织健康有序发展，发挥其沟通企业与政府的作用。

发挥行业组织自律和市场机制作用，培育和规范信用服务市场，形成全社会共同参与、推进信用体系建设的合力。信用缺失是我国经济发展中突出的软肋，制假售假、商业欺诈、逃债骗贷、学术不端等使得公众深受其

---

① 姜力：《积极发挥社会组织的作用　努力为社会提供更好更多的公共服务》，《中国机构改革与管理》2011 年第 12 期。

害。弗朗西斯·福山在名著《信任：社会美德与创造经济繁荣》中将华人圈归于低信任度社会，症结在于缺乏社会的中间组织。在人类历史上，信誉在任何其他制度中都没有像在市场经济中那样如此有价值。市场创造出众多原本不可能的合作——陌生人间的合作——成为可能的中介（诸如企业、投资银行、信用评估机构等等）。抑制不诚信行为，规范市场秩序、降低交易成本、增强经济社会活动的可预期性和效率，做到"放""管"结合。

总之，现代社会利益多元，社会活动五彩缤纷，公共事务不能仅仅靠党政机关和行政官员来处理，还要发展民间社会，广泛实行各种社群的自治。更何况，在一个人民当家做主的国家中，放手让社群组织自行处理各种各样的公共事务，才能实现经济、政治、文化的全面繁荣。

三、着力打造适合社会主义市场经济的文化氛围

完善社会主义市场经济体制，不仅要健全法律制度，还要丰富非正式制度，如与之相匹配的理想信念、道德、信用等。历史发展表明，一个运作良好的思想环境，错误的思想很少能威胁社会稳定。"钱学森之问"[①]清晰表明，一个充满活力的思想环境是社会和经济持续发展不可缺少的道德和知识基础。虽然我们有数千年来追求大同社会的梦想，可当下社会尚未形成较统一的共同富裕的主流意识。要实现共同富裕，就要在全社会树立劳动的观念、诚实守信的观念，营造相互关心、相互帮助、团结奋斗的社会氛围的精神动力。

思想是行动的先导，自信是力量的源泉。思想的统一源自对中华民族博大精深的优秀传统文化的认同，源自对改革开放三十多年来走中国特色社会主义道路所取得的巨大成就的认同；自信根源于中华民族 5000 年延续至今的文明史，源于一个对时代、对中华子孙勇于负责的政党，即中国共产党。要使古代中国的礼仪之邦转化为现代社会的诚信之道，必须深入挖掘和阐发中华优秀传统文化讲仁爱、重民本、守诚信、崇正义、尚和合、求大同的时代价值，使中华优秀传统文化成为涵养社会主义核心价值观的重要源泉。如，"和为贵""和而不同""有容乃大"；"亲仁善邻，和睦相处"，

---

① "为什么我们的学校总是培养不出杰出人才？"这就是著名的"钱学森之问"。

主张"协和万邦"的精神，以及"天人合一""自强不息"的精神等，若经过现代转换，则成为社会主义市场经济的精神力量。例如"民本""亲民"：夫霸主之所始也，以人为本，本治则国固，本乱则国危（见《管子·霸业》）；百姓足，君孰与不足，百姓不足，君孰与足（见《论语·颜渊》）。不把自己的观点强加于人，而是与人平等交流、沟通，承认、尊重对方的存在。财聚则民散，财散则民聚（见《礼记·大学》）；己所不欲，勿施于人（见《论语·颜渊》）；己预立而立人，己欲达而达人（见《论语·雍也》）。富与贵，人之所欲也（《论语·里仁》）。不义而富，于我如浮云（《论语·述而》）；见利思义（《论语·宪问》）。生亦我所欲也，义亦我所欲也，二者不可兼得，舍身而取义者也（《孟子·告子》上）。聆听、思考对方的观点，互相学习、互相砥砺（三人行，必有我师焉。择其善者而从之，其不善者而改之）。在"社会主义市场经济体制"的内涵构成中，中华文化支撑成为其他模式不可复制的一大亮点，其在经济发展中发挥了凝聚"浸润""整合"创新的巨大作用。

发展社会主义市场经济的文化，是面向现代化、面向世界、面向未来的民族的、科学的、大众的社会主义文化，以丰富人们的精神世界，增强人们的精神力量，在内容和形式上积极创新，不断增强中国特色社会主义文化的吸引力和感召力。早在中共十五届五中全会《中共中央关于制定国民经济和社会发展第十个五年计划的建议》中，第一次提出"文化产业"概念，要求完善文化产业政策，推动有关文化产业发展。2002年11月，党的十六大报告厘清了公益性文化事业和经营性文化产业之间的关系，首次提出"积极发展文化事业和文化产业"。

党的十六大以来，中央出台了一系列举措推动文化体制改革。2003年6月，全国文化体制改革试点工作会议在北京召开，确定北京、上海、重庆、广东、浙江、深圳、沈阳、西安、丽江等9个省市和35家新闻出版、广播影视和文艺院团等单位成为文化体制改革试点，积极培育市场主体、深化内部改革、转变政府职能、建立市场体系。2003年，党的十六届三中全会通过的《完善社会主义市场经济体制若干问题的决定》突出了文化建设的基础性和战略性地位——既是落实科学发展观的重要方面，又是实现科学发展观的文化保证。2004年党的十六届四中全会通过的《中共中央关于加强党的执政能力建设的决定》第一次提出了"深化文化体制改革，解放和发展文化生产力"这一重要命题。2006 年 9 月，中办、国办印发《国家"十一五"时期文化发展规划纲要》，对进一步加快文化建设、推动文化体制改革作出部署。2007 年 10 月，党的十七大提出兴起社会主义文化建设新高潮，提高国家文化软实力。2008 年以来，国资委先后发布了《关于中央企业履行社会责任的指导意见》《中央企业"十二五"和谐发展战略实施纲要》，推进中央企业社会责任管理提升活动。在这一系列措施的引导下，中央企业加快了社会责任管理体系建设，在国内处于领先水平。2009 年 9 月，我国第一部文化产业专项规划《文化产业振兴规划》由国务院常务会议审议通过。这标志着文化产业已上升为国家战略性产业。2010 年 10 月，党的十七届五中全会通过的《中共中央关于制定国民经济和社会发展第十二个五年规划的建议》提出"十二五"时期要基本建成公共文化服务体系，推动文化产业成为国民经济支柱性产业。

2006 年 3 月 4 日，胡锦涛在参加全国政协十届四次会议民盟、民进界委员联组讨论时提出，要引导广大干部群众特别是青少年树立以"八荣八耻"为主要内容的社会主义荣辱观——"坚持以热爱祖国为荣、以危害祖国为耻，以服务人民为荣、以背离人民为耻，以崇尚科学为荣、以愚昧无知为耻，以辛勤劳动为荣、以好逸恶劳为耻，以团结互助为荣、以损人利己为耻，以诚实守信为荣、以见利忘义为耻，以遵纪守法为荣、以违法乱纪为耻，以艰苦奋斗为荣、以骄奢淫逸为耻。"2011 年 10 月，党的十七届六中全会通过的《中共中央关于深化文化体制改革推动社会主义文化大发展大繁荣若干重大问题的决定》指出，"坚持用社会主义核心价值体系引领社会思潮，在全党全社会形成统一指导思想、共同理想信念、强大精神力量、基本道德规范"；"坚持政府主导，按照公益性、基本性、均等性、便利性的要求，加强文化基础设施建设，完善公共文化服务网络，让群众广泛享有免费或优惠的基本公共文化服务"等等，提出建设社会主义文化强国的战略目标。

小结　政府、市场主体、社会力量共同营造公平竞争的市场环境

前一阶段的社会主义市场经济体制框架的基本搭建，为此阶段完善市场经济体制，建立国有企业优胜劣汰机制和国有资产管理体制建设提供了前提。经济建设型政府已逐步向公共服务型政府转变。

2002年，市场经济体制的基本框架虽然建立，但还不完善。由于政府唯GDP至上，虽然使经济增长保持了较快的水平，但是也付出了沉重的代价。对能源和原材料过度依赖，高耗能、高污染、高排放致使环境恶化，生活质量下降，乃至生命本身都受到污染的威胁。同时，因环境问题和环境事件引发的矛盾和冲突也日渐增多。正如厉以宁所言，经济的超高速的增长，资源不仅使用低效，而且是快速、过度消耗；由此带来环境的破坏和有些产业产能过剩；城乡区域发展差距和居民收入分配差距较大，教育、就业、社会保障、医疗、住房、生态环境等关系群众切身利益的问题较多。正如党的十八大报告分析说，"发展中不平衡、不协调、不可持续问题依然突出，科技创新能力不强，产业结构不合理，农业基础依然薄弱，资源环境约束加剧，制约科学发展的体制机制障碍较多，深化改革开放和转变经济发展方式任务艰巨"。中国是世界制造业中心，但产业结构仍然处于世界产业链的低端或中端水平；社会体制改革滞后带来经济和社会发展不协调。由于地区之间的行政分割，形成了城市与城市之间发展水平的巨大落差，也造成各类市场分割。一是消费品等一般性商品的价格已基本由市场机制决定，但生产要素价格以及自然资源价格仍然不是由市场说了算，从而导致使用上浪费；二是市场壁垒大量存在，商品特别是生产要素还不能充分自由地流动，投资自由和消费选择的自由受到限制。部分市场领域存在不当准入限制，尤其对非公有制经济的原则性准入规定难以落实，使相关领域缺少充分竞争，在经济高速增长中科技创新能力不强，不利于各类资源的优化配置和效率提升。简言之，生产要素的市场化程度和市场发育程度都比较低，降低了市场配置资源的效益和效率。

之所以出现这样的局面，归根到底是市场作为配置资源的基础机制还

没有理顺，政策分割、部门分割、地区分割仍构成无形阻力。通过行政权力配置资源的体系和市场配置资源的体系搅在一起。具体而言，由于政府对微观经济活动的过多干预，以及保留较多的行政审批权力，市场自身潜能和效率没有得到很好发挥；政府权力过大，做了很多不应做的事，同时严重缺位，很多应当做的事没有做。缪尔达尔在他 1968 年的著作《亚洲的戏剧》中，将某些深陷社会溃散状态的南亚国家称为"执行力极弱"的"软政权"；或过度干预经济和没有受到监督，使少数人能够利用公共权力牟取私利。在这样一种体制下，使一些人以种种名义加强行政权力对于经济活动的干预，增加行政审批的项目，以便增加"寻租"的机会，造成"扩大国家权力—增强寻租活动基础—进一步扩大政府权力—进一步增强寻租活动基础"的恶性循环。此外，由于人与人之间的智力（生理智力和专业能力）差距的存在，具有强势影响力的资本为其获得超额博弈收益奠定了基础，而弱势资本则相反。

这既有计划经济时代遗留下来的老问题，也有改革不彻底带来的新问题，需要我们以更大的勇气和智慧破除体制上、机制上的弊端。市场体制自身的市场失灵、市场缺失、市场抑制以及市场化主体行为的弊端的出现，使得市场经济框架所亟须相应的社会保障组织、机构和设施尚不完整，经济调节"越位"、市场监管"缺位"、社会管理"错位"、公共服务"不到位"的存在。换言之，政府、企业、社会组织三大组织形态还没有各得其所，市场体系中商品市场、要素市场、货币市场发展不均衡，市场机制尚未能有效发挥基础性作用。政府权力太大，加大了市场经济交易成本，中小企业用于搞政府关系的成本远高于税收本身。垄断企业的价格对国民收入分配有很大的不利影响。另一方面则表现为现代市场经济所必需的法治没有建立起来。社会主义市场经济体制能否成功，一个法治、公平、市场化的体制能否搭建常常是最为关键的因素。再者，人们由于社会背景和价值观上的差异，一个收入差异非常大的社会，往往很难通过合理的民主表决程序决定一个公共物品的需求。在当下，要求取消所有城乡差别，在教育、医疗、户籍制度等方面实现绝对的均等化，不仅是脱离历史的，也是超越时代的。也就是说，离建成富裕、民主、文明国家的目标还有很长的路要走。

因而，我国经济体制改革需要进一步调整，一是校正政府单纯追求经济增长的思维及其行为，二是建立符合市场经济发展的国有企业体制，实现国有经济和市场经济的有效结合，建立较为公平竞争的市场体系，并发挥国有企业在市场平等竞争中的主导地位；三是找到共享性公共产品的价值补偿机制——形成环保产业的投资激励机制，吸引社会资金投入，使环保产业成为新的经济增长点，建设美丽中国。

第六章　社会主义市场经济体制健全阶段（2013—2020 年）的动力机制分析

2002 年 11 月党的十六大报告提出，到 2020 年我们要建成比较完善的社会主义市场经济体制，我们的制度要更加的成熟、更加的定型。进而，党的十八大提出，要加快完善社会主义市场经济体制，更大程度更广范围发挥市场在资源配置中的基础性作用，推动经济更有效率、更加公平、更可持续发展。再到党的十八届三中全会提出到 2020 年，在重要领域和关键环节改革上取得决定性成果，形成系统完备、科学规范、运行有效的制度体系，使各方面制度更加成熟更加定型。可以预见，中国共产党带领全国人民坚定不移地向着健全的社会主义市场经济体制的目标进发。

第一节　党和政府创造"市场在资源配置中起决定性作用"的环境

党的十四大提出"要使市场在社会主义国家宏观调控下对资源配置起基础性作用"，到党的十六届三中全会提出的"更大程度地发挥市场在资源配置中的基础性作用"，到党的十八大提出"更大程度更广范围发挥市场在资源配置中的基础性作用"，再到十八届三中全会确认的"使市场在资源配置中起决定性作用"。这一变化表明，中国共产党对社会主义市场经济认识的逐步深化。

一、建设服务政府、有限政府、法治政府

政府行政力量并不天然是市场化的阻碍力量。在市场化初期，以强大

的行政力量为市场发育扫清制度障碍，培育基于市场的利益主体。当市场主体自主化力量足够强大时，行政力量作为市场化进程保护者的角色淡化，但增进社会福利——减少社会的震荡，降低变迁成本，追求社会支持最大化，推进民生导向的经济政策和走共同富裕道路，仍然体现政府的权威。这正是，政府根据经济发展的不同阶段和不同情况以及市场本身的发育程度而实行适度的有效干预，以达到市场作用和政府作用的有机结合与统一。党的十八届三中全会通过的《中共中央关于全面深化改革若干重大问题的决定》强调指出，政府要发挥因势利导的积极作用，打造一个服务、有限、法治的善治政府①。这一提法，确立了政府在社会主义市场经济的功能、地位与作用。

（一）服务：政府善治的基本要求。社会主义市场经济中的政府，应让公众享有充分的公共物品，从而实现社会公众福利的最大化。也就是说，政府在基本公共服务方面起着主体地位和主导作用，"在决定政府该管什么不该管什么时，首先要看社会和人民是否需要，并以此作为确定政府职责和功能的依据"。这种公共性会进一步增强政府的影响力和凝聚力，强化其公共服务职能，确保社会充满活力、安定有序。形成权责一致、分工合理、决策科学、执行顺畅、监督有力的行政管理体制，解决政府职能越位、错位、缺位等问题。政府为市场的有效运行建立一个好的制度环境和提供市场所无法提供的公共产品——社会性公共服务、经济性公共服务和制度性公共服务。换言之，政府为了保障和促进经济顺畅运行和发展的制度性保障；以及为了维护社会正常运行和个人正常存在的社会产品，促进社会的完善和个人发展的较高需求层次的社会产品，关乎个人发展的权利。

1. 政府提供社会性公共产品。各级政府应致力于提供基础教育、职业培训、公共卫生、公共文化、社会保障、科学技术、体育休闲、基础设施、环境保护、发布公共信息等公共服务，辅之以高效的再分配的政策措施，培育良好的创新环境，奠定市场经济顺畅运行的基本前提。一是政府通过采购

---

① 俞可平认为，善治是使公共利益最大化的社会管理过程，而不是政府利益或某个集团利益的最大化，是政府与市场、社会的一种新颖关系。参阅何哲：《善治概念的核心分析——一种经济方法的比较观点》，《理论与改革》2011 年第 5 期。

或直接投入公共技术研发，注重公共领域投资方面的效率，协调并促进各市场主体之间的协同合作；政府引导投资去平衡高收入人群与低收入人群，尤其兼顾弱势利益群体、低收入群体，实现财富或收入在社会各阶层之间的公平合理分配，为提升人民的生活水准奠定物质基础，经济发展成果更多向底层民众倾斜，经济发展的成果实现全民共享。二是培育社会组织，规范行政行为，充分发挥社会组织的作用，并用制度规范社会组织建设和基层自治行为。在"政府—中介组织—企业"的组织架构下，中介组织是沟通政府与企业之间的桥梁，中介组织尤其是行业协会与会计事务所、法律事务所等可以在政府所制定的制度和法律框架下对企业实行服务、协调与监督，并在行业内部实行自律。坚持党群政社互动，建立党领导下的协同共治格局，引导社会自我管理，充分调动社会多方参与、协同共治的责任和热情，激发社会活力。社会体制充分调动各方面积极性，最大限度增强社会发展活力，充分发挥人民群众首创精神，使全社会创造能量充分释放、创业活动蓬勃开展。

　　2. 政府提供经济性公共服务。政府的信息和决策过程公开透明，拉近与民众的距离，使各市场主体预期到政府的行为，这也是为市场创造一个良好的外部环境。一是政府在宏观调控方面做到讲求效率，增强创造财富和创新进步的动力，做到注重公平，防止两极分化，让人民群众充分共享改革发展的成果——建立国民优先、公平竞争的准入制度，打破资源垄断和地方市场分割，消除市场歧视和滥用公共权力的制度基础，构建公权、公共资源分配机会均等和公平交易的市场制度；政府代表社会利益调节大型企业集团的运作、调节收入分配格局、促进就业机会的创建、推动资源节约型消费模式的形成。二是培育和规范各类市场中介组织和专业服务组织，能够引导社会力量参与市场监管；积极引导经济转变增长方式、调整结构、提高素质、改善劳动关系、履行社会责任和适应经济全球化。市场化进程发展到一定的程度，社会具有了自组织能力，能够反过来推动政府进行更深层次的市场化改革，提高政府的市场化水平。坚持市场导向，加强资源整合和机制创新，发展研发设计、创业孵化、知识产权等，推动科技成果转化，实现产业化，打造经济增长新引擎；研发推广先进实用农业技术，健全农技综合服务体系，培养高素质农业科技人才，建设高产优质高效生态安全的现代农业，促进农业增产、农民增收。简言之，完善服务于市场经济的政府职能，为市场经济的快速成长创造良好的制度环境，使得政府成为经济社会运行规则的制定者，经济社会生活秩序的维护者和社会公平正义的守望者。

3. 政府提供制度性公共服务。政府为市场机制发挥作用完善各种制度和体制机制，用科学、规范、完善的制度体系切实把权利公平、机会公平、规则公平落到社会实处，实现基本公共服务均等化。建立起企业、市场、环境协调发展的关系，推动科技和金融的有效结合，健全技术创新激励机制；建立健全鼓励原始创新、集成创新、引进消化吸收再创新的体制机制，发挥市场对技术研发方向、路线选择、要素价格、各类创新要素配置的导向作用。完善风险投资机制，改善科技型中小企业融资条件，以新一代信息技术为代表的高新科技与传统产业深度结合，健全技术转移机制，促进科技成果资本化、产业化，不断创造出新的产品和服务需求。建立推动科技公司投向环保产业的激励机制，积极研发污水污泥处理技术，发展生态产业和环保行业。从政治、经济、社会等层面，按照公平原则尽力缩小各群体的收入差距，提高低收入群体在市场中的竞争能力，等等。简言之，政府在市场经济中的作用主要是提供以维护市场秩序为核心的公共服务，旨在解决市场自身难以调节的外部。进一步完善收入分配制度，机关事业单位和城镇职工养老"并轨"付诸实施，能给社会底层提供各种机会，体现社会公平，也能够更好地促进消费。简言之，政府培育市场化的创新机制，在保护产权、维护公平、改善金融支持、强化激励机制、集聚优秀人才等，建立一个统一、开放、竞争、有序的市场体系；建立由社会来负责的良好的教育系统和基础性的科研系统；而对于技术的奖励，主要是由市场来承担；提供一个全局的、长远的信息规划，逐步地、系统地建立起国家创新体系的整套制度和政策安排。

（二）有限：政府善治的前提。一方面，政府做好自己该做的事，不是什么都去做、都去管。否则，换来的不是提高政府声誉，而是极大地损坏政府的形象。因为由有限理性的个人组成的政府必然是有限理性的政府。另一方面，中国共产党人没有私利，体现党的主张和要求的政府也不应该有自己的利益。因而，政府就应该把实现全体社会成员的公共利益、保证人们的健康和安全作为主要职责。这意味着，政府必须着力做好基本公共服务均等化——在公共教育、社会保险、公共文化体育等领域。首要的是逐步建立和完善覆盖城乡居民的基本公共服务体系，加快推进基本公共服务均等化建设；到 2020 年，争取基本实现城乡区域间基本公共服务均等化——为农民提供基本而有保障的公共产品和公共服务，有较为完善的农村义务教育制度（实行县、市、区域内中小学教师编制和工资待遇同一标准，以及教师、校长交流制度）、公共卫生和公共医疗制度、保障最低生活的救济制度，以及农村养老保障制度等等。

要实现有限政府，必须精简机构，围绕政府职能和理顺职责关系深化政府机构改革，真正落实因岗、因责用人。2013 年以来的政府机构改革则带来了新的气象。立足于转变政府职能，以市场经济宏观调控、社会服务与管理为主，以提高行政效率为目的。一是实行铁路政企分开。二是将国家人口和计划生育委员会的研究拟定人口发展战略、规划及人口政策职责划入国家发展和改革委员会。三是组建国家食品药品监督管理总局，不再保留国家食品药品监督管理局和单设的国务院食品安全委员会办公室。四是组建国家新闻出版广播电影电视总局。五是重新组建国家海洋局，接受公安部业务指导，设立高层次议事协调机构国家海洋委员会。六是将现国家能源局、国家电力监管委员会的职责整合，重新组建国家能源局。

有限政府背景下行政许可的原则应该是，"先市场、后社会、再政府"，而不再是原先的"先政府、后社会、再市场"的政府机构改革，必然体现有限政府这一要求。依据布坎南、图洛克、奥尔森等人的"公共选择"理论，只有在公众和媒体的强有力监督下，只有在有效制度的约束下，政府官员才可能按照公众的意愿制定和执行政策。即使监督和制约保证了官员与公众目标的一致性，政府的效率仍有可能低于市场上的自发交易，这是因为官员既无激励，亦无信息办好公众委托的事务。因而，这需要解决政府官员"不求有功，但求无过"的落后思想，不仅要推动政府公权力归位，还要使政府把政府该做的事情做好。

（三）法治：有限政府的保证。法治政府的含义是，每个公民在宪法和法律规定的范围内，都享有宪法和法律赋予的自由和权利，保护每个人的自由和人权。各种涉及所有人行为准则的规章、条例转换成法律制度约束，以法明制，依法治市，依法行政，依法治国，做到有法可依、有法必依、执法必严、违法必究，让司法权力在阳光下运行；通过民主监督，保障民众权利的正常行使，让民众参与并表达诉求，政府和民众协商合作治理社会，形成法律面前人人平等的市场秩序和社会秩序，使经济和社会生活进入和谐稳定的正轨，使人民群众共享发展成果，实现人的全面发展。这需要运用法治。

一是营造一个良好的经济环境。构建各种所有制经济平等竞争共同发展的体制机制，平等获得生产要素；健全归属清晰、权责明确、保护严格、流转顺畅的现代产权制度，以及合同的有效执行和纠纷的公平仲裁为市场经济最基本的支持性制度。促使私人财产不断积累和稳定发展，防止公权滥用和公共资源被无偿侵蚀、挪用、占有，达到发展经济、实现共同富裕的目标；建设透明统一公正可预见的法律体系，清理和废除对民营经济的不合理规定，消除各种隐性障碍等各类歧视政策；完善我国反垄断、技术标准、产品质量认证、知识产权、电子商务、反倾销和反补贴、服务贸易和金融等立法。通过健全法律体系，规范各类经济主体的行为，限制各种不正当竞争行为，维护正常的市场秩序。

二是运用法律规范政府和社会、企业和政府、农民和城市居民、富人和穷人等各种重大利益关系，使政府在社会自下而上与自上而下协商的多元公共利益主体参与与监督中走向高效透明，对那些有外部效益，本身收益不大的项目，在这种情况下，政府是可以补贴的。在诚实劳动和市场环境公平的前提下，对教育投资较多的人能获得更为优厚的职业待遇，使得人们的收入有差距，实现科斯所说的，建立"最能激励创新、激励创造性发挥的诀窍就是，他对社会的贡献和他本人所取得的报酬差别越小作用越大"的一个有利于创新和创业的市场环境。

总之，让"市场在资源配置中起决定性作用"，就是要建设一个尊重市场规律的服务、有限、法治的政府。更好厘清政府与市场的边界，充分发挥市场在配置资源中的决定性作用，营造公平开放竞争有序的法治化市场环境。习近平于 2013 年 7 月 23 日在湖北省武汉市主持召开部分省市负责人座谈会时强调，"必须以更大的政治勇气和智慧，不失时机深化重要领域改革，攻克体制机制上的顽瘴痼疾，突破利益固化的藩篱，进一步解放和发展社会生产力，进一步激发和凝聚社会创造力。改革开放是当代中国发展进步的活力之源，是党和人民事业大踏步赶上时代的重要法宝，是大势所趋、人心所向，停顿和倒退没有出路。"如果政府职能过多、职权过大，必然有意无意地干预市场主体的行为，导致市场的价格机制失去作用，从而扭曲了政府与市场关系，破坏市场主体间的竞争活力。比如，经济建设型政府虽然在短期内通过政府的力量拉动 GDP 较快增长，但由于代替了甚至扼杀了众多市场主体的积极性和创造性，使得以后的发展丧失了动力源头，也制造了进一步发展的经济社会风险。

资源配置不只推动生产效率的提升，在微观层次发挥作用；更重要的是，要在宏观层面发挥出应有的功能——在价值规律作用下，各个市场主体将资源由效益低的部门和地区自动流向效益高的部门和地区。即使这样，市场在资源配置中起决定性作用，而不是起全部作用。有些自然资源和公共产品具有固定性和公益性，关系国家安全和公共利益，必须由政府决策配置，不能由市场决定。例如：国家自然保护区、国防军事基地、公共交通设施、城市规划建设、农村耕地保护等。亚当·斯密也认为，私人产品由市场配置，公共工程由政府配置，并非市场决定一切。

二、政府努力建构统一有序的市场体系

十八大报告在讲到全面深化经济体制改革时，指出："经济体制改革的核心问题是处理好政府和市场的关系，必须更加尊重市场规律，更好发挥政府作用……健全现代市场体系，加强宏观调控目标和政策手段机制化建设。"面对社会主义市场经济体制演进中仍然存在的问题，党的十八届三中全会提出，必须"以经济体制改革为重点，以协调推进经济体制、政治体制、文化体制、社会体制、生态文明体制和党的建设制度改革为主要内容的全面性、系统性、整体性的改革"，达到政府、市场、社会三者相互协调、良性互动的格局——法治为基、诚信为魂、效率为先、公平为本的体制。

统一市场是指将不同所有制形式的企业纳入同一个公平竞争的市场体系，企业生产经营条件、资源配置和市场监管不会因"所有制"不同而不同。这主要在于，一是包括统一的产权行使方式、统一的市场运行规则、统一的市场监管制度、统一的争议处理机制；二是包括商品市场和资金、劳动力、房地产、技术、产权等各类要素市场，以及由此相互间所形成的

不可分割的有机统一体，以及各类市场运动、变化、发展的运行机制和管理调控机制。由市场形成价格的市场体系，以使市场价格充分反映资源的稀缺性。

价值规律通过市场价格及其变化，使资源配置适应市场和社会的需要，实现资源的有效配置。市场经济秩序由宏观、微观经济运行秩序、财税及金融市场秩序、商品和要素市场秩序、社会信用秩序、投融资秩序以及各级政府、企业和个体经济行为秩序等各个子系统构成。具体而言，用以规范市场主体（厂商、消费者、要素提供者、各级政府、非政府组织等各种参与市场活动的独立主体）的交易、生产、消费、契约等行为的一系列制度安排，主要有产权制度、市场价格制度安排、市场进出制度安排、消费者权益保障制度安排、经济法规等；市场体系的用以维系现代市场运行和拓展市场深度的辅助性制度安排，主要包括财务管理系统、会计、审计、统计、信用体系、金融体系、行业自律性组织等。在统一的市场中，各市场主体要想生存与发展，就必须遵循价值规律，实现人无我有，人有我优，人优我廉，人廉我转。而这又有赖于对市场的把握和科技的运用。在现代技术创新活动中，不能靠政府指令以及政府的各种优惠政策，而需要市场竞争环境和盈利的激励，使每个企业都主动根据价格信号来选择最适当的技术，改进产品和工艺；不能由政府自身的约束去考核和评价企业的"科技含量"，也不宜根据政府的判断和追求，对企业的创新活动方向发号施令或给予补贴。

（一）进一步健全竞争性的现代市场经济体制，就是要市场主体进一步摆脱种种束缚，充分发挥市场的潜力和效力，推动技术创新和产品创新。政府向市场放权，按经济规律办事，将那些本不应由政府承担的经济工作交给市场，减少对微观经济的干预。实行统一的市场准入制度，消除各种行政壁垒和区域壁垒，资源在全国自由流动，形成全国统一的公平竞争的市场体系。形成多种经济成分、多种市场流通渠道、多种经营方式并存的商品市场格局，形成遍布城乡的商品流通网络体系，形成比较完备的商业网点基础设施。各类生产要素和资源价格形成机制，要素市场是竞争性的，劳动力市场自由竞争，资本市场上开放。

根据财政部和国家税务总局联合发布的《关于对小微企业免征有关政

府性基金的通知》，自 2015 年 1 月 1 日起至 2017 年 12 月 31 日，免征小微企业教育费附加、地方教育附加、水利建设基金、文化事业建设费，进一步加大对小微企业扶持力度。此外，新政策还规定自工商登记注册之日起 3 年内，安排残疾人就业未达到规定比例、在职职工总数 20 人以下（含 20 人）的小微企业，可免缴残疾人就业保障金。免征相关政府性基金收费的小微企业，具体包括按月纳税的月销售额或营业额不超过 3 万元（含 3 万元），以及按季纳税的季度销售额或营业额不超过 9 万元（含 9 万元）的缴纳义务人。根据财政部和国家发改委联合发布的《关于取消、停征和免征一批行政事业性收费的通知》，2015 年 1 月 1 日起，取消或暂停征收包括征地管理费、保存人事关系及档案费、企业注册登记费在内的 12 项中央级设立的行政事业性收费，对小微企业（含个体工商户）免征房屋登记费、拖拉机行驶证费等 42 项中央级设立的行政事业性收费①。

价格改革将最大限度地缩小政府定价范围，最大力度地改革定价机制规则，最大程度地实现公开透明。价格改革的主要方向包括：一是将政府定价范围主要限定在重要公用事业、公益性服务和网络型自然垄断环节；二是将水资源费、排污费征收标准调整到位，完善煤电价格联动机制，积极推进天然气交易市场建设，完善促进节能环保的电价、供热价格、污水处理费等政策；三是完善居民生活用电阶梯价格制度，全面实行居民生活用水、用气阶梯价格制度，保障居民基本生活需要，促进资源节约；推进政府价格管理权力规范化、法制化、透明化，让价格权力在阳光下运行。

（二）政府向社会进一步放权，更好发挥社会力量在管理社会事务中的作用。政府向社会放权，是指把该放的放给社会，不该放的就不能放。诺贝尔经济学奖得主斯蒂格利茨称，中国的问题在于市场太多，政府太少。这说明了我们的放权是存在一定问题的，有些该放的没放，不该放的却放了。政府应承担提供教育、医疗、交通、公园等公共品的责任。政府应该通过征收环境税、更为累进的收入税以及房产税，并提高国有企业的利润上缴比例，而将更多的资源用来缓解医疗和教育的不足，可以同时刺激增长、改善环境

---

① 财政部国家发改委：《关于取消、停征和免征一批行政性事业收费的通知》，《人民日报》2015 年 2 月 19 日版。

和降低贫富差距。将那些大量的本应由政府承担而政府没有承担的工作接过来，吸引社会资本对教育、医疗、养老、体育健身和文化设施等投资；健全技术创新激励机制，探索建立知识产权法院。

健全资源的进口机制，制定和实施石油、铁矿石以及粮食等重要资源的进口战略。对造成环境污染的高耗能、高污染出口产品加征收环境税。提高技术研发和产品设计能力，加快构建资源的产业链，向产业链上游发展，降低资源型等产品的生产成本，向产业链下游延伸，降低物流成本；向产业链配套拓展，进入关键零部件和设备制造业，提高我国的国际竞争力，确保对外贸易增长不以牺牲生态环境和人民切身利益为代价。

（三）中央向地方放权，发挥地方的优势和积极性，解决财权事权不匹配的问题，增强地方自主权。政府为市场提供公平竞争的市场环境和维护社会公平正义。解决基本公共产品短缺的矛盾，在于确立政府在公共产品供给中的主体地位和主导作用；解决公共治理建设滞后的矛盾，在于加强政府自身建设与改革；推进发展方式转型的主要目标是公平与可持续发展。提供良好的法治环境，保持宏观经济的稳定，提供基本社保、良好的教育体系和科研体系尤其是基础科研体系；用公私合作（PPP）的方式提供共性技术和组织竞争前开发；按照外部性大小，用补需方的方式对节能、环保产品进行补贴；做好规划和协调工作。构成良好投资环境的主要因素包括：巨大的消费市场，丰富且具有较高素质的劳动力资源，良好的基础设施，有利于外资企业发展的制度环境等。十八届三中全会《关于全面深化改革若干重大问题的决定》指出：允许混合所有制经济实行企业员工持股。这一规定意味着企业将形成三元股权结构：国有股、民营股、员工股。员工持股的本质是以管理、技术骨干为主的员工持股，而不是人人持股，平均持股、福利享股。混合所有制经济的优势是它能够充分利用公有制经济和非公有经济两种产权形式、计划与市场两种经济调节方式各自的长处，获得多种产权形式协同配合的正效应。

（四）扩大开放，以积极的姿态融入全球化进程。十八大以来，党中央在全面深化改革的同时，坚定致力于扩大对外开放，进一步推动中国深度融入世界经济，推动统筹国内国际两个市场、两种资源，为我国经济持续发展打开新的窗口。

设立中国（上海）自由贸易试验区①，是在新的历史阶段中央主要探索中国对外开放的新路径和新模式，实现以开放促发展、促改革、促创新，且加快推动转变政府职能和行政体制改革，促进转变经济增长方式和优化经济结构，形成可复制、可推广的经验。此举措体现出一是中国顺应全球经贸发展新趋势，实行更加积极主动的开放战略；二是培育中国面向全球的竞争新优势，构建与各国合作发展的新平台，拓展经济增长的新空间；三是制度创新，努力探索形成与国际通行规则相衔接的制度规则体系和政府监管体系——成为具有国际水准的投资贸易便利、货币兑换自由、监管高效便捷、法制环境规范。通过加快与负面清单以及事中事后监管相配套的改革以及金融领域的改革，即加快审批、价格、金融、财税、垄断行业、投融资体制等领域的改革，释放经济新动力。2015 年 2 月 12 日，依据《中国（上海）自由贸易试验区分账核算业务境外融资与跨境资金流动宏观审慎管理实施细则》，自贸区企业及金融机构不论性质、大小，均可平等地向境外融资本币和外币，企业资本项下人民币可自由兑换基本实现。

"丝绸之路经济带"和"21 世纪海上丝绸之路"② 战略（简称"一带一路"），是中央应对全球深刻变化的形势、助推区域大合作、构建开放新格局的战略决策。随着全球经济增长和贸易、投资格局正在发生深刻调整，发展中国家乃至发达国家都需要新的发展活力。"一带一路"战略顺应这一趋势而产生。这一战略有助于我国形成新一轮对外开放格局，一是深挖我国与沿线国家在交通基础设施、贸易与投资、能源合作、区域一体化等领域的合作潜力，扩展我国与沿线国家优势互补、共同发展的新的空间；二是"一带一路"不仅在地域和国别上开放，也在合作领域与项目上开放；倡议鼓励各

---

① 中国（上海）自由贸易试验区是中国经济新的试验田。2013 年 8 月 22 日经国务院正式批准设立，于 9 月 29 日上午 10 时正式挂牌，其范围涵盖上海市外高桥保税区、外高桥保税物流园区、洋山保税港区和上海浦东机场综合保税区、金桥出口加工区、张江高科技园区和陆家嘴金融贸易区，由原先的 28.78 平方公里扩至 120.72 平方公里。

② "丝绸之路经济带"包括新疆、青海、甘肃、陕西、宁夏、重庆、四川、广西、云南、内蒙古等西部 10 个省区市；"21 世纪海上丝绸之路"包含江苏、浙江、福建、广东、海南、山东省等东部沿海 6 个省份。此外，黑龙江、辽宁、河南和湖北也积极融入"一带一路"建设。

国自愿参与，遵循市场规律和商业规律，各方平等互利，共同推进；三是在提升向东开放水平的同时加快向西开放步伐，促进我国中西部地区和沿边地区对外开放，推动东部沿海地区开放型经济率先转型升级，进而形成海陆统筹、东西互济、面向全球的开放新格局；克服了 30 多年来因地理区位、资源禀赋、发展基础等因素影响，对外开放总体呈现东快西慢、海强陆弱格局，打造共同富裕的新平台。因此，"一带一路"建设，将推动建立新的国际贸易和投资网络，拓展我国经济发展空间，为我国经济持续稳定发展提供有力支撑。正如习近平在 2013 年 12 月中央经济工作会议上指出的那样，"推进'丝绸之路经济带'建设，抓紧制定战略规划，加强基础设施互联互通建设；建设'21 世纪海上丝绸之路'，加强海上通道互联互通建设，拉紧相互利益纽带"。

总之，公平、开放、透明的规则体系的建立，将有效约束市场主体行为，规范各类市场运行，维护市场秩序，保障市场主客体以及市场时空上竞争有序。依据产业发展规律，推进产业的互相渗透与相互融合，推动城乡经济社会一体化——体制机制层面上统筹城乡发展，建立农村建设与农民的利益联结机制——以一定的聚合空间为基础，将村落民居、产业发展、基础设施、公共服务、社会建设等生产生活要素集约配置在一起的区域一体化、经济社会一体化。通过市场化释放制度红利，用制度建设发掘进一步改革的动力机制，实现可持续的经济发展。

第二节　市场主体在公平竞争中提升创新能力

完善社会主义市场经济体制，必须"坚持公有制主体地位，发挥国有经济主导作用，不断增强国有经济活力、控制力、影响力"；同时必须"鼓励、支持、引导非公有制经济发展，激发非公有制经济活力和创造力"[1]。只有这样，才能推进中国特色社会主义现代化事业。

---

[1]　参见十八届三中全会《关于全面深化改革若干重大问题的决定》，新华网 2013 年 11 月 15 日。

一、国有企业依靠自主创新在公平竞争中处于主导地位

完善社会主义市场经济体制，不仅要处理好政府与市场的关系，更要处理好国有企业与政府之间的关系。在社会主义市场经济体制演进进程中，国有企业与民营企业之间的关系，以及市场主体在市场竞争中处于平等竞争这一要求，在实践中具有复杂性。

（一）完善社会主义市场经济体制，必须处理好政府与国有企业的关系。国有企业的性质决定了全体人民与国有企业经营者之间有着多层次的委托代理关系：全体人民——全国人民代表大会——中央政府——国有企业经营者。中央政府公布国有企业的经营状况和国有企业利润的增减、收缴和使用情况，并且每年要向全国人民代表大会做专项报告，全国人民代表大会可以向中央人民政府就国有企业的经营状况进行质询和问责。地方国有企业根据属于不同地区人民所有和受益的情况，可以改称为省有企业、市有企业、区有企业和县有企业，但也存在着省内所有权人与省（或市、区、县）有企业经营者之间的多层委托代理关系。国有企业也正因有这一关系（政府在国有企业中的大股东身份），在市场竞争中往往处于不败之地（即使没有竞争力或经营不善等，政府通过对其补贴或经营风险的担保等）。换言之，在一般民众看来，国有企业往往成为政府在市场经济中的代表，政府所具有的行政资源也就是国有企业的资本。这就是，国有企业经营中政府管理者职能与股东职能的融合，极易导致政府公权力的滥用。一方面政府会利用公权力为国有企业谋求不正当的竞争优势，对民营企业产生"挤出效应"；另一方面也会利用公权力随意侵害国有企业的自主经营，造成政企不分。

改革三十多年的历史中，政商关系的最主要层面是政府与国有企业之间的关系。中共十一届三中全会指出，经济体制缺点在于权力过于集中，政企不分、以党代政、以政代企的现象突出。最初的"放权让利"，开启了计划经济中发展市场机制的历程，为国有企业松绑，扩大企业自主权，落实企业的经济责任。1983年开始推行"利改税"。国有大中型企业不必再向主管部门上缴利润，而是将其所实现利润的55%，缴纳企业所得税；国有小企业则按超额累进方式缴纳。1984年，国务院颁布《关于进一步扩大国营企业自主权的暂行规定》，扩大了企业生产经营计划权、产品销售权、产品价

格权、资金使用权和人事劳动权等10项权利，放权让利的改革全面实行。①
中共十二届三中全会通过《中共中央关于经济体制改革的决定》，提出个体
经济"是和社会主义公有制相联系的，是社会主义经济必要的有益的补充"。
这一年，被普遍称为中国现代公司元年。1985年推开政府对企业的预算拨
款改为银行贷款，变无偿使用为有偿使用。1985年国有企业实行工效挂钩
制度；1986年国有企业开始实行劳动合同制。1987年中共十三大报告指出：
"实行所有权与经营权分离，把经营权真正交给企业，理顺企业所有者、经
营者和生产者的关系……是建立有计划商品经济体制的内在要求……目前实
行的承包、租赁等多种形式的经营责任制，是实行两权分离的有益探索。"
承包制的原则，是"包死基数、确保上缴、超收多留、歉收自补"，以经营
合同的形式，规范政府与企业的责、权、利关系。1990年，政府与大多数
国有企业改成"一年一定"的滚动式承包。

1992年以后，改革的目标修订为建立现代企业制度。1995年政府采取
"抓大放小"政策，即保留那些具有战略意义、资产规模大的国有企业，放
弃那些规模小、利润低的国有企业。在1992年至1997年间，国有企业通过
员工共同持股的方式进一步锻造其市场竞争力。从1998年开始，国有企业
采取管理层回购的方式，由管理层买下控股权。在这一过程中，虽然国有企
业数量下降很多，但其占整体经济的比重却未下降很多。2003年后，国有
企业在经历休克式疗法后逐步地恢复元气。2003年国资委的设立，是解决
由于出资人缺位而导致的国有企业多头管理但却无人负责的问题。中共十六
大提出："在坚持国家所有的前提下，充分发挥中央和地方两个积极性。国
家要制定法律法规，建立中央政府和地方政府分别代表国家履行出资人职
责，享有所有者权益，权利、义务和责任相统一，管资产和管人、管事相结
合的国有资产管理体制。"

2011年，在所有国有和规模以上工业企业增加值及利润中，国企占比
接近30%。但这与竞争力似乎不成比例。也就是，国有企业并没有表现出
人们所期望的——很强的竞争力。究其原因，国有企业能动性的发挥受体制
和机制的束缚，不愿意从事较大的技术创新活动，利益和责任是不对称的。

---

① 参见雪珥：《熔炉与丛林：三十年来中国政商关系》，《中国经营报》2015年1月5日。

一是国有企业具有很强的预算软约束，即使出现了贷款违约，仍可以凭借政府背景融资；二是银行贷款向国有企业倾斜或国有企业更容易得到低成本的贷款，对于银行而言，如果向国有企业提供贷款，即使最后违约了，自己也不会被追究责任；三是国有企业不管融资成本，愿意以高利率借贷，容易造成国家金融市场的扭曲。

国有企业走市场经济之路，但不等同于已适应市场化要求。我国国有企业改革从"放权让利"到实行"承包租赁""拨改贷""厂长经理责任制"，到国有企业实行股份制改造，转换经营机制，建立现代企业制度，成为自主经营、自负盈亏、自担风险的市场竞争主体；再到设立"国有资产监督管理委员会"，实行公司化改造，进一步剥离国有企业"办社会"所承担的社会职能，都是力图克服效率低下，以及探索政府与国有企业之间究竟是何种关系才能适应社会主义市场经济的需要等问题。然而，理论上至今还没有说清楚，实践中也没有很好的效果。国有企业仍存在着诸如产权不清晰、科层组织过多、代理链条过长、信息不对称和"搭便车"等现象。

以辽宁为例，《辽宁蓝皮书：2015 年辽宁经济社会形势分析与预测》显示，2014 年辽宁国有企业经济效益下滑，亏损企业面达 50% 左右。自国家实行老工业基地振兴政策以来，辽宁国有企业基本解决历史遗留问题，如政企分开、企业办社会等，但国有企业仍然依靠国家的特殊政策和能源资源优势发展重化工业，国有股一股独大的问题仍未得到解决——冶金产业占 70% 左右，石化产业尤其是原油产业占 90% 左右，沈阳机床国有股占 90% 以上，沈阳鼓风机占 70% 以上，华晨汽车国有股占近 50%，大连船舶国有股占 45%。部分国有企业竞争力不强，抗市场风险能力较弱，大部分产品科技含量和附加值偏低；每年的研发投入和财政科研资金的投入不少，却鲜有重大或关键技术领域的突破，装备制造业尤为突出，一些核心零部件主要还是依赖进口。国有企业正在完善产权制度改革和公司内部治理结构，调整产业布局和发展方向，推动国有资本投向更多重要行业和关键领域。

在我国，企业与政府的关系在历史上更可见一斑。历史上的晋商、徽商还是十三行商人，他们所获得的财富都是政府给予的。晋商赚钱依靠的是盐。自汉朝起，盐就成为政府专控，政府授权民间一些家族经营盐业，几年之后就会富裕起来。明代中期后淮盐大盛，徽商兴起。十三行则依靠外贸起家，清政府规定只能在广州一口通商，并且划定专门的区域经商。赚了钱的晋商、徽商，回到家乡买土地。因而，土地在中国就有了一种"类货币"的性质。费正清看来，中国商人阶层的财富获取不是通过科技进步来完成的，而是通过跟政府的勾结和交易来完成的。美国汉学家魏斐德也认为，"中国商人最大的成就，是让他的孩子不再是商人"。为了充分发挥企业的自主性，荣德生早在 1946 年给当时的国民政府的一封信中就已经谈及，"若论国家经济，统治者富有四海，只须掌握政权，人民安居乐业，民生优裕，赋税自足……能用民力，不必国营，国用自足。不能使用民力，虽一切皆归官办，亦是无用。因官从民出，事不切己，徒然增加浪费而已"①。陈清泰也曾撰文提到，"所有制理论政策的改革红利已释放殆尽，生产力的发展呼唤新突破。民企发展到一定程度就对前景感到迷茫、缺乏安全感，移民和财产向境外转移的数量和规模日益上升；而很多国有企业对政府的过度干预也倍感无奈，呼吁让企业'回归本位'……如果能摘掉企业'所有制标签'，消除'所有制鸿沟'，将是生产力的又一次解放，为奔向高收入国家奠定基础"②。

可笔者认为，民营企业能经营好，同样是企业，国有企业也能做强。但国有企业做强的路径在哪儿？首要的是确立政府与国有企业之间的符合市场经济发展要求的关系。众所周知，国有企业是一个历史的产物，也是一个与国家政权紧密相联的存在物。更何况，社会主义社会是一个公有制或公有制占主体的社会，共产党人的宗旨是全心全意为人民服务。既然在社会主义市场经济中，国有企业性质的定位不能变，就有必要对国有企业本身进行分析。

可以将国有企业分为两类。一类是发挥战略功能的国有企业，完全不以营利为目的。为了在国家和地区层面实现特定的战略目标而保留下来的，在诸如公交、地铁、环卫、国防设施、公共卫生保健、义务教育等领域，只能由公益性国有垄断企业来垄断性经营，以支持普惠性社会福利体系的建设和发展其他公共服务领域，使经济社会的发展更大程度地惠及全民。严格意义上，此时的国有企业不再是企业，而是在公共利益与企业利益之间，兼有

---

① 转引自刘胜军：《重启改革离不开思想市场》，财新网 2013 年 9 月 29 日。

② 陈清泰：《超越所有制，解放生产力》，《中国民商》2013 年第 12 期。

部分政府与社会职能，实现"权力—钱力—民力"的和谐——不仅在理论上而且在实践中达成"社会责任和义务以及公共政策目标"，在国家利益拓展、经济基础夯实、经济与社会安危中，扮演着不可替代的角色。一是为政府分忧，不以营利为主要目的，承载了大规模的就业、可观的税收和稳定宏观经济局势等方面的功效，然后制定系统的、配套的国有经济"软着陆"策略和政策。二是专注于国家经济安全，在竞争性领域战略性退出，不"与民争利"，提供非营利性公共产品，维护社会稳定的坚强力量；或作为替代性的公共财政融资渠道，为公共项目建设融资。这样的国有企业，严格意义上只能作为特殊法人来对待，政府应该采取合适的方式和方法继续运作，并由政策性银行提供融资，保证我国战略行业的稳定。这是因为，要求一个法人去追求多样化的任务，将难以对其履职行为进行评价，也就是说，不能用一个任务完成状况去测定其工作绩效。但就是这类国有企业，也应完善国有资产管理制度、国企内部管理制度和经理人市场，职工竞争上岗。

二是那些为了保持在国际市场的竞争力而保留下来的、比私营企业更加接近国际技术前沿的、可以市场化的国有企业，应该按照市场规则进行运营。通常所说的在市场竞争中与民营企业处于平等地位的就是这类国有企业。进入市场的国有企业，如何保证独立的企业法人地位？新加坡的国有企业发展给出了答案，在一定程度上具有借鉴意义。新加坡政府在国有企业中同时兼具管理者与股东身份，为使这两种身份被有效"隔离"，新加坡建立了以淡马锡为代表的国有控股公司这一平台，并对国有企业采取了三级管理模式。国有控股公司是政府控股，不介入国有控股公司的具体经营事务，其责任在于使全体国民长期利益的最大化。同时，国有控股公司则将自己明确为一个独立的商业主体，并代表政府积极行使对政联企业的股东权利，保障了政府股东的利益。

（二）积极发展混合所有制经济，发挥国有资本的主导作用。国有企业改革是使其适应市场经济平等竞争的要求，这就要求在推行国有资本分类监管的基础上，一是资本资产体制的改革，实现政府与国有企业分离，资本所有权与经营权真正分离，实现国有企业的现代企业制度。这也是国有企业改革的必然逻辑——从"国营企业"到"国有企业""国有控股企业"，再到"国有资本投资公司"。根据科斯定理，"只要财产权是明确的，并且交易成本为零或者很小，那么，无论在开始时将财产权赋予谁，市场均衡的最终结果都是有效率的，实现资源配置的帕雷托最优"。构建国资委、国有资本投资公司、国有企业三个层级间的纵向关系，使国有体现在对于资本的掌控力上，即通过宏观手段使其资本在不同行业、不同企业之间流动来实现国有的意志。也就是，以国有控股公司为平台，隔离政府的管理者身份与股东身份，使国有控股公司享有完全的独立性和自主性，进而通过市场化的手段使之平等地、透明地参与市场竞争。

二是国有企业运行机制改革，推动各类资本优化重组，发挥国有资本的主导作用，积极发展混合所有制经济。早在2003年10月，中国共产党的十六届三中全会就第一次提出要大力发展混合所有制经济，实现投资主体多元化，使股份制成为公有制的主要实现形式。这意味着会有大型和特大型国有企业，也会引入非国有资本，走股权多元化道路。党的十八届三中全会通过的《关于全面深化改革若干重大问题的决定》进一步提出，国有资本、集体资本、非公有资本等交叉持股、相互融合的混合所有制经济，是基本经济制度的重要实现形式。基于此，一是国有企业敢于让利，向社会资本推出一批重大项目，让社会资本有真正盈利的预期；二是积极推动服务业领域向社会资本开放，打破服务业领域的国有垄断，使社会资本成为服务业发展的重要主体；三是推进国有资本向"公益性"方向进行战略性调整。此外，积极推动国有企业员工持股，实现劳动与资本的有机结合，壮大社会财富的物质基础。简言之，发展混合经济所有制，有利于国有资本放大功能、保值增值、提高竞争力，有利于各种所有制资本取长补短、相互促进，让一切创造社会财富的源泉充分涌流。

混合经济所有制在竞争性行业中，走职业经理人制度。职业经理人有供方、有求方，完善法人治理结构。有企业咨询公司，有猎头公司，有企业家协会、经理人协会等等，把这些人的信息汇聚在一起，推荐经理人。并形成企业管理人员能上能下、员工能进能出、收入能增能减的市场化经营机制；依法依规放开各种准入限制，建立起国有企业资本的市场化补充通道，以及企业国有资本按市场规则有序进退、合理流动的机制。为保障自身的独立性，新加坡国有控股公司及时摒弃了内部治理结构的行政化，建立了独立、高效和专业的董事会及相应的日常管理机构，并采取了董事会中心主义的治理模式，确保国有控股公司的独立运作。即使几个国有企业都投资建立了新的国有企业，也比单一的投资主体建立的国有企业好，因为董事会不是代表一方的，而是代表各方的，这也是有利的。

按照通行的国际惯例，上市公司股东分红比例为税后可分配利润的30%—40%之间，无论什么机构担任国有股东的代表，一般都要求将国有企业的红利转给财政部门，用于公共支出。丹麦、芬兰、法国、德国、新西兰、挪威、韩国以及瑞典等国都是如此，英国盈利较好的企业上缴盈利相当于其税后利润的70%—80%，而新加坡国企分红水平一般则为1/3—2/3，高的甚至达80%—90%。鉴于我国国有企业的历史与现状，2007年财政部、国资委颁布的《中央企业国有资本收益收取管理暂行办法》① 规定，"中央企业国有资本收益应当按规定直接上交中央财政"——"国有独资企业上交年度净利润的比例，区别不同行业，分以下三类执行：第一类10%；第二类5%，第三类暂缓3年上交或者免交"。对国有控股、参股企业而言，"应付国有投资者的股利、股息，按照股东会或者股东大会决议通过的利润分配方案执行"。

坚持和完善基本经济制度，就是增强国有经济在关系国民经济命脉的重要行业和关键领域——涉及国家安全的行业、自然垄断的行业、提供主要公共产品和服务的行业以及支柱产业和高新技术产业中的骨干企业——占支配地位，支持、引导和带动整个社会经济发展，在实现国家宏观调控中发挥重要作用。但这需要在竞争性领域通过市场平等竞争体现出自身的竞争力和效率。

二、民营企业通过提高创新能力提升竞争力

营造市场主体在市场中的平等竞争环境，不仅为民营企业提供了进一步发展的平台，也为社会公众从事经济活动的积极性与创造性的发挥提供了空间。

（一）民营企业在平等竞争中发展。让市场在资源配置中起决定作用，

---

① 中华人民共和国财政部、国务院国有资产监督管理委员会：《中央企业国有资本收益收取管理暂行办法》，2007年12月11日。

使得国有企业和民营企业在竞争中相得益彰，形成共赢的格局。国有企业与民营企业在产业、行业领域竞争中被同等对待。在国际市场上，都是中国产品，都是中国制造。国有企业跟民营企业是竞争对手，也是合作伙伴。民营企业有动力，且在国有企业的制约下适度发展；国有企业在民营企业的激发下焕发出一定的活力。人力资本、自然资源公平流动导致利润率平均化，货币资源自由地进入或退出会产生全社会的平均利润率。生产领域的人力资本与流通领域交易的人力资本处于平等地位，推动整个社会资源的有效利用和社会财富创造源泉的不断出现。三十多年的发展，中国民营企业的GDP贡献已近60%，创造就业机会占80%。也就是，它的存在与发展，关乎国家社会稳定、就业、收入等民生大计。从单个企业规模看，2012年全国民营企业500强数据显示，全国民营十强的平均营业收入达到1400亿左右，最大的沙钢和华为两公司超过2000亿。从企业创新能力、核心竞争力看，也涌现出以华为为代表的一批优秀企业，在工业和信息化部、财政部公布的2011、2012年国家技术创新示范企业中，民营企业占大半壁江山。[1]

　　然而，在相对开放的领域，民营企业仍旧受到种种政策歧视。相关数据显示，在企业准入的行业与领域中，准许国有企业进入的有80多个，外资企业进入的有60多个，而民营企业则只有40个[2]。具体表现在，在投资政策方面，与国有经济和外资经济相比，审批环节繁多且条件苛刻。在融资这方面，更是困难重重。针对现实问题，三中全会除了明确宣布完善产权制度、国企民企产权都不可侵犯之外，还在竞争与合作方面做了一系列制度安排。一是健全法律制度，使民营企业与国有企业同在一个平台上竞争发展——排除民营企业在融资等方面存在着更多的障碍，根治"两张脸"和"两个标准"的状况，严厉打击影响和破坏民营企业正常生产经营秩序的行为。

　　二是政府给予民营企业与国有企业平等竞争的平台。政府通过政策和经济的杠杆，引导民间资本设立创业投资和产业投资基金，积极推动企业发展高科技产业，进一步增强竞争力。国务院批转国家发展改革委《关于2013年深化经济体制改革重点工作的意见》强调，抓紧清理有碍公平竞争

---

① 顾文军：《民营企业后十八大发展新动能》，《企业家日报》2012年12月3日。

② 顾文军：《民营企业后十八大发展新动能》，《企业家日报》2012年12月3日。

的法规，推动民间资本有效进入金融、能源、铁路、电信等领域。国务院发布《关于改革铁路投融资体制加快推进铁路建设的意见》，强调以中央财政性资金为引导，吸引社会资本投入，设立铁路发展基金，同时向地方和社会资本开放城际铁路、市域（郊）铁路、资源开发性铁路等的所有权和经营权。2013 年 7 月 5 日，国务院出台的《关于金融支持经济结构调整和转型升级的指导意见》指出，应扩大民间资本进入金融业，鼓励民间资本投资入股金融机构和参与金融机构重组改造。9 月，国务院印发《关于加强城市基础设施建设的意见》，强调在确保政府投入的基础上，充分发挥市场机制作用，吸引民间资本参与经营性项目建设与运营。2013 年 10 月 14 日，国务院公布了《关于促进健康服务业发展的若干意见》，民营资本进入医疗健康领域的"玻璃门"被打破，"非禁即入"的提法首次在医疗卫生行业中出现。十八届三中全会对民营经济发展充分肯定，使得今后在具体政策制定上，为民营企业进入更广阔领域扫清了意识形态和理论上的障碍，民营经济将可以收购、兼并国企，允许混合所有制经济实行企业员工职工持股。

　　一般认为，民营企业所有权、经营权清晰，为了生存，能表现出较强的创造力。更为重要的是，民营企业比国有企业更重视自主创新和产业升级——从产品设计到原材料的自主选择权和节能减排，以及在管理层面的改进生产、营销、产前产后服务方式方法。实际上，这只是一个视角。我们不怀疑相当一部分民营企业在市场上有竞争力。但还有很多民营企业在许多方面还需进一步提高。企业生产面向大众的产品，内部管理却停留在家族化状态，将血缘、亲缘、地缘关系发挥到淋漓尽致，以权力为轴心，构建了牢固的人脉网和利益链，等发展到一定阶段，却遭遇了顽固的天花板，形成难以逾越的瓶颈。为此，民营企业要想有提升竞争力、持续发展，一是就必须更新观念，树立企业与员工、企业与环境、企业与消费者 / 生产者共生共赢的理念，不能坚持"资本雇佣劳动力"看法，不能仅仅为了利润而利润；强化国际化经营与竞争的意识，依靠科技进步与创新来实现技术发展。二是在组织形式上，推动家族模式、江湖模式提升到现代企业制度模式，进一步规范产权，真正健全法人治理结构——股东会、董事会、监事会、总经理，各在其位，使得优秀人才融入到企业发展中，增强企业发展的后劲。市场是企业家不断创造和创新的场所。企业家是市场的灵魂，其进取精神、善于创新、能吃苦、敢冒险，决定着社会创新、社会财富增加的速度。三是民营企业应有战略眼光，积极转变盈利方式，从低竞争力的传统产业向高竞争力的战略性新兴产业——节能环保、新一代信息技术、生物、高端装备制造、新能源、新材料、新能源汽车等领域。在知识经济时代，企业应成为技术创新的主体。因而，这需要在吸收消化国际上先进的科技成果的基础上，成就自己的技术优势。四是抓住国家积极营造平等竞争的市场环境，提升创新能力、推动科技成果产业化和抓好市场示范应用。十八大报告论及"生态文明"以及转变经济发展方式，这一重大决策必将改变相关的某些体制机制，即要求企业加强技术创新、节能减排。这对于主要集中在初级加工和以工业原料供应为主的民营企业，提供千载难逢的机遇。但要获得资源，获得竞争优势，就必须提高民营企业自己的核心竞争力。

（二）民营企业在农业现代化进程中提升发展空间。在新农村建设和城镇化建设中，民营企业更可以在农村新型经营方式方面发挥自己的优势。虽然我国农业发展整体还比较落后，但我国从南到北，由东至西，气候多样，土地各异，既有适合大规模机械化的辽阔平原，也有地块分散的丘陵山地。经过三十多年的市场化改革，社会公众的市场意识得以增强。仅就农业而言，许多农业经营者不仅具有现代农业知识（包括农业技术、农产品质量安全等），更具有市场竞争方面的培训（农产品市场营销和食品安全等）。如在农产品方面，人无我有，你不种我种；人有我优，你种我也种，我质量比你好。

为此，从地区实际出发，遵循市场经济规律，尊重企业与农户的市场主体地位和经营决策权；建立"归属清晰、权责明确、保护严格、流转顺畅"的现代产权制度，大力发展由龙头企业联结农民专业合作社、带动农户的组织模式，与农户建立紧密型利益联结机制。这一组织形式，有助于实现土地、人力、科技等各要素的有机融合，提高资源利用率，走出一条生产技术先进、经营规模适度、市场竞争力强、生态环境可持续的农业、农村发展之路。

要走好这一道路，一是坚持和完善家庭经营基础性地位的农村基本经营制度。中共中央办公厅、国务院办公厅印发了《关于引导农村土地经营权有序流转发展农业适度规模经营的意见》，依法保障集体经济组织成员享有的土地承包经营权、集体收益分配权，积极发展农民股份合作；赋予农民对土地依法享有占有、收益、有偿退出及抵押、担保、继承权的权利；推进农民住房财产权抵押、担保、转让，增加农民财产性收入渠道，维护农民生产要素权益。无论是坚持小户经营还是流转土地，都尊重农民意愿，让其自由选择，让他们有更好的社会保障和发展机会。二是在推进农业产业化这一过程中，完善财政支农、金融创新、农业保险、公共品供给等农业社会化服务体系建设，搭建便捷的土地流转交易平台，建立土地流转价格协调机制和纠纷调解机制，提供必要的人才和信息服务，规范和降低超市和集贸市场收费，结合实际完善适用品种范围，降低农产品物流成本，等等。以此解决农民在生产中面临的自然风险和社会风险，充分发挥农民的智慧和创造力，实现农业科技进步与农业社会化服务水平相适应。

向农业输入现代生产要素和经营模式，需要引导工商资本发展现代种养业。但对于这一点，必须有相关制度规范。也就是说，对于工商企业进入农业，一是建立防止损害农民土地权益，防范承包农户因流入方违约或经营不善而遭受损失的风险保障金制度。严禁占用基本农田挖塘栽树及其他毁坏种植条件的行为；严禁破坏、污染、圈占闲置耕地和损毁农田基础设施。二是建立土地利用、合同履行等风险的动态监管机制；严禁借土地流转之名违规搞非农建设，严禁在流转农地上建设或变相建设旅游度假村、高尔夫球场、别墅、私人会所等。三是建立严格的准入制度，对租赁承包耕地要有明确的上限控制，按面积实行分级备案。这是最重要的一点。中国历史、中国社会的农民发展史表明，什么时代土地占有相对平均，百姓就可以安居乐业。但是，土地总是相对有限的，因禀赋、机会、权力等因素的差异，在发展过程中，就会不可避免地产生贫富的不断分化。一旦农民失去土地而变成流民，就会引发社会的失序。

家庭农场、股份合作、专业合作等多种形式是农业产业化的主要经营方式。家庭农场以家庭所能顾及的范围为限，实现规模经营与精细化管理的有机结合，不仅改变着农户兼业化问题，也在一定程度上克服了"规模小而无效、规模大而不精"的弊端。家庭农场也在某种程度上继承了我国传统农业中循环农业的做法——餐厨废弃物资源化与畜禽粪便集中资源化——养殖业禽畜粪便做肥料、种植业废料做饲料，实现种养业互动协调发展。

专业合作社以市场为导向，以龙头带动农户的形式，把农产品的生产、加工、销售连成一体，形成有机结合、相互促进的组织形式和经营机制。这一组织也就是把产前、产中和产后环节整合为一个完整的产业链条——形成种养加、产供销、贸工农、农工商、农科教一体化经营体系。如合作社组织生产、引进良种、技术指导和收购产品、进行加工或销售等活动，农户按照合作社的要求进行生产和出售农产品，是一种利益紧密结合的产业经营模式；或农民自创的专业合作社，利用当地资源，发展特色产业和产品，形成一乡一业、一村一品的产业格局。在此基础上鼓励龙头企业以农林剩余物为原料的综合利用和开展农林废弃物资源化利用、节能、节水等项目建设，积极发展循环经济，实现资源在城市和乡村自由流动。

三、推动经济增长从"以物为本"向"以人为本"转变

经济增长是靠自然资源、劳动力和技术等生产要素的投入推动的。但这些生产要素的组合形式不同，经济增长的方式也不同。如果经济增长依赖于自然资源、劳动力要素投入数量的增加来推动，这是一种"以物为本"的粗放型的。这是因为，不论从劳动者自身的发展现——"没有劳动时间的缩短"和"造成生命和健康的浪费"，也就是，"不是为劳动者健康着想，而是为便利产品生产着想"；从整个社会来讲，带来的不仅仅是资源短缺，更可怕的是生态问题。如果经济增长是建立在科学技术进步和劳动者素质提高基础上，通过低投入、低消耗、高产出的途径获得的，这是集约型的，以人为本的①。

（一）"以物为本"的市场经济体制。在社会主义市场经济体制孕育、建立乃至完善之初，在生产技术水平较低的条件下，经济增长主要依靠增加资金、人力、物力等生产要素的投入量来提高产量。在1980年，按可比价格计算，每万元GDP能源消耗是13.26吨标煤。20世纪90年代初期通过外汇改革全面实施出口导向政策，用净出口（即出超）需求弥补国内消费需求的不足，用以拉动经济增长。这在于，当时农村还有大量廉价劳动力需要就

---

① 以往都以物质财富的增长为研究对象，其间的人归结为资本，人围绕物而转。随着科学技术的发展，经济发展回归到为人本身。

业，其他资源的短缺程度还不是那样严重，粗放增长模式还能表现出一定的生命力。21 世纪之初，在加速城市化的进程中，各级政府获得了大量土地资源的支配权，用大规模的资本密集型项目投入的办法实现 GDP 的高速增长，这就进一步增强、巩固了粗放式增长方式，进入了高投入、高消耗、高污染、低收益的增长路径。换言之，在资本和技术要素缺失的早中期，需要持续的大规模基础设施投入，以形成更具吸引力的投资环境，这往往通过对人均收入增速的抑制以及损耗环境承受能力来实现。

中国 GDP 曾经的高速增长，主要依赖政府政策引导，对资本密集型的项目以及基础设施建设进行投资（投入大量土地资源，雇佣大量的低工资农民工），带动钢铁、机械重工业、石化能源、物流运输等行业发展。投资比重过高，必然导致能源、资源消耗量大，环境污染加重；从单位产品实物量能耗、物耗的绝对水平来看，与世界先进水平甚至平均水平相比差距甚远；一些行业曾存在的产能过剩、供需失衡、成本上涨、价格下跌等，这又源于在土地、水流、矿产、能源以及环境污染等方面，均未建立起真正反映稀缺程度以及与成本相适应的价格形成机制。2003 年至 2005 年，国内生产总值年均增长 10%，但全社会固定资产投资年均增长 26.8%，能源消费总量年均增长 13.6%，二氧化硫、化学需氧量等主要污染物也增长。此外，我国矿产资源总回收率仅为 30%，比世界先进水平低 20 个百分点。在这一环境下，我国经济增长速度越快，资金投入、资源消耗和环境污染大幅度增加。也就是说，靠投资拉动的粗放型经济增长方式，要保持高速度的经济增长态势，就必须要使产能不断的增加。这不仅意味着自然资源的大量消耗，而且意味着最终消费必然不足，出现生产过剩的问题。这是基于生产者（资本所有者）为了获得利润最大化，不断地增加投资，而使普通的劳动者不能够分享增长的成果。加上市场经济本身并不能规定什么样的人、什么样的东西可以或不可以在市场上进行交易；只关注对利益的获取，缺少对资源贮存和利益来源的合理考量。

在粗放经济增长方式下，源源不断地输入原料（客观的自然资源或人化的物质资源），生产出商品和废弃物，从中获取大量的剩余价值。这一模式带动经济增长的同时，也带来了诸多问题。一是在生产过程中，因生产资料的不断增长，会从深处毁坏自然资源的根基——因乱砍乱挖造成的水土流失；与此同时，其排放出的废弃物进一步恶化了生态系统。二是与生产资料相对的劳动力资源（这一资源是资本者在市场中通过等价交换购买的），进而根据历史唯物主义观点，因生产资料在资本所有者手中，产品的分配必然有利于资本者，随着时间的积累，社会必然出现贫富差距较大，影响经济社会的持续发展。

既有的经济持续增长，不是依赖于自然生产力消耗大量自然资源，就是依靠科学技术不断推动劳动生产力提高来消耗自然资源。鉴于自然生产力自身的局限性——自然资源数量的有限性、生态系统承载力的有限性和劳动力所有者的生理与心理的极限——促使资本所有者及其资本主义国家运用科学技术提高商品的产量，但也没有改变生态恶化的趋势。20 世纪 70 年代，洛克菲勒基金会和福特基金会在日本成功培育了高产矮秆小麦和稻谷，并迅速在发达国家推广。20 世纪 90 年代中期，在全世界实现了水稻和小麦平均产量两倍以上的增长，极大满足了人类的需要。可是，为此却付出了巨大的成本——如在美国生产一吨玉米需要 160 升油（包括运输、机械、化肥、农药等等），而在墨西哥，农民用传统的方法生产同样多的玉米只需要 4.8 升油；单位产出的耗水量一般是农户生产方式的 5—10 倍。据不完全测算，2005 年能源开支占美国农业生产总成本的 16% 还多，其中三分之一直接用于燃料，包括电力，三分之二间接地用于化肥和农药的生产；农业消耗了全球用水量的 70% 左右，长期频繁的灌溉和农药使得土质大幅下降，这使得单位产量的能耗成本进一步增加，劳动生产率不断下降。克鲁格曼指出亚洲经济增长"主要来自于汗水而不是灵感，来自于更努力的工作而不是更聪明的工作"。

就世界范围的市场经济的发展，在一定程度上是市场驱动、生产要素驱动、效率驱动的更替推动了经济的不断增长。市场驱动是指商品缺乏，市场调动社会成员的积极参与市场活动，生产出更多的商品，在满足社会成员需求中推动经济社会的发展；要素驱动是指经济的增长依赖于土地、劳动力等生产要素的不断增加。效率驱动则是指经济社会发展有赖于各生产要素效率的提高，而这一提高意味着市场经济体制已基本建立，也推动着经济增长内涵的提升、政治体制的转变和社会转型。创新驱动强调的是，随着经济社会的发展，传统的经济增长模式受到诸多限制，如生态环境的制约、社会中贫富差距的限制，经济发展的动力必然源自社会成员的知识（包括制度、科学技术等有形的和无形的人类自身的创造力）。简言之，创新驱动就是知识的驱动。而知识驱动的力量来源就是人自身力量的发挥。

（二）"以人为本"的社会主义市场经济体制。"以人为本"的经济是一种集约型经济，强调经济增长主要依靠科技进步和劳动者素质提高，以及实行人性化和科学化的经营管理而带来的高劳动生产率而取得的经济。符合这一内涵的是知识经济。

知识经济，一种"以人为本"的经济，是建立在知识和信息的生产、存储、使用和消费之上的经济。知识不等于素质，素质却以知识为基础，把知识内化为素质，并在经济社会发展中表现出来，才能真正体现出知识的价值。也就是，知识生产者具有比较深厚的理论素养、精湛的专业技能、高尚的职业道德和突出的创新能力[1]。知识经济是对工业经济带来的实用主义价值理念、工具理性与技术崇拜[2]、追逐物质财富的目的的矫正，是致力于解决人本身、人与自然、人与社会的矛盾的新型经济。也就是，知识经济是一种集物质生产、精神生产与人的健康发展于一体的经济形态。这三者的有机统一有利于最大限度地发挥人的积极性和创造性，为经济社会发展提供不竭的动力；人也在这一进程中迈向自由全面发展。这一经济形态，从发展理念看，实现以"物"为中心向以"人"为中心转变；从发展方式看，从片面追求自然资源的开发利用为本位向提高劳动者的素质以及有效的产权制度安排的促进人的全面发展转变。简言之，知识经济就是通过人的综合素质的提升，实现知识生产与外部环境（自然、社会等）有机协调，实现人的文明与物质文明、精神文明的有机统一。

知识经济需要教育文化和研究开发为先导，高素质的人力资源是最为重要的资源。迈克·斯彭斯认为，当一个国家人均 GDP 达到一定程度后，一个国家的竞争力往往来自于产业集群和人才。也就是，从要素驱动转向创新驱动，推动经济持续健康发展，需要高素质的人才，否则无法实现创新，

---

[1] 奥地利经济学家熊彼特在《经济发展理论》中提出"创新"的概念并将其定义为企业家将一种从未有过的新的"生产要素和生产条件的组合"引入生产系统的整个过程。

[2] 从各种灾害和风险的预防、应对和善后中充分利用与整合科技资源，是人类应当坚持的方向。

无法推动科学技术转化成现实的生产力，无法打通产、学、研、用之间的有效通道（统筹各方面资金并切实提高分配和使用效率）。特别是新一代信息技术，包括新一代互联网、物联网、无线网、大数据、云计算、量子通信、量子计算和新计算技术等；以及在经济和社会领域（包括农业、制造业、交通和能源等）的渗透和应用——智能化和绿色化的先进制造、机器人、智慧城市、智能交通、智能电网、可再生能源和绿色技术等。我们三十多年的高速发展是因为后发优势，别人在修路（如，美国的整体创新机制和教育体制仍吸引全世界人才涌入，美国以3D打印、人工智能、量子计算、页岩气开发等为代表的先进科技引导全球工业革命、信息革命、能源革命），我们在走路（主要依赖外国的技术——电脑、手机、汽车等）。

高素质的劳动者构成的企业是知识经济的主体，通过"知识创新—技术创新—产业创新"三位一体的创新体系，推动产业结构的优化与升级——对各个生产要素进行重新整合，实现生产要素的加数效应和乘数效应；可以使产品产生高附加值，创新转化的生产力呈现级数效应，具备超乎预测的放大功能。实现经济由以量取胜向以质取胜转变，由速度到效率、由总量到结构、由资源向技术的转变，提高资源配置的整体效率，由实现主要由投资拉动向主要由消费拉动转变，实现由中国制造向中国创造转变。也就是说，"制度变革、结构优化、要素升级"的更根源性、更深层次的动力是充分发挥人类自身这一关键资源。人类自身的创新能力是可再生资源，一旦成为发展的原动力，就会源源不断地发展壮大。畅销书作家托马斯·弗里德曼在《世界是平的：二十一世纪简史》一书中曾经讲过，"只单独引进技术是远远不够的"，"只有当新技术与新的做事情的方法结合起来的时候，生产力方面巨大的收益才会来临。"也就是，不能只是引进技术，而应该把更多的精力放在新技术环境下学习方式和教学方式的变革上来，只有这样，教育生产力方面的巨大收益才会到来。

1.通过全面深化改革，释放制度红利，激发市场主体的创新动力。政府不仅是公平竞争市场秩序的营造者和维护者，而且保障社会成员享有基本的公共产品和服务。在一个真正的市场中，或者在创新驱动的市场中，各个市场主体必然是平等的，相互之间的竞争是得到法律保障的。所有利益相关者会基于利益导向、利益制约，依法"对事不对人"，以经济杠杆（主要是价值规律）规范长效机制，在整个产业链传导关系中，千方百计地开发有利于节能降耗的工艺、技术和产品，想方设法在市场里面扩大份额而取得竞争先机。改变以往的政府指定产业发展的方向和技术路线，即政府在从资源配置到科研的攻关目标到商品化产业化都在起主导的作用，建立一套推动产学研组织形成合力的体制，让资金支持采取市场化的方式来运作，原始性创新具有很大的不确定性，在经济上不一定能取得成功，只能发动千军万马的企业去闯、去实验，那么即使成功概率很低，但只要参与竞争的个体数量足够多，就一定有一部分能够取得成功。

改革开放以来，我国逐步实现了从"单位保障制"向"社会保障制"的转变，基本实现了社保的普惠，但仍存在城乡分割、身份分割、地区分割下的福利分配失衡。也就是说，在社会保障、医疗保险、社会救助体系，以及养老保险权益、公积金权益乃至职业福利权益等方面，城市与乡村、发达地区与欠发达地区、机关事业单位人员与企业职工之间仍存在着较大差别。已有的理论与实践表明，这样的格局一旦固化，那市场经济带来的就不是全社会的福音，而是不平等的加剧。

为此，十八届三中全会提出努力缩小城乡、区域、行业收入分配差距，逐步形成橄榄形分配格局——"低收入和高收入相对较少，中等收入占绝大多数"——中等收入阶层占多数的社会阶层结构。对不适合生产力发展的制度进行调整和变革，打破既定利益结构，有助于提高政府工作效率；也有助于抑制富人群体在财富和资源的社会占有上的扩张并强化二次分配，防止中产阶层"下层化"，并把更多低收入的人提升到中产阶层。这就要求，政府首要的是加快推进户籍制度改革，剥离其附着户籍之中的权益差距，实现公共资源分配和公共服务、福利待遇的均等化，有序推进农业转移人口市民化，促进劳动力自由流动。这是落实宪法规定的公民享有基本权利的起码要求，也是推动发展成果惠及全体人民的题中之义。采取了多种措施稳定就业。一是积极推进公共职业技能实训基地的建设，对外出务工人员、城镇就业困难人员和复转军人等开展实用技能培训。二是改善各级人力资源市场，逐步形成覆盖城乡的就业创业公共服务体系。三是推动缩小贫富差距——城乡差距、区域差距，把收入分配制度改革落实到实处；引导企业科学管理人才，在经营遇到困难时，不是简单裁员，而是采取停工检修、轮休培训等方式来稳定员工队伍，使居民消费真正成为拉动经济增长的引擎。

二是完善创新的激励机制，把更多资源用在"人"的素质的提高而不是"物"的量的积累上，做到看准人、多支持、少干预；保护科研人员知识产权和合法权益，营造公平公正环境，使高素质人才不为侵权剽窃所扰，不为不必要的审批、评比所累，专心致志搞创新、出成果。中国梦的实现要靠数亿掌握知识和技能的人才大军。需要特别指出的是，多给青年人空间和时间，多包容、宽容、理解青年人的梦想和激情，在知识更新加速的时代，许多新技术、新创意往往出自那些有初生牛犊、"青苹果"之称的年轻人。从事生产的劳动者成为有知识、有技术的劳动者，进而精神面貌等整体素质也得到提高。这样，他们在创造更大的附加价值的同时，收入也能够得到提高。通过各方面的努力，经济发展实现由主要依靠一般性要素投入向更多地依靠技术、信息等高级要素投入转变；降低资源密集型产业比重，增加技术或知识密集型、高附加值产业比重；实现由原来的数量型增长向质量效益型增长转变，由原来主要追求物本发展向主要追求人本发展转变。时刻都有新公司成立，其专业的网络和快捷的信息交换渠道是其独特的竞争优势。在这个系统中，社会非常欢迎企业进行尝试、冒险，并共享成功与失败的经验。

2. 在不断从发达国家学习新的商业模式和技术的同时，提升自己的创新能力。人类正在从IT时代走向DT时代，即数据时代。因为数据这一创新驱动，释放人的智慧、释放人的想象力。在现代市场经济中，发达的交通以及通讯信息网络是建设统一市场的物质技术条件。发展电子商务、连锁经营、物流配送等现代流通方式，促进商品和各种要素在全国范围自由流动和充分竞争是必然趋势。更值得一提的是，科学技术的发展改变了人们许多看法，一个小企业在科学技术的帮助下可以在很短时间变成一个巨大的企业，改变了生产与服务的方式，标准化可以创造价值，用"你离不开我"取代了"你服务于我"的传统的思维模式。这是思路决定出路，观念的衍变催生财富的涌流的时代。因而，改革开放之初的企业有一个好机会发展，20世纪末期的企业发现机会能更好发展，现在的企业只有创造机会才能发展——做出别人没有的东西，或者创造以前没有的东西。

促进与科学相关的技术在国民经济各领域中的运用，推动技术创新和产品升级。在这物欲横流的当下，必须真正落实尊重知识、尊重人才（包括人的才智和社会组织水平）。采取各种措施推进原始创新，努力获得更多的科学发现和重大的技术发明，创造条件努力打通"最后一公里"，使各相关技术成果融合汇聚，形成具有市场竞争力的产品和产业。宏观来看，我国很多地方创新社会研究与实验经费支出占 GDP 比重已经超过 2%。近年来中国企业自主创新、引进消化吸收再创新也取得了巨大成果。比如，华为、中兴凭借创新打造了过硬的产品；百度、腾讯、阿里在互联网领域创造了商业奇迹。发扬中华民族谦虚好学的精神，在积极引进国外先进技术的基础上，充分进行消化吸收和再创新。最终实现人、财、物能自然地结合、有效地结合，实现"人能尽其才，物能尽其用，货能畅其流"的状态。

国务院印发的国发〔2014〕26 号《关于加快发展生产性服务业促进产业结构调整升级的指导意见》文件提出，加快发展生产性服务业要坚持"市场主导""突出重点""创新驱动""集聚发展"原则；以"产业转型升级需求为导向"——鼓励企业向产业价值链高端发展，推进农业生产和工业制造现代化，加快生产制造与信息技术服务融合——引导企业打破"大而全""小而全"的格局，以"研发设计、第三方物流、融资租赁、信息技术服务、节能环保服务、检验检测认证、电子商务、商务咨询、服务外包、售后服务、人力资源服务和品牌建设"为主要任务，促进产业逐步由生产制造型向生产服务型转变。除此，也应发展包括物流、配送、电商、金融服务等在内的消费性服务业，运用通信技术降低交易成本，提升国民经济各部门的效率。关注人们基本医保之外的健康保障需求，加快推进医疗、疾病、护理、失能、意外等业务发展，逐渐提升健康管理服务水平，丰富健康保险产品服务，为不同人群构建健康风险屏障[①]。

3. 抓住发展不平衡所蕴涵的提升空间，完善社会主义市场经济体制。一是着力于改善公共基础设施，尤其是城市化、城镇化以及新农村建设，投资民生性、公共消费型基础建设，包括高铁、地铁、城市公共设施建设、防灾抗灾能力、农村的垃圾和水处理、空气质量的改善、公共保障性住房的建设等等。二是建设一个现代化、有效率的产能，推动既有高污染、高能耗的各种生产设备升级换代，带来的是低污染和低能耗的新设备。积极发展新兴

---

① 曲哲涵：《"深化医改，政府市场两手并用"》，《人民日报》2014 年 8 月 30 日。

产业和改变人类社会生产方式和生活方式的新产品和由此产生的新的产业群，例如，新能源、环保产业、电动汽车、生命科学、生物工程、新型材料等。对于其他商品而言，通过想法的创新、技术的创新、产品的创新、市场的创新，使价格竞争上升到品质竞争。

此外，三十多年经济的高速发展，社会主义市场经济彰显了中国社会内在的强大生命力。但即使经济总量超过美国，人均收入水平只能排在全球第 80 名左右，而按照综合衡量社会发展程度的联合国开发计划署"人类发展指数"，中国在全球排在第 100 名左右。如按照市场汇率，中国 2014 年 GDP 估计约为 10 万多亿美元左右，而美国则为 17 万多亿美元，仍然存在较大差距。抽样调查显示，2014 年最普遍的支出是食品、服装、日用品；1/3 受访者认为自己处于维持温饱、保证必需生活开支的水平。中国人口是美国的大约四倍，即使经济总量相等，中国人均收入也只有美国人的四分之一，而居民富裕程度的差距正是中国经济发展的潜力和空间所在。居民对提升生活水平的消费品还有很大需求，且经济发展地区不平衡，东部发达地区的生产方式转移到中西部，使中西部的居民富裕起来，这是一种比较好的方式，能够在社会主义市场经济体制的框架下推动经济和社会发展。

三是积极发展文化产业。党的十八大提出，到 2020 年文化产业应成为国民经济支柱性产业。这是因为，文化产业缩短了文化创造者、研究机构、人才培训、研发生产、市场流通诸因素之间的距离；信息与网络构建的社会打破了文化贵族阶层的存在，使人人都能接近、使用文化；富于创新精神和知识含量的文化产业，与不断进步的科学技术有着天然的亲和力，而资本总是倾向于流向有创新和文化含量的新型产业——在产业链上向技术含量高、附加值高的领域延伸，向上游的研发、产品设计、技术专利、技术集成、融资、投资延伸，向下游的品牌构建、商业模式创新、流通体系、系统服务、物流产业链管理等延伸。为此，新闻出版广电总局取消举办全国性出版物订货、展销活动审批等 21 项职责，下放音像复制单位、电子出版物复制单位设立审批等职责……把该市场做的放给市场，社会能办好的交给社会，在制度层面为文化产业的发展提供条件。

党的十八大提出到 2020 年公共文化服务体系基本建成，为此，各地各部门按照公益性、基本性、均等性、便利性原则，加快供给，努力满足不同阶层、不同地域人民群众的精神文化需求，建立中央财政和地方财政合理分担的公共文化机构运行经费保障机制，实现全国美术馆、公共图书馆、文化馆（站）全部免费开放，基本项目健全并免费提供；在规范秩序基础上建立现代文化市场体系……

第三节　创建与社会主义市场经济相适应的社会文化氛围

随着依法治国理念的推进与实践，政府权力受到了体制机制和法律强有力的制约，受到了公众舆论的监督。客观存在的强大的社会力量成为冲破分配制度改革的重重障碍、切实推进和实现分配制度重大改革的一种主要动力。民间组织是基层民众利益表达的代言人，让他们成为政府和民众之间发生利益摩擦时的缓冲地带。对民生基本状况的改善，有助于使民众对改革形成一种积极认同的态度，有助于社会的安全运行，进而有助于构建社会主义和谐社会。

一、进一步发展社会组织，架起市场与政府的桥梁

在市场经济里，除了政府组织、市场主体，还有大量（非政府的、非经济的）社会组织的存在。这些组织可以是正式的，也可以是非正式的；可以是长期的，也可以是临时的；可以是部分人自发组织的，也可以是众多人共同去做的。没有这些社会组织，市场和政府的职能无法明晰；即使明晰，双方力量的博弈也无法厘清（一方进以另一方退前提）。换言之，缺乏这类社会组织的，一边是强大的政府组织，另一边是原子化了的个人和家庭，似乎没有有效化解矛盾的基础。

（一）着力加强社会组织建设，使之发挥应有的功能。据不完全统计，自十二届全国人大一次会议通过国务院机构改革和职能转变方案，明确开展直接登记以来，全国直接登记的社会组织约3万个，占同期登记的社会组织40％以上。数据显示，农民组织能够提供技术指导、帮助销售农产品、给予资金支持。农民组织的多元化发展，能够充分发挥组织的"正能量"——加入农民组织后其经济收入有所增加，人际关系得到了改善，社会地位得到了

一定的提高，农民组织在个人能力提升和改善身心健康方面也起到一定的作用。

但是，中国的民间组织执行能力常常还不够强，这些民间组织大多在财务公开、信息透明方面做得不够正规和完善，而间或曝出的丑闻也令它们的公信力大打折扣（如中国红十字会的"郭美美事件"）。因此，在这一时期，应加快培育符合社会主义市场经济发展的社会组织。有美国社会组织的发展给我们发展社会组织提供了案例。美国红十字会不由政府财政供养，会长由义工身份的理事会选出，不受政府任命。红十字会的行政人员并非政府雇员，而是由大约100万名志愿者和4万领薪雇员组成。政府与红十字会签订合约，让红十字会来执行某些方面的救援行动，因此政府与红十字会之间的关系，更类似于购买服务的合作关系。在美国红十字会官网上，可以查询到自己所捐款项的去处，只要留下住址信息，就会得到红十字会官方回复。

现代市场经济，不仅要有公平竞争的市场体系、有效的政府监管和法治基础，还需要行业规范和各类中介组织发挥积极有效的作用，形成维护公平竞争市场秩序的社会合力。然而，有些社会组织运作仍不规范。根据《社会组织评估管理办法》相关规定，民政部在2013年年度检查中，中慈国际交流中心不合格，评估等级由3A等级降为2A等级。同时，中国玻璃纤维工业协会等19家社会组织2012年和2013年年度检查基本合格，中国玻璃纤维工业协会、中国烹饪协会、中国消防协会评估等级由4A等级降为3A等级，中国朝鲜族音乐研究会、中国传记文学学会、中国防伪技术协会、中国非金属矿工业协会等评估等级由3A等级降为2A等级。

但实践表明，进而按照国外的经验，社会组织在今后的发展中，必须为其成员保护、争取合法的正当的权益，如工会参与到工人的工资谈判当中，农民组织积极参与农产品的采购商与农牧民之间的农产品的议价。社会组织参与公共政策的制定和承担更多的公共服务，乡村自治、社区自治，保障基层的自治权利，形成公民自我管理、自我服务、自我教育、自我监督的社会自治制度基本形成；推进社会自治权力和市场资源配置权利发展，相互配合，相互协调，形成为社会整体利益着想的道德意识；个体社会资本与组织化社会资本相互作用，形成更大范围的信任和公益性互惠；通过劳动力市场构建更加广泛和完善的劳动者协会、行会等组织，可以有效整合和满足市场劳动者的利益诉求，形成维护其权益的"社会安全网"，使社会理念与能力本位的市场竞争理念相吻合。

市场在资源配置中起决定性作用，将非政府职能转移到行业组织等市场中介机构，建立政府不缺位、不错位、不越位的体制机制，政府主要是统筹规划、制定政策、组织协调、提供服务、监管市场；提高透明度，既能够促进政府部门完善服务职能，也能够引导生产者和消费者的市场行为，保障行业协会等市场中介组织有效运转，才能有效地发挥政府宏观调控作用。市场起决定性作用，需要用法律管住政府的行为，让舆论、百姓去监督政府，让百姓利益通过更好的监管落实到经济体中——设立监测系统，定期进行评估，事前、事中、事后相结合，自上而下与自下而上相结合；也就是加大公民的话语权，事关群众切身利益的项目，由"决定一宣布—辩护"转向"参与、自愿、合作"。

（二）政府适当的治理方式促进社会组织的发展。西方的民主形式不适合中国的市场经济体制。民主作为一种国家制度，究其实质，是一种组织手段，是在一起协商的程序，是社会大众追求自身发展的一种工具——社会不是人类自然本性的恣肆泛滥和丛林法则的简单博弈——社会大众运用这一工具各尽其能（坚持少数服从多数的原则，必须服从结论），进而通过经济政治的运行，实现自身理想的社会目标与价值追求。社会实践证明，人可以是理性的，也可以是非理性的，甚至是极端非理性的。实践同样证明，道德的约束力是有限的，缺乏对资本权力制约的法律，资本则无所不能；缺乏对政府权力制约的法律与公众力量，政府权力甚至可以随意地剥夺他人的生命与财产。美国学者布莱恩·卡普兰指出，正是由于选民是"理性"的，他们的选票才会被各种利益集团所利用，进而对经济造成损害。政客只要有足够的金钱和作秀的能力，就可以迎合"选民"的短视和局部利益。牛津学者斯泰恩·林根说，各种利益集团的游说，使他们所代表的各种既得利益得到照顾。也就是，由富人建立起一个富裕阶层主导的社会秩序和法律框架，确保他们自己掌控政治、经济、媒体、法律等资源，然后再把这一秩序覆盖到更多的人。

中国在自己历史文化发展过程中形成一种适合自己的选贤任能模式。通过选贤任能，组成一个比较中立的政府来协调和保证各方的利益。虽然儒家提倡"家国情怀"，但缺少把"家"与"国"联系起来的经济基础，农村历来是自给自足的小农经济为主，分散、孤立、封闭，多数农民仅关心自己的"一亩三分田"，自组织能力匮乏。这种"一盘散沙"的局面使中国大规模的工业化举步维艰。中国共产党继承和发展了"选拔 +（某种形式的）选举"的模式，以选拔为主，选举作为重要参考，这是一种既高于选拔制度，也高于选举制度，实现一种制度创新和超越，并在经济社会领域取得举世瞩目的成就。2012 年，英国《金融时报》曾在一项针对全球著名企业 CEO 的调查中询问，您认为最称职、最可靠的组织是什么？这些企业老总把"中国共产党"放在第三位，得票率64%，远高于美国总统（33%）和美国国会（5%）。他们认为，中国政府在制定政策时总是看得很长远。这反映出西方企业界对中国特有的组织能力、整合能力和规划能力感知颇深[1]。有研究报告指出，2014 年人们对政府职能部门的信任度迅速提升，与2013 年（50.03%）相比，2014 年人们对区县政府的信任度出现了小幅提升（51.05%）。2014 年，人们对政府惩治腐败、办事效率和公开透明的不满意比例出现明显下降，这也意味着，随着政府以零容忍态度惩治腐败和强力推进政府工作作风建设，民众的主观感受灵敏地捕捉到了政府行为方式的转变。

在完善的社会主义市场经济体制下，生产的目的不再仅仅是剩余价值的最大化，更在于最大限度地满足人民群众日益增长的物质文化需求，实现共同富裕，为满足整个社会的全面发展给每个人的自由和全面发展创造有利的条件，让他们的聪明才智竞相迸发，进而推动人的全面发展。因而，凡是个体能做的事情，社会就不要做；凡社会能做的事情，政府就不要做；凡地方政府能做的事情，中央政府就不要做。只有在这样的制度和文化的环境中，人的心智得到健康地舒展，知识和智慧得到积累，创造性得以开发，老百姓活得更有尊严。要达到这一点，首先应解决认识问题，有的地方和部门担心社会组织的发展会产生负面效应，不重视社会组织的培育扶持。二是健全社会组织管理相关法律体系，对社会组织的法律地位、主体资格、登记成

---

① 美国研发的新技术，从试验、投资、游说议会、修改有关的法律规章到生产和营销，平均周期为 10 年左右。而中国一般只需要 20 个月左右。

立、活动原则、经费来源、税收待遇、监督管理、内部自律等做出明确的规定，完善社会组织的公益资产管理、内部治理、信息公开、税收优惠、捐赠管理、权利救济等相关规定。三是对社会组织在税收优惠、财政支持、人才队伍、社会保险、承接政府转移职能和公共服务、政府向社会组织购买服务等方面做出明确具体的政策规定。

二、践行社会主义核心价值观，形成社会主义伦理氛围

社会主义市场经济造就了不同文化的交流与发展，但其主导和引领作用的是促进人的自由全面发展的马克思主义，这一点就给中国创造了无可比拟的优势，使得等价交换和平等互利原则在力量对比和利益争夺的竞争中得到贯彻。中共中央在《关于培育和践行社会主义核心价值观的意见》中指出，"富强、民主、文明、和谐是国家层面的价值目标，自由、平等、公正、法治是社会层面的价值取向，爱国、敬业、诚信、友善是公民个人层面的价值准则"。

（一）社会主义核心价值观体现社会主义市场经济的价值底蕴。立足于建立企业乃至社会依法自治，传承优秀的传统文化并吸收世界优秀文化的精华，将熟人之间的诚信提升至陌生人之间的信任，形成现代市场经济所需要的社会价值体系和社会伦理。社会主义的道德原则和价值追求要求人们在处理自身发展与国家关系时，既要充分实现自身价值，又要服从国家整体利益；在处理个人与社会的关系时，既要坚持自己的权利、满足个人需要，又要履行相应的义务、注重社会贡献；在处理人与人的关系时，既要关注自我利益，又要互利合作、共同发展①。

社会主义核心价值观首先是社会主义性质，是服务于社会主义的。从长远看，目的是使社会主义消灭剥削，消除两极分化，最终实现共同富裕。从近期看，着力于国家富强、社会发展、人民幸福。社会主义核心价值观来自于马克思主义的正确指引，来自于中华优秀传统文化的丰厚滋养，来自于中国特色社会主义的成功实践，来自于对人类文明优秀成果的吸收借鉴。五千年优秀传统文化是我们民族的根和魂，传统社会积淀的公序良俗、人文

---

① 肖安宝：《积极培育和践行社会主义核心价值观》，《广西日报》2014 年 10 月 24 日。

精神一代代地浸染和影响着中国人的为人处世的方法和路径，中华文化对于人性深切的体察和对于美好良善精神的追求，对于人类走出危机与困境，都是传统文化为我们留下的宝贵的精神资源。中国传统文化中内含的价值观，如"以人为本""亲民"和"和谐社会"，在党和政府的各种努力下，被逐步吸收为社会主义文化的组成部分。

核心价值观体现市场经济发展的本质要求，为市场经济的健康发展提供了强有力的道德保障，有利于市场主体遵循相同的道德规范和伦理准则，自发维护市场秩序。"富强"是社会主义市场经济直接目的，而"民主、文明、和谐"是健康的市场经济发展的题中之义。市场经济本身就是法治经济，只有在公平的社会环境中，"自由、平等"才有可能真正成为现实①。公平正义是社会主义核心价值观的核心内容。一个健康的市场经济，离不开法律的规范和市场主体间的敬业精神、诚实守信、互助合作。

公平是支撑社会主义市场经济发展的重要基石。公平是市场经济运行的思想基础，通过发挥价值观的引领作用，可以引领市场经济健康运行。也就是，通过运用公平的价值观引领市场经济健康运行，避免市场经济自身缺陷，最大程度发挥市场经济的正面效应，促进社会主义市场经济顺利运行，实现社会主义制度的优越性。

（二）践行社会主义核心价值观，形成社会主义市场经济体制的伦理基础。中国特色社会主义市场经济蕴含着社会主义的道德原则和价值追求。社会主义核心价值观协调国家整体利益、群体利益及个人利益之间的关系，捍卫和维护民众的个人利益，从而在民众权利的切实落实及利益的满足中，取得人民大众的认同。但它不会自动成为市场主体的主导理念，需要我们大力研究、挖掘与宣扬。任何一种价值观在全社会的确立，都是一个思想教育与社会孕育相互促进的过程，都是一个内化与外化相辅相成的过程。习近平在政治局集体学习时强调指出，"把培育和弘扬社会主义核心价值观作为凝魂聚气、强基固本的基础工程"；要"广泛开展社会主义核心价值观宣传教育，积极引导人们讲道德、尊道德、守道德，追求高尚的道德理想，不断夯实中国特色社会主义的思想道德基础"；"要发挥政策导向作用，使经济、政治、

---

① 肖安宝：《积极培育和践行社会主义核心价值观》，《广西日报》2014 年 10 月 24 日。

文化、社会等方方面面政策都有利于社会主义核心价值观的培育"，使社会主义核心价值观内化为人们的精神追求，外化为人们的自觉行动①。

1. 国家层面，大力创设社会主义核心价值观的传播土壤。国家从全社会出发，制定一系列促进社会公平的政策措施，例如西部大开发战略，老工业基地振兴计划，中部地区崛起战略；制定新农村发展规划，出台民营经济优惠政策等。通过法律，确立了每个人都平等享有的权利；通过政府调节，尽力弥合贫富差距；通过社会保障，让人们平等地拥有公共服务、社会救济，使数千年来中国人"学有所教、劳有所得、病有所医、老有所养、住有所居"的梦想成真。社会主义核心价值观只有深深扎根于群众的土壤，才能枝繁叶茂、生机勃勃。马克思说："人们为之奋斗的一切，都同他们的利益有关"，"'思想'一旦离开'利益'，就一定会使自己出丑"。

优化社会环境，增强全民的法制意识，使社会丑恶现象特别是腐败问题受到遏制；诚信建设制度化，促进社会互信、减少社会矛盾、加强和创新社会治理。信用管理的法律法规体系，如《刑法》《民法通则》《食品安全法》《合同法》《反不正当竞争法》《消费者权益保护法》等法律中与诚信相关的条款，加大对欺诈失信行为的惩戒力度，提高违法成本，增强法律威慑。国家逐步消除权力"魅力"。规范和约束权力，阻断其与不当利益、人情关系等的连接，使权力拥有者坚守"为官为民"本位。从尊崇权力的"潜规则"向权力的"阳光"运行转化，消除各种权力潜规则的土壤环境。阻断官员的权力与商人的利益之间的链条，消除权钱之间交易的可能。只有这样，才能还社会主义市场经济健康运行的土壤。

共产党员及公职人员应积极倡导和践行社会主义核心价值观，以自身言行成为广大劳动群众学习的楷模。一是运用各类文化形式，生动具体地表现社会主义核心价值观，吸引群众广泛参与，推动人们在为家庭谋幸福、为他人送温暖、为社会做贡献的过程中提高精神境界、培育文明风尚；二是健全各行各业规章制度，完善市民公约、乡规民约、学生守则等行为准则，使社会主义核心价值观成为人们日常工作生活的基本遵循；三是建立和规范一

---

① 习近平：《使社会主义核心价值观的影响像空气一样无所不在》，《人民日报》2014年2月26日。

些礼仪制度，组织开展形式多样的纪念庆典活动，传播主流价值，增强人们的认同感和归属感①；四是注重在日常管理中体现价值导向，使符合核心价值观的行为得到鼓励、违背核心价值观的行为受到制约；五是用法律来推动核心价值观建设②。

2. 社会积极培育诚信环境氛围。社会主义核心价值观必须回归社会大众的现实生活场域，在全社会积极倡导讲诚实、重信用、守承诺。把诚信嵌入到各种利益获取的关口，实现"诚信获益"的社会正义。把个人的信用记录融入律师、会计师、税务师、公务员、教师等职业资格准入和职称、职务晋升中，"对严重失信行为实行'一票否决'"。把诚信记录内嵌于社会组织和个人的各种社会利益活动中，使信用记录成为人们就业、升学、升职、信贷、租赁以及企业经营、贷款等交互活动中利益获取的"关卡"，获得社会主义核心价值观的社会支持系统。通过各种途径宣传社会主义核心价值观，在家庭、社区、街道、学校、企事业单位、施工工地、公交车等地方，写打油诗，贴宣传标语，将宣传语写进教材、谱成歌曲；父母教育孩子，老师教育学生，同事互相支持，让价值观日益深入人心。开展全民性的节粮、节水、节电、节约钱物等活动，从娃娃抓起，从幼儿园、各级各类学校、各个单位抓起，从每个家庭抓起，努力营造劳动光荣、节约光荣的浓厚社会氛围。实现诚信的现代转化，即从熟人社会向陌生人社会的转型。

3. 市场主体着眼于整体利益，践行社会主义核心价值观。核心价值观是社会主义市场经济中企业文化的灵魂、企业精神的精髓、企业核心竞争力的支撑。企业文化的核心是一种能够凝聚全体职工共识的价值引领，形成"众人划桨开大船"的发展局面。企业把诚信作为"基本法"和最重要的原则，自觉坚持合同诚信，依法依规履行合同；坚持服务诚信，做到诚信经营、文明服务，使诚信真正融入到企业的血脉之中，就能出现百年企业。

受人尊敬的企业，是为国家创造财富的企业，是为社会做贡献的企业，

---

①　习近平：《使社会主义核心价值观的影响像空气一样无所不在》，《人民日报》2014 年 2 月 26 日。

②　参阅马一德：《用法律来推动核心价值观建设》，《解放日报》2014 年 10 月 17 日。

是一个"心往一处想、劲往一处使"的同心同德的企业；而不是那种只讲经济效益而不讲社会效益，只注重蝇头小利而忽视社会形象的企业。企业可采取群众喜闻乐见的形式，开展贴近企业实际、贴近职工群众的丰富多彩的主题实践活动，努力让职工在参与中受到教育、获得启迪、得到提高。坚持为职工办实事，下大气力解决职工在住房、养老、就医等方面的实际困难，增强职工对企业的归属感，使职工自觉为企业的发展壮大不断贡献自己的智慧和力量。对于企业职工来讲，爱国首先就要爱自己的企业，通过自己的奋斗和努力，让企业强起来。正如习近平所指出的，要让社会主义核心价值观的要求融入社会生活，让人们在实践中感知它、领悟它，与人们日常生活紧密联系起来，在落细、落小、落实上下功夫，"形成有利于培育和弘扬社会主义核心价值观的生活情景和社会氛围，使核心价值观的影响像空气一样无所不在、无时不有"[1]。

总之，大力传承优良家风、校训、企业精神和乡贤文化；综合运用舆论宣传、理论阐释、文化传播、社会宣传、政策法规制度等，才有可能营造出，中国人民"共同享有人生出彩的机会，共同享有梦想成真的机会，共同享有同祖国和时代一起成长与进步的机会"的文化氛围。

（三）解放思想，深化对社会主义市场经济体制的认识。正式的制度安排和非正式的制度安排，两者相互配合，形成制度合力——有形之手与无形之手之间的配合处于合理的组合区域之内。法治、诚信、效率、公平成为引领社会主义市场经济的主流价值，制度设计和道德规范相得益彰。

1. 继续解放思想，发挥先进思想的引领作用。社会主义市场经济体制的建立与完善就是为了发挥社会主义的优越性。在社会主义社会里，正如马克思主义创始人所提出的，"通过社会生产，不仅可能保证一切社会成员有富足的和一天比一天充裕的物质生活，而且还可能保证他们的体力和智力获得充分的自由的发展和运用"[2]。在马克思主义的发展者视野中，列宁说过，社会主义生产"就是如何使全体劳动者过最美好最幸福的生活"[3]；斯大林也

---

[1] 习近平：《使社会主义核心价值观的影响像空气一样无所不在》，《人民日报》2014 年 2 月 26 日。

[2] 《马克思恩格斯选集》第 3 卷，人民出版社 1995 年版，第 633 页。

[3] 《列宁选集》第 3 卷，人民出版社 1995 年版，第 571 页。

曾说过，"用在高度技术基础上使社会主义生产不断增长和不断完善的办法，来保证最大限度地满足整个社会经常增长的物质文化需要"。1955 年 11 月 22 日，全国工商联执委会会议告全国工商界书指出，"我们建设社会主义的目的，就是要大家有事做，有饭吃，大家共同富裕"；邓小平强调，"社会主义的目的就是要全国人民共同富裕，不是两极分化"；"社会主义的本质，是解放生产力，发展生产力，消灭剥削，消除两极分化，最终达到共同富裕。"江泽民指出："着眼于人民现实的物质文化生活需要，同时又要着眼于促进人民素质的提高，也就是努力促进人的全面发展"[1]。在"三个代表"重要思想中，"代表先进文化的前进方向"指的是人民大众的、正义的、先进的文化，基础是共同富裕。这反映了社会主义社会的价值追求，为社会主义的发展提供了方向和动力。

发展社会主义市场经济，实现由经济市场化走向经济和社会现代化，这条路径正是中国特色社会主义现代化的历史选择。改革路径反映了中国共产党的执政理念和执政能力。美国哥伦比亚大学政治学教授安德鲁·内森指出，中国共产党之所以获得民众的支持，就在于大多数民众生活条件得到了改善[2]。美国著名发展经济学家普兰纳布·巴德汉与耶鲁大学经济学和政治学教授约翰·罗默发表题为《市场社会主义：一个重获活力的案例》认为，这样的制度会更注重公平的收入分配，也对社会需求更加敏感，比如教育、医疗、环境保护，进而使社会分配更加均衡[3]。

之前的改革主要是突破苏式社会主义体制的意识形态的阻碍——姓资姓社、姓公姓私等形而上学的思维惯性。正在推进的改革，是要突破特殊既得利益者的阻挠和反对——依靠行政干预经济活动和配置资源的权力发财致富的特殊的既得利益者，克服对改革采取消极甚至抵触的态度的一些普通官员和企业家。中国社会已进入到这样的一个阶段，社会下层被嵌入了社会利益食物链和心理食物链的下端，在利益上和心理上只能被人吃掉。穷人不仅意味着要遭受制度的、社会的排斥以及被人瞧不起，同时，还要被诱导去

---

① 江泽民：《论"三个代表"》，中央文献出版社 2001 年版，第 179 页。

② ［西］丹尼尔·门德斯：《为什么中国人仍然支持（或接受）共产党?》，新华网 2012 年 10 月 30 日。

③ 钟声：《通过收入分配制度改革释放发展红利》，《人民日报》2012 年 11 月 6 日。

接受这个社会的价值排序。为此，必须明确改革只有一个指向，为人民而改革；改革只有一个标准，尊重人民意愿，才能真正彻底推进改革，以前的改革，解决温饱、奔小康；今天的改革，追求的是社会公正，关切的是民众尊严，铸就的是发展动力。说到底，人民群众是社会主义市场经济体制的根本动力。只有这样，改革的推进才有可能最大范围地凝聚共识，才有可能最大程度地激发力量。

推进改革，就要统一思想。统一思想不是限制思想，而是在一个大家共同认可和遵从的指导思想下，百花齐放，百家争鸣。一是主流意识形态的发展犹如生态环境的演进（生态系统一旦失去了内在的相生相克，就可能会出现失衡，甚至走向崩溃），一个思想体系如果看不到自身的不足，失去了自我批评的能力，失去了在竞争中生存发展的能力，也就预示着这个思想体系正在走向没落，尤其是在这个充满了不确定性的年代。二是每一代人的认识能力是有限的，行为是受制约的。要想获得最大限度的思想或行为自由，就需要大家共同维护一定的规则，没有规则的自由将会因为各自的私利膨胀而变成最大的不自由。人类社会是由芸芸众生组成的，是一个存共律的个体世界，要想享受最大的自由，就必须遵守最大的自律。

西方式的民主，不适合中国国情。富人与穷人，对政治的态度并不一样。穷人对投票和其他各种政治参与都不热衷，而收入最高的阶层在捐款的时候是对左右两派都捐，还有一些政治捐款却会投向那些自己心仪的更极端的政治力量。乔治·阿克洛夫和罗伯特·希勒在《动物精神》一书中指出：美国黑人在经济和阶层上都处于弱势地位。从 1963 年平权法案以来，美国禁止种族隔离，黑人拥有投票权，从法律意义上黑人已经与白人平等，但要改变文化、环境区别，还需要付出极大的努力。巴菲特也说过，在美国富裕家庭出生的人生下来含着金汤匙，与中国西部农村家庭出生的孩子不可同日而语。从这里可以看出，要推进社会主义市场经济体制的完善，在复杂的国际国内环境下，必须坚持和发展当代中国化的马克思主义——中国特色社会主义理论。也就是，与时俱进，深刻领会党的十八届三中全会、四中全会的决议，实现官员的观念和行为方式的变革——改变单纯以经济增长为核心的干部考核和晋升机制——建立以改善民众生活质量的指标体系。

2.继续解放思想，遵循社会主义市场经济发展规律。三十多年来市场化的改革，我们取得了巨大成绩，但也存在一些问题。而这些问题的存在都指向一点——没有遵循经济发展的客观规律，急功近利。梁启超、李鸿章、孙中山等认为，要改造中国，时不我待。毛泽东要向中国人民证明选择社会主义道路是正确的，要赶英超美，"一万年太久，只争朝夕"；"没有条件，创造条件也要上"。从"大跃进"到"洋跃进"，决策定指标时不切实际，导致在一些地方杀鸡取卵式的做法换取短暂收益。改革开放以来，这一思路与行为在现实中仍然残留着影子。如"速度至上""GDP 至上""面子至上""新官画新图、新官新口号"等政绩观在一些地方、一些领域大行其道，导致很多"逆规律"的问题频繁出现。

就经济在社会生活中的地位而言，本来经济增长是为了提高人们生活水平，推动人的发展。可现实的急功近利的做法，是为了生产而生产，是人为了生产服务，而不是生产为人服务的。要纠正违背经济规律、违背社会规律和违背自然规律的惯性认识和行为，加大惩戒那些不顾规律、破坏环境的行为，创造条件走一条符合本地发展阶段、资源禀赋的绿色的、可持续的、以人为本的发展道路。这就是经济发展新常态——告别过去传统粗放的高速增长阶段，进入低成本、可持续的中高速增长阶段——第三产业成为产业主体，消费需求成为需求主体，人民收入占比上升，更多分享改革发展成果，经济增长的质量和效益将成为企业和社会追求的更高目标，劳动者享受到与经济发展水平相一致的物质生活、精神文化生活和社会生活。

对经济发展新常态这一符合经济发展规律的路径，有充分的事实支撑，不需要虚构事实去赞美，不需要矮化别人来凸显。而这需要用公众能接受的话语去说明反映党的理念的方针和政策，使大多数人接受，而不是教条式的宣教。只有这样，才有可能克服"历史终结论"提出者福山曾说的——没有任何一个国家像中国这样成功地进行国家的治理，但他们（中国）的知识精英对自己国家却是那么没有信心——这一奇怪的现象。这也许正印证了哈佛大学的费正清教授在其名著《美国与中国》中提出的中国道路必然要走一条"中国窄门"（笔者认为，非西方的符合中国国情的道路）。由此，实现中国梦，就必须坚持中国特色社会主义道路，运用中国特色社会主义理论能够正确诠释正在发生的事情，并推动事情向有利的方向转变，树立理论自信。

　　3. 继续解放思想，推动社会主义市场经济公平观念的形成。在社会主义市场经济不断发展的当下，社会变化的速度太快使得人们的期望值越来越高，不满也越来越多。对现实的社会主义社会与马克思所设想的理想社会，或中国传统社会一直祈求的"大同社会"的差距——对公平问题的不同理解——有可能撕裂社会——使社会问题更加凸显。

　　公平遵循市场原则，给予他人的价值取决于他人所提供的价值；给予每个人所应得的东西决定于他给予社会的价值，给的价值可能是物质的价值，也可能是精神的价值。市场经济中的公平，原则上是起点公平，而不是结果公平。如果起点公平，结果也公平，那就是理想状态。绝对的结果公平，即使是计划经济，也没有实现的可能。起点公平是制度平等，而不是能力平等。市场经济条件下的收入差距有一定合理性，但因机会不平等、资源分配不均衡以及权力寻租造成的收入差距是不合理的。这样的收入差距，人们普遍难以接受。实际上，在一个流动性的社会，由于网络的无边界、交通工具的便捷以及传统的惯性，社会出现不公平是正常的。不过这种不公平不会以暴力的形式出现，但会把世界分成等级。追求公平，注定是一个不断趋近理想的不理想过程，却又永远处在被追求的过程之中。一个政策是否合理，关键并不在于它能否在瞬间实现公平，而是在于它的设计初衷和实际作用，是否朝着不断趋近公平的方向，如在公平与竞争的环境下，让每个人都有畅通的上升通道，让每个群体以最大的精神展开竞争，这是效率最高的社会发展模式。

　　事实上，中国社会是多元社会，不同阶层、不同文化背景的人都有争取自己权利的自由，但不能侵犯他人的合法权利，和谐共处需要公共规则。换言之，十三亿人走一条道路，要齐心协力。否则，在重大的利益关头会分道扬镳。这是因为，在一个多元利益的社会里，利益的分化必然导致观念的分化，各种不同利益也在把自己的利益上升为意识形态，在论证自己利益的合法性同时，从意识形态层面阻拦对自己不利的改革。

　　个体的自由为市场经济的发展提供了社会依据，但缺乏社会整体利益基础的这种个人自由在国家内部及其相互之间造成显而易见的不公平。在经济全球化大背景下，很多问题的实质更多表现于资本问题，一些弱化的政府没有能力在资本和社会之间达到平衡。如美国学者福山近年来深入反思西方民主为什么会导向无效政府①。2012 年，诺贝尔经济学奖得主斯蒂格利茨出了一本《不平等的代价》，即"财富如何破坏了民主政治"的专著——贫富差距的扩大，是因为市场经济受到了财富的操纵②。法国托马斯·皮凯蒂的观点是，市场经济会自发地带来贫富分化，因为从长期看，资本的收益率高于经济增长率，大资本的收益率高于小资本的收益率，因而，包含民主和资本主义的具体机构必须被一而再、再而三地重新改造③。

社会主义市场经济给我们提供了追求公平与效率相统一的空间，但也不能先天避免某些重大的社会问题，如社会不公。由于历史原因，中国社会成员对法律普遍欠缺敬畏和尊重之心，国家公务员往往公权滥用，知法犯法，尤其是决策失误等现象大量存在，没有得到依法追究。这在某种程度上进一步加剧了因遵循价值规律而带来的贫富差距，使得人们对社会主义市场经济体制产生质疑。因而，健全社会主义市场经济体制，必须坚持依宪治国、依法治国——不能停留在政府官员运用法律手段治理社会成员层面，而忽视了市场经济的法治本质——约束公权力约束政府管束官员。

小结　政府、市场与社会力量在
各自最优界限内履行职责

社会主义市场经济体制的完善与健全，是一个在资源配置方式、生产组织方式、企业管理方式、国家治理方式等方面发生重大变化的过程。通过"理顺政府与市场的关系""理顺政府与社会的关系""理顺各级政府间的关系"，从确立"让市场在资源配置中起基础性作用"到"让市场在资源配置中起决定性作用"，努力实现政府—社会—市场三方各司其职，形成良性的市场经济。习近平指出，"使市场在资源配置中起决定性作用，更好发挥政府作用，既是一个重大理论命题，又是一个重大实践命题。在市场作用和政府作用的问题上，要讲辩证法、两点论，'看不见的手'和'看得见的手'

---

①　参阅郑永年：《亚洲思潮变化及其大趋势》，联合早报网 2014 年 12 月 30 日。

②　参阅 [美] 约瑟夫·斯蒂格格利茨的《不平等的代价》，机械工业出版社 2013 年 6 月。

③　参阅 [法] 托马斯·皮凯蒂：《21 世纪资本论》，中信出版社 2014 年 9 月。

都要用好，努力形成市场作用和政府作用有机统一、相互补充、相互协调、相互促进的格局，推动经济社会持续健康发展"①。

健全社会主义市场经济体制，建立一系列有明晰的私有产权和公有产权的产权制度，能够真正实施和可以让渡的权利。国企更多地进入战略新兴产业，把资金更快地从过剩产能行业中解放出来，盘活存量，促进优化配置；建立和完善国有企业治理结构，加强对经营者的激励和约束，从而提升企业效率和业绩。在此基础上，逐渐形成平等契约、自由交易等制度性市场规则、基本的行为规范和法治市场环境，让市场在资源配置中起决定性作用。

健全的社会主义市场经济体制，使社会成员的关系稳定而有序，社会结构合理稳定，从而能够激发市场主体的创业冲动和保障持续的生产积极性，能够保证社会资源按照经济活动的内在合理性自由而充分地流动，人们近期和长远需求能够以最少的资源得到最大的满足，保证经济体系的有序运作。换言之，经济的持续发展和人们生活水平的逐步提高有赖于人们自身资源——知识资源的开发利用，从而不仅能逐步解决生态恶化的问题，也可以逐步缩小贫富差距。

---

① 习近平：《发挥市场作用和政府作用要讲辩证法》，人民网 2014 年 5 月 26 日。

结语 社会主义市场经济与中国特色社会主义发展道路

　　1978 年至 2012 年，我国经济总量平均每年增长 9.9%，远高于世界经济年平均增长3%的速度①。对中国经济增长奇迹的解释以及对中国发展模式经验和意义的评估受到国内外学术界日益广泛的关注②。"中国日新月异的变化，令人赞叹"③；"中国成功的故事，让很多发展中国家看到了希望，成为被效仿的成功之道"④。换言之，社会主义市场经济体制的建立与完善，不仅对人类社会演变的方向，而且对世界社会主义未来的影响，具有深远意义。

一、在社会主义市场经济体制演进中
形成中国特色社会主义道路

　　改革开放之初，邓小平就提出了"现在搞建设，要适合中国国情，走出一条中国式的现代化道路"的重要思想，把科学认识和把握社会主义初级阶段的基本国情，看作是探索中国特色社会主义道路的基础。在 1988 年，

---

① 宗寒：《社会主义市场经济体制是中国共产党人的一个伟大创造》，《毛泽东邓小平理论研究》2014 年 1 月。
② 一般地，西方学者都把向现代社会变革的过程等同于西方化或欧洲化，他们把人类各民族的发展预设为只有一条道路。
③ 参见埃及《〈消息报〉外事主编艾哈迈德·哈桑谈访华感受》，《参考消息报》2008 年 12 月 25 日。
④ 参见《印度"发展中国家研究中心"前主任莫汉蒂专访》，《人民日报》2008 年 12 月 30 日。

邓小平接见莫桑比克领导人时指出，"世界上的问题不可能都用一个模式解决。中国有中国自己的模式，莫桑比克也应该有莫桑比克自己的模式"①。邓小平还说，"所有别人的东西都可以参考，但也只是参考。世界上的问题不可能都用一个模式解决。中国有中国自己的模式"。1992年6月，江泽民在中央党校讲话中赞成社会主义市场经济的提法。党的十四大正式确定我国经济体制改革的目标模式是建立社会主义市场经济体制，作为传统社会主义经济理论和实践模式的"计划经济"被突破、被创新。1993年，党的十四届三中全会通过了《中共中央关于建立社会主义市场经济体制若干问题的决定》，全面阐述了建立社会主义市场经济体制的步骤和措施，初步构筑起了社会主义市场经济体制的基本框架。在十五大，以邓小平理论确立为标志，中国共产党实现了对社会主义经济制度和发展理论的飞跃，走出了一条新型的中国特色社会主义经济发展道路。江泽民根据中国国情指出："历史经验特别是近百年来的历史经验一再告诫人们，强求一种模式的后果是严重的"②，世界各国情况千差万别，实现社会主义的道路和模式可以是多种多样的。胡锦涛指出，"各国的国情不同，实现发展的道路也必然不同，不可能有一个适用于一切国家、一切时代的固定不变的模式"③，中国"致力于实现不同文明和谐进步，维护世界多样性和发展模式多样化"④。在中共十七大报告中，胡锦涛提出十个结合⑤的重要论断，并在纪念党的十一届三中全会召开30周年大会上的讲话中对这十个结合作了进一步的阐述。

---

① 《邓小平文选》第3卷，人民出版社1993年版，第261页。

② 《江泽民文选》第1卷，人民出版社2006年版，第331页。

③ 胡锦涛：《在纪念毛泽东同志诞辰一百一十周年座谈会上的讲话》，《人民日报》2003年12月26日。

④ 胡锦涛：《弘扬传统友谊　深化全面合作》，新华网2006年11月24日。

⑤ 这十个结合是：把坚持马克思主义基本原理同推进马克思主义中国化结合起来，把坚持四项基本原则同坚持改革开放结合起来，把尊重人民首创精神同加强和改善党的领导结合起来，把坚持社会主义基本制度同发展市场经济结合起来，把推动经济基础变革同推动上层建筑改革结合起来，把发展社会生产力同提高全民族文明素质结合起来，把提高效率同促进社会公平结合起来，把坚持独立自主同参与经济全球化结合起来，把促进改革发展同保持社会稳定结合起来，把推进中国特色社会主义伟大事业同推进党的建设新的伟大工程结合起来。

　　社会主义市场经济体制演进的进程，也就是中国特色社会主义道路的发展过程。这一过程是中国共产党运用马克思主义基本原理，在对中国国情客观深入的研究，把握中国社会每个历史发展阶段的时代性特征，用发展的方法解决前进中的问题。具体而言，在发展各种非公有经济的同时必须坚持公有制的主体地位，完善以按劳分配为主体的财富和收入分配制度，实现共同富裕和公平正义，促进国民经济又好又快地良性发展；在多种社会阶层出现和并存的新格局下，共产党全心全意依靠工人阶级，实行共产党领导下的多党合作和政治协商制度；主张平等互利，切实推动世界和谐发展。而这一道路根源于中国特有的发展环境——世界上唯一保持文明连续性的国家，"历史的每一阶段都遇到一定的物质结果，一定的生产力总和，人对自然的关系以及个人之间历史地形成的关系，都遇到前一代传给后一代的大量生产力、资金和环境，尽管一方面这些生产力、资金和环境为新一代所改变，但另一方面，它们也预先规定新的一代本身的生活条件，使它得到一定的发展和具有特殊的性质"①。中国发展的大趋势不是复制西方政治模式，是在全球互动的基础上日益回归中国本土的政治理念，特别是"民心向背"和"选贤任能"的理念。

　　中国特色的社会主义道路是中国共产党领导的社会主义市场经济道路，它有机地结合了中国共产党的领导、社会主义制度的优越性和市场对资源配置的有效性，开拓了人类社会发展的新道路。中国共产党人坚持改革开放的正确方向，不断完善适合我国国情的发展道路和发展模式。邓小平认为，"社会主义市场经济优越性在哪里？就在四个坚持"②，即"四项基本原则"。党的十四大报告强调，"社会主义市场经济体制是同社会主义基本制度结合在一起的"。江泽民也指出，"我们搞的市场经济，是同社会主义基本制度紧密结合在一起的。如果离开了社会主义基本制度，就会走向资本主义。"③胡锦涛在党的十七大报告中，把"坚持社会主义基本制度同发展市场经济结合起来"作为我国改革开放获得成功的重要经验之一。

---

①　《马克思恩格斯文集》第1卷，人民出版社2009年版，第544—545页。

②　《邓小平年谱》（1975—1997年）（下），中央文献出版社2004年版，第1363页。

③　江泽民：《论社会主义市场经济》，中央文献出版社2006年版，第202页。

　　中国共产党的奋斗目标就是让"我们的人民有更好的教育、更稳定的工作、更满意的收入、更可靠的社会保障、更高水平的医疗卫生服务、更舒适的居住条件、更优美的环境，期盼着孩子们能成长得更好、工作得更好、生活得更好。"习近平总书记在同采访十八大的中外记者见面时发表的讲话中强调，"我们的责任，就是要团结带领全党全国各族人民，继续解放思想，坚持改革开放，不断解放和发展社会生产力，努力解决群众的生产生活困难，坚定不移走共同富裕的道路"。在共产党的领导下，政府是经济发展的内生力量；不仅是弥补市场失灵，而且是整体经济发展的方向和战略的制定者和实际组织者。中国共产党协调各个阶级和代表不同社会经济体和阶层利益，并凝聚成迈向社会主义整体利益，确保社会主义方向。

　　中国改革开放前三十年，在探索社会主义现代化道路的进程中，热衷于公有制和人民公社化，批判苏联的计划经济，想用全民参与的经济民主搞"大跃进"，用"学大庆"、"学大寨"和"知识青年上山下乡"来消灭三大差别——当时的城乡一体化也不具备交通与信息化基础，结果使国民经济近于崩溃。在探索社会主义三十年里，从农村承包制，到城市放权让利，再到股份公司上市，以及江浙一带民营企业的发展，都是沿着中央逐步放权的轨迹的痕迹，一直在探索中国式管理的方法。

　　有些人把中国在发展中出现的精神失范、环境污染等问题，当作中国独有的问题，是落后的中国社会制度造成的。实际上，这些问题在西方社会工业化进程中都出现过，只是他们应对时有较大的回旋余地，使得这些问题在随后的发展中得到超越和解决。也就是说，这些问题既然不是我国特有，也就不能说明我国的社会制度落后。不过，解决这些问题，需要我们宽容理解和认真面对，中国还处在经济高速增长和工业化之中，具有更大的承受力，通过借鉴他国的经验教训，历史阶段虽不能超越但能缩短。这也提示我们，必须进一步了解世界文明的多样性和发展道路的多样性，增强中国特色社会主义道路适合中国国情的优势，提升文化软实力和综合实力。

　　中国特色的经济体制转轨是通过渐进、试验和积累的方式，使得经济决策权在整个进程中获得了经济增长所必要的张力。

二、中国特色社会主义道路与中国模式

中国特色社会主义道路被许多西方学者或者政客称之为中国模式或中国案例。西方学者认为中国模式有以下特征：通过支配土地、国民、企业、金融和市场等要素动员资源能力，实现经济高速发展的一个强势政府；通过国有企业承建公共项目，推进基础设施建设。

有许多西方人士对中国模式给予积极评价，认为它是推动经济发展的正确选择。正如曾任日本驻华大使的丹羽宇一郎所言，虽然"共产党一党专政"长期以来被视为阻碍中国经济发展的"风险因素"，但实际上这一"弱势"已经转变为"优势"，"中国共产党可以保证政策得以迅速实施，其速度之快远非民主国家所及"①。曾任土耳其驻华大使的穆拉特·萨利姆·埃森利说道："为什么中国模式如此成功？根据我的观察，最基本的原因是中国人民的勤奋与坚毅，中国悠久的历史和深厚的文化底蕴再加上其他的一些重要因素，比如领导人的远见卓识，中国模式是一个完全土生土长、基于中国本土情况的模式。此外，中国人民拥有着丰富的能力，这使得他们能够灵活地适应时事。可以看到，中国的经济发展充满活力"②。美国著名作家罗伯特·库恩先生在评价"中国模式"时说："这是一个新型且系统的发展模式，它包括强劲的经济增长速度，强有力的中央政府，在非公有制经济下的自由市场，依法治国，鼓励科技创新，充实文化和精神领域，爱国主义和对中华文明的自豪感，环境保护，关注民生，以及缩小社会收入差距的一系列民生措施，等等"③。扬·伊利埃斯库认为，"中国自解放以来，虽然也有过挫折和失误，但重要的是中国最终毕竟找到了适合自己发展的道路，那就是将社会主义和市场经济巧妙地结合起来。从1978 年中国开始进行体制改革以来，正是社会主义的市场经济战略使这个

---

① 李希光、顾小琛：《重庆梦与中国模式》，《马克思主义研究》2011 年第 5 期。

② ［土耳其］穆拉特·萨利姆·埃森利：《在清华大学百年庆典上的开幕辞》，环球网 2011 年 4 月 19 日。http://china.huanqiu.com。

③ ［美］罗伯特·库恩：《中国道路——在伟大旗帜指引下》，新华网 2009 年 9 月 16 日。http://www.xinhuanet.com。

大国取得了举世瞩目的巨大成就";进而指出,"中国人放弃了僵化的教条主义理论,选择了一种能够基本上按照市场规则运作的机制。也只有中国人的头脑才能够成功地找到打开这种死胡同的金钥匙。"① 正如国外学者评价的那样,"中国证明了一种市场社会主义的形式是与广泛扩大其物质利益的充满活力的经济相适应的。②"

也有一些人士存在另外的看法,一种是以美国左翼学者马丁·哈特·兰兹伯格和保罗·伯克特为代表的,他们认为,"面对人民的各种变革要求,中国试图寻找一种方式,以使自己能够更为牢固地控制国家财富,并引领自己通过尝试和犯错实现'中国特色的'资本主义",强调"中国的市场社会主义改革日益导向了一种等级化的残忍的资本主义形态,而不是将该国引向一种新型的社会主义"③;另一种则认为,中国模式是一种怪胎,不会长久,有待西方化,"中国模式就是被操纵的市场经济加专制政体";"中国的改革是远未完成的'过程'",中国必须另辟改革之路,其"目标是拓展市场机制,西化政治体制。因此,过去和现在的所有问题都被归结为:市场机制尚待扩展,政治体制尚待西化。"④

中国学者也持两种观点。程恩富认为,中国模式显著体制特征是公有制为主体的多种类产权制度、劳动主体型的多要素分配制度、国家主导型的多结构市场制度和自力主导型的多方位开放制度⑤。胡钧等指出,中国模式就是有中国特色的社会主义道路,其关键在于中国共产党的领导、公有制主体地位、政府主导作用和有效利用市场⑥。秦宣、徐崇温等强调,中国模式是我们党把马克思主义的普遍真理同我国的具体实际结合起来,走自己的道

---

① [罗马尼亚]扬伊利埃斯库:《外国政要眼中的中国》,中国社会出版社2000年版,第208页。

② Schweinfurt D. *Market socialism*:*an advocacy*//Dolman B. *Market Socialism*:*The Debate Among Socialists*. New York:Rutledge,1998:7.

③ Martin Hart Landsberg,Paul Burkett. *China and socialism*:*marketreforms and class struggle*. New York:Monthly Review Press,2004.

④ 参见潘伟:《中华体制树大根深》,《环球时报》2010年2月23日。

⑤ 程恩富:《中国模式的经济体制特征和内涵》,《经济学动态》2009年第11期。

⑥ 胡钧、韩东:《"中国模式"的实质、特点和面临的挑战》,《政治经济学评论》2010年第4期。

路，建设中国特色社会主义的产物①。张维为认为，中国与西方是两种全然不同的"文明型国家"，中国的经济发展有着自己独特的路径和模式②——中国拥有超大型的人口规模、超大型的疆域国土、超悠久的历史传统、超深厚的文化积淀，这使得中国发展道路或者中国模式的独特性。而李君如主张慎提"中国模式"③。

这一道路，反映了我国与西方国家之间在国家性质、经济治理方式等方面的根本区别，既是对纯计划经济的扬弃，同时也是吸纳了西方资本主义文明的发展成果，是一种内生于我国社会主义的伟大实践，是中国化的社会主义发展道路，兼具内在稳定性与扬弃性的新的治理范式。它是我国改革开放以来最为宝贵的经验之一，坚持个人利益与集体利益的一致，即发展依靠人民，形成发展的巨大合力，且具有源源不断的动力。社会主义市场经济体制演进到今天，是过去发展的积累、过去制度的延续和过去道德价值的沉淀，过去的道路制约着未来的发展方向。

与此对照的福利国家，并不是人们理想的天堂。"从摇篮到坟墓"的北欧国家的高福利制度，如北欧人的常休假、早退休、全民医疗保险和完善的福利待遇，让他们的国家掉入高成本、高税收的陷阱，呈现一种只进不退或者易进难退的"棘轮效应"；社会危机由此而生，也往往成为这些国家失去经济竞争力的一个重要诱因。美国前财政部长亨利·保尔森指出：欧美国家出现危机的一个重要原因是过度福利化和债务化，使经济和财政难以持续④。欧美国家的高福利，源于下列五个渠道。一是对既有财富进行重新分配，二是采取印钞模式，三是加征税赋，四是靠借债来获得福利资源，五是采取赤裸裸的扩张主义来获得福利收入。对于这五种手段，其实并不特殊，在经济社会中经常出现。新中国成立后曾采用平均主义的计划经济体制的人民公社运动，可这导致经济无效率，从而也使得公平分配丧失了物质基础和精神动力。印钞模式的后果很明显，采取通胀形式发展工业化，不可避免地

① 秦宣：《"中国模式"之概念辨析》，《前线》2010年第2期；徐崇温：《有关中国模式的若干问题》，《文汇报》2010年2月10日。

② 张维为：《关于中国发展模式的思考》，《学习时报》2009年7月8日。

③ 李君如：《慎提"中国模式"》，《学习时报》2009年12月7日。

④ 谢鹏：《欧美教训是过度福利化债务化》，《京华时报》2011年12月9期。

导致贫富差距加大，资产价格暴涨以及生活生产成本暴涨，从而窒息了经济增长，这也失去了福利主义的基础。

福利国家提供住房补贴、公共教育、医疗服务以及广泛强制性社会保障计划等福利措施——它们作为公民权利的体现和自主的源泉——依赖于经济的繁荣和持续的利润。但政府不是财富创造者，政府可支配的财富来源于民间，由于穷人往往不用缴税，而富人又有手段避税，因此，政府的财源往往来自于中产阶层。然而，针对中产阶层过度索取的税收政策，往往会导致这个动力机器熄火。"开支的实际增长未必等同于福利国家机构'产出'的边际增长，它完全可以被用在官僚机构上。即使福利国家机构的产出也得到了提高（如健康服务），但这种服务的受益者身上所承载的风险和需要水平，可能得到了更大的提高（或者性质上发生了改变），从而产生完全负面的效应……取得福利国家服务的一个重要前提条件是，个体遵从福利官僚机构、服务组织的各种程序和要求的能力，这种能力通常以逆向联系的方式与需要本身联系在一起"[①]。进而，"福利国家保留了资本对生产的控制权，从而也保留了劳动者与资本之间存在的工业和阶级冲突的源泉，它没有建立任何类似于'由工人来控制的'东西。同时，它又加强了工人反抗资本控制的潜在能力，由此所产生的纯粹效应是，那种从未改变过的阶级斗争格局现在朝着更有利于劳动者的一方改变，生产剥削关系与抵制、逃避剥削的可能性同时并存，尽管阶级斗争的原因依然如故，但工人从事阶级斗争的手段已经增加了"[②]。加征税赋模式直接后果就是导致企业家精神的丧失、工人失业。经济增长的微观主体积极性丧失，财富从民间大幅度转移到公权力手中，从而导致社会分化严重，经济增长势头被扼杀。这在一定程度上导致一些拉美国家陷入中等收入陷阱。

对于借外债这一方式，实行选举制的国家，往往是透支几代政治人的财富来兑现竞选承诺，在国内经济情况不好时，就借外债。借外债是要还的，有一种不用还的占有财富的方式，就是对外殖民掠夺。这一模式除了赤裸裸的形式，还有其他各种变种形式，比如民族主义、保护主义等形式。当

---

① [德] 克劳斯·奥菲：《福利国家的矛盾》，吉林人民出版社2011年版，第9页。
② [德] 克劳斯·奥菲：《福利国家的矛盾》，吉林人民出版社2011年版，第3、5页。

各种和平的手段满足不了巨大福利的缺口,但要使得政权稳固且持续,于是对外扩张的掠夺行为就不可避免了。

福利国家模式的运行也取决于北欧的社会结构和文化传统。它们是一个高度同质化的社会。这使得人们在进行公共政策讨论时,能够容易达成共识,博弈的成本非常低。人人平等的文化价值根植于北欧社会古老的社会理念中。北欧人的诚实、社会的透明、极高的人际信任度,以及受教育程度全球最高。按照论坛联席主席、瑞典北欧斯安银行副董事长雅各布·瓦伦堡先生的说法,该地区经济活力的基础是自由贸易、金融稳定、充满活力的商业环境、和平的劳动力市场、社会凝聚力、移民自由、劳动力构成中女性占据较高比例、高标准的教育、对个人的尊重,以及对全球化持开放心态,但又能保护人民免受其负面影响;"它实现了普遍的集体主义和高度的个人自由之间的平衡"①。这些都赋予了它们有一种别的国家所没有的特殊竞争力,真正起到了人们期待它起到的作用。由此,它们在财富水平上位居世界前列,环境方面是标杆,社会差距非常小。它实现了公平与效率的高度统一。

然而,人人完全平等地享受着国家提供的生老病死的保障的北欧国家,绝大多数民众对精英不是敬意和羡慕,而是怀疑。正如托克维尔在其《论美国的民主》一书中所指出的那样,"一个真正平等的社会是不鼓励精英和出类拔萃的才智的"。因此,福利国家损失的不是局部的效率,而是整体的创造力。此外,许多发展中国家陷入"中等收入陷阱",如墨西哥、阿根廷等,是因为政府的资源动员能力不能随着经济社会环境的变化而增强——没有营造使得经济持续增长、良好的生态环境和治理制度等环境;没有及时地从依靠劳动、资本投入拉动向依靠技术、创新拉动转变;没有着力于对人力资源的培养和利用,形成支持经济增长和社会变革的包容性机制。

总之,世界上没有放之四海而皆准的发展模式和道路。中国特色社会主义是在不断探索过程中,适应环境变化而形成的产物。中国特色的社会主义发展道路所体现出的价值,一是把马克思主义与中国实际和时代特征相结合,不仅解决了在一个落后的半殖民地半封建国家,怎样建设社会主义的难题;也解决了在全球化背景下,探索符合本国国情的特色发展道路和实现现

---

① 陈季冰:《福利国家与"中国梦"》,《同舟共济》2013年第7期。

代化的问题，引领中国走快速发展的道路。二是在坚持社会主义基本制度的基础上，积极借鉴发达资本主义国家的发展经验和人类文明成果发展自己，为其他发展中国家实现现代化提供了一种可借鉴的成功经验。虽然它以这种形式运用马克思主义成功地解决了当代人类所面临的追求文明进步、发展经济和摆脱贫困以及社会主义的必由之路等一系列重大问题，但这进一步证明了每一种社会形态的制度文明并非只有几种固定的模式，即使社会制度相同的国家，在政治体制上也有很大的差异。

参 考 文 献

［印］阿马蒂亚·森：《集体选择与社会福利》，胡的的等译，上海科学技术出版社2004年版。

［印］阿马蒂亚·森：《贫困与饥荒》，王宇等，商务印书馆2001年版。

［印］阿玛蒂亚·森：《资源、价值与发展》（上、下），杨茂林等译：吉林人民出版社2011年版。

［挪威］埃里克·S.赖纳特、贾根良主编：《穷国的富国论》，高等教育出版社2007年版。

［德］埃克哈特·施里特：《习俗与经济》，秦海等译，长春出版社2005年版。

［荷］伯纳德·曼德维尔：《蜜蜂的寓言：私人的恶德、公众的利益》，肖聿译，中国社会科学出版社2002年版。

［美］卞历南：《制度变迁的逻辑——中国现代国营企业制度之形成》，浙江大学出版社2011年版。

［美］保罗·格莱姆齐：《决策、不确定性和大脑神经经济学》，贺京同、王晓岚译，中国人民大学出版社2010年版。

［俄］鲍·斯拉文：《被无知侮辱的思想——马克思社会理想的当代解读》，孙凌齐译，中央编译出版社2006年版。

［美］C.曼特扎维诺斯：《个人、制度与市场》，梁海音等译，长春出版社2009年版。

曹正汉：《伶仃洋畔的村庄公社：崖口村的公社制度及其变迁》，中国经济出版社2004年版。

陈锦华、江春泽、谢明干等：《论社会主义与市场经济兼容》，人民出版社2005年版。

陈维：《制度的成本约束功能：对中国经济体制变迁的分析》，上海社会科学院出版社 2000 年版。

迟福林：《改革与多数人利益》，中国发展出版社 2004 年版。

陈佳贵：《中国经济体制改革报告 2012》，经济管理出版社 2012 年版。

陈宗胜、吴浙、谢思全等：《中国经济体制市场化进程》，上海人民出版社 1999 年版。

陈炎兵：论社会主义市场经济体制形成和发展的四个阶段，《党的文献》2009 年第 1 期。

程传兴：《完善社会主义市场经济体制的三大难点和重点》，《社会主义研究》2004 年第 6 期。

曹超：《中国经济体制转轨中决策权集散的变迁轨迹与路径选择》，《理论界》2008 年第 3 期。

《邓小平文选》（第 3 卷），人民出版社 1993 年版。

［美］道格拉斯·C. 诺斯：《制度、制度变迁与经济绩效》，杭行等译，上海格致出版社 2008 年版。

［美］德尼·古莱著：《残酷的选择：发展理念与伦理价值》，高铦等译，社会科学文献出版社 2008 年版。

［美］丹尼·罗德里克主编：《探索经济繁荣：对经济增长的描述性分析》，张宇译，中信出版社 2009 年版。

［美］丹尼·罗德里克著：《相同的经济学，不同的经济处方：全球化、制度建设和经济增长》，张军扩等译，中信出版社 2009 年版。

［美］丹尼斯·郎：《权力论》，陆震纶等译，中国社会科学出版社 2001 年版。

［美］道格拉斯·诺斯：《理解经济变迁过程》，钟正生等译，中国人民大学出版社 2008 年版。

董正青：《国家与所有权—转轨时期政府行为分析》，《中国人民大学学报》2001 年第 1 期。

［美］E. 弗洛姆著，《健全的社会》，孙凯祥译，贵州人民出版社 1994 年版。

［英］F. A. 哈耶克：《致命的自负》，冯克利等译，中国社会科学文献出版社 2000 年版。

［英］F. A. 哈耶克：《通往奴役之路》，王明毅等译，中国社会科学出版社 1997 年版。

［英］菲利普·鲍尔著，《预知社会——群体行为的内在法则》，鲍永宁译，当代中

国出版社 2007 年版。

方竹兰：《市场化与马克思主义的发展》，中国人民大学出版社 2006 年版。

樊纲：《发展的道理》，生活·读书·新知三联书店 2004 年版。

[波兰] 格泽戈尔兹·科勒德克：《从休克到治疗：后共产主义国家的转型》，刘晓勇等译，上海远东出版社 2000 年版。

[比] 冈特·鲍利：《蓝色经济》，程一恒译，复旦大学出版社 2012 年版。

顾海良主编：《斯大林社会主义思想研究》，中国人民大学出版社 2008 年版。

高萍：《经济发展新阶段政府经济职能的创新》，中国财政经济出版社 2004 年版。

郭凡生：《中国模式——家族企业成长纲要》，北京大学出版社 2009 年版。

顾钰民：《社会主义同市场经济结合的观念与制度创新》，《马克思主义研究》2008 年第 4 期。

国家发展改革委经济体制综合改革司等：《改革开放三十年：从历史走向未来——中国经济体制改革若干历史经验研究》，人民出版社 2008 年版。

黄新华：《中国经济体制改革的制度分析》，中国文史出版社 2005 年版。

胡潇：《唯物史观第一原理》，湖南大学出版社 2002 年版。

何增科：《反腐新路：转型期中国腐败问题研究》，中央编译出版社 2002 年版。

[美] 霍奇逊：《新制度经济学宣言》，向以斌等译，商务印书馆 1993 年版。

《江泽民文选》（1—3）卷，人民出版社 2006 年版。

景维民等：《经济转型的理论假说与验证：市场社会主义的传承与超越》，经济科学出版社 2011 年版。

景玉琴：《经济学研究方法的创新》，《经济学家》2007 年第 3 期。

[美] 加里·S. 贝克尔著：《人类行为的经济分析》，王亚宁等译，上海三联书店 1993 年版。

[美] 杰伊·B. 巴尼、[新西兰] 德文·N. 克拉克：《资源基础理论——创建并保持竞争优势》，张书军等译，格致出版社 2011 年版。

[瑞] 吉尔贝·李斯特：《发展的迷思：一个西方信仰的历史》，陆象淦译，社会科学文献出版社 2011 年版。

[德] 克劳斯·奥菲：《福利国家的矛盾》，郭忠华等译，吉林人民出版社 2011 年版。

[英] 肯·宾默尔著：《自然正义》，李晋译，上海财经大学出版社 2010 年版。

[瑞] 库尔特·多普弗主编：《经济学的演化基础》，锁凌燕译，北京大学出版社

2011 年版。

孔泾源:《中国经济生活中的非正式制度安排及其影响》,《经济研究》1992 年第 7 期。

《列宁专题文集》(1—5)卷,人民出版社 2009 年版。

鲁品越:《资本逻辑与当代经济现实》,上海财经大学出版社 2006 年版。

林毅夫等:《中国的奇迹:发展战略与经济改革》,上海三联书店 2010 年版。

林毅夫:《经济发展与转型》,北京大学出版社 2010 年版。

柳建辉等:《十六大以来中国共产党治理施政纪实》,人民出版社 2012 年版。

[美] 理安·艾斯勒:《国家的真正财富:创建关怀经济学》,高铦、汐汐译,社会科学文献出版社 2007 年版。

[英] 理查德·杜思韦特:《增长的困惑》,李斌等译,中国社会科学出版社 2008 年版。

[美] 劳伦·勃兰特、托马斯·罗斯基编:《伟大的中国经济转型》,方颖、赵扬等译,上海人民出版社 2009 年版。

李松鹤:《制度、制度变迁与制度均衡》,中国财政经济出版社 2002 年版。

李义平:《来自市场经济的繁荣》,三联书店 2007 年版。

柳红:《八零年代:中国经济学人的光荣与梦想》,广西师范大学出版社 2010 年版。

李晓西:《中国市场化进程》,人民出版社 2009 年版。

刘添才:《叩寻斯大林模式》,吉林大学出版社 2009 年版。

廖心文:《从计划经济体制向社会主义市场经济体制的转变——试论毛泽东、邓小平对我国经济体制的探索》,《党的文献》2008 年第 6 期。

林志友:《市场经济的历史演进与中国特色社会主义理论体系的形成》,《社会主义研究》2008 年第 6 期。

陆剑杰:《中国发展道路选择的经济学哲学分析》,《南京师大学报》2011 年第 6 期。

李万峰、汪彤:《政府权力主导下的一场复杂制度变迁》,《新疆社会科学》2006 年第 6 期。

陆铭、陈钊、万广华:《因患寡,而患不均》,《经济研究》2005 年第 12 期。

李予阳:《"国企垄断论"站不住脚——国企改革热点解析之一》,《经济日报》2013 年 8 月 5 日。

林火灿:《竞争性领域国企进退由市场决定——国企改革热点解析之二》,《经济日报》2013 年 8 月 6 日。

林火灿：《国企和民企并非"零和博弈"——国企改革热点解析之三》，《经济日报》2013 年 8 月 7 日。

李予阳：《国有企业效率并不低——国企改革热点解析之四》，《经济日报》2013 年 8 月 8 日。

李予阳：《国有资产岂能一分了之——国企改革热点解析之五》，《经济日报》2013 年 8 月 9 日。

《马克思恩格斯文集》（1—8）卷，人民出版社 2009 年版。

《毛泽东文集》（6—8）卷，人民出版社 1999 年版。

［德］马克斯·韦伯：《经济与社会》，阎克文译，商务印书馆 1996 年版。

［德］马克斯·韦伯著：《新教伦理与资本主义精神》，于晓、陈维纲译，三联书店 1987 年版。

［美］曼瑟·奥尔森著，《权力与繁荣》，苏长和等译，上海世纪出版集团 2005 年版。

［英］梅特卡夫：《演化经济学与创造性毁灭》，冯健译，中国人民大学出版社 2007 年版。

［奥地利］米塞斯：《人类行为的经济学分析》，聂薇译，广东经济出版社 2010 年版。

［美］穆雷·罗斯巴德：《权力与市场》，刘云鹏等译，新星出版社 2007 年版。

［美］莫里斯·博恩斯坦：《比较经济体制》，王铁生译，中国财政经济出版社 1988 年版。

毛传清：《论中国社会主义市场经济发展的六个阶段》，《当代中国史研究》2004 年第 5 期。

欧健：《市场经济视域中的中国特色社会主义理论》，《理论月刊》2010 年第 3 期。

裴长洪：《中国开放型经济建立的经验分析——对外开放 30 年的总结》，《财经问题研究》2009 年第 2 期。

［日］青木昌彦、奥野正宽：《经济体制的比较制度分析》，魏加宁等译，中国发展出版社 2005 年版。

［日］青木昌彦：《比较制度分析》，周黎安译，上海远东出版社 2001 年版。

［英］琼·罗宾逊：《经济哲学》，安佳译，商务印书馆 2011 年版。

［美］乔·B. 史蒂文斯：《集体选择经济学》，杨晓维译，上海人民出版社 2003 年版。

卿志琼：《中国秩序转轨的经济秩序分析》，《财经研究》2002 年第 9 期。

［美］索尔斯坦·凡勃伦：《有闲阶级论》，蔡受百译，商务印书馆 1997 年版。

[日] 速水佑次郎著：《发展经济学——从贫困到富饶》，李周译，社会科学文献出版社 2003 年版。

孙中亲：《从计划到市场——中国经济转型探析》，中国社会出版社 2009 年版。

苏星：《新中国经济史》，中共中央党校出版社 1999 年版。

盛洪主编：《中国的过渡经济学》，上海人民出版社 2006 年版。

孙雁、[英] 迈克尔·约翰斯顿：《民主可以阻止腐败吗——基于中国和印度的观察》，邰继红译，《经济社会体制比较》2011 年第 4 期。

史晋川：《中国语境下的社会科学方法论反思》，《浙江社会科学》2007 年第 3 期。

[法] 托克维尔：《论美国的民主》，董果良译，商务印书馆 1996 年版。

田海平：《经济秩序变迁中的价值理念》，《天津社会科学》1999 年第 1 期。

吴敬琏：《当代中国经济改革：战略与实施》，上海远东出版社 2003 年版。

吴敬琏：《中国中长期经济增长与转型》，中国经济出版社 2011 年版。

韦森：《市场、法治与民主》，上海人民出版社 2008 年版。

韦森：《大转型——中国改革下一步》，中信出版社 2012 年版。

武力主编：《中华人民共和国经济史》，中国时代经济出版社 2010 年版。

武力：《过犹不及的艰难选择——论 1949～1998 年中国农业现代化过程中的制度选择》，《中国经济史研究》2000 年第 2 期。

卫兴华：《向社会主义市场经济转变的理论轨迹》，《教学与研究》2008 年第 9 期。

汪丁丁：《制度创新的一般理论》，《经济研究》1992 年第 5 期。

王辉：《渐进革命——震荡世界的中国改革之路》，中国计划出版社 2008 年版。

王建芹：《第三种力量：中国后市场经济论》，中国政法大学出版社 2003 年版。

王新奎：《中国入世 10 周年：改革开放的回顾与前瞻》，《探索与争鸣》2011 年第 10 期。

王健、伊泽鸿：《经济全球化背景下制度变迁与中国政府体制改革》，《理论月刊》2006 年第 4 期。

[德] 西美尔：《金钱、性别、现代生活风格》，顾仁明译，华东师范大学出版社 2010 年版。

熊必军：《市场经济元规则研究》，中国社会科学出版社 2010 年版。

薛汉伟、王建民：《制度设计与变迁——从马克思到中国的市场取向改革》，山东大学出版社 2003 年版。

夏斌：《危机中的中国思考》，东方出版社 2012 年版。

许保利：《国企改革这十年（一）》，《瞭望》新闻周刊 2013 年 8 月 13 日。

［美］约瑟夫·熊彼特著：《财富增长论》，李默译，陕西人民出版社 2007 年版。

［匈］雅诺什·科尔奈：《后社会主义转轨的思索》，肖梦译，吉林人民出版社 2011 年版。

［美］约瑟夫·E.斯蒂格勒茨：《社会主义向何处去》，周立群等译，吉林人民出版社 2011 年版。

［美］亚历山大·格申克龙：《经济落后的历史透视》，张凤林译，商务印书馆 2009 年版。

严冰：《产权不完备性研究——兼论国有企业改革思路》，知识产权出版社 2011 年版。

姚跃武：《毛泽东经济思想略论》，合肥工业大学出版社 2009 年版。

杨建飞：《科学哲学对西方经济学思想演化发展的影响》，商务印书馆 2004 年版。

杨瑞龙：《改革开放的实践与经济学创新》，中国人民大学出版社 2008 年版。

杨德才：《中国经济史新论（1949—2009）》，经济科学出版社 2009 年版。

扬开忠、陶然、刘明兴：《解除管制、分权与中国经济转轨》，《中国社会科学》2003 年第 3 期。

袁恩桢：《社会主义公有制与市场经济关系的艰难探索》，《毛泽东邓小平理论研究》2009 年第 5 期。

杨帅、温铁军：《经济波动、财税体制变迁与土地资源资本化》，《管理世界》2010 年第 4 期。

［美］詹姆斯·A.道、史迪夫·H.汉科、［英］阿兰·A.瓦尔特斯编著：《发展经济学的革命》，黄祖辉等主译，上海三联书店 2000 年版。

邹志庄：《中国经济转型》，中国人民大学出版社 2005 年版。

章铮：《传统与现代化的沉思》，学林出版社 2004 年版。

张维迎：《市场的逻辑》，上海人民出版社 2010 年版。

张云鹏：《反腐败经济学》，社会科学文献出版社 2009 年版。

张军：《"双轨制"经济学：中国的经济改革（1978—1992）》，上海人民出版社 2006 年版。

邹东涛：《中国经济体制改革基本经验》，中国人民大学出版社 2008 年版。

周其仁：《真实世界的经济学》，北京大学出版社 2006 年版。

赵凌云主编：《中国共产党经济工作史》，湖北人民出版社 2005 年版。

仉建涛、苏晓红等：《经济转型与经济秩序重构》，经济科学出版社 2004 年版。

张维迎主编：《中国改革 30 年 10 位经济学家的思考》，上海人民出版社 2009 年版。

郑杭生等：《转型中的中国社会和中国社会的转型》，首都师范大学出版社 1996 年版。

张宇：《中国的转型模式：反思与创新》，经济科学出版社 2006 年版。

张卓元：《把坚持社会主义基本制度同发展市场经济结合起来》，《人民日报》2008 年 10 月 6 日。

朱佳木：《毛泽东对计划经济的探索及其对社会主义市场经济的意义》，《中共党史研究》2007 年第 2 期。

张宇、张晨、蔡万焕：《中国经济模式的政治经济学分析》，《中国社会科学》2011 年第 3 期。

周叔莲：《正确处理社会主义和市场经济的矛盾》，《理论前沿》2005 年第 5 期。

宗良：《坚持和完善社会主义市场经济体制的内涵》，《改革》2010 年第 9 期。

郑京平：《中国发展奇迹的原因探析及趋势分析》，《经济社会体制比较》2011 年第 1 期。

朱金瑞：《当代中国经济体制变迁中的企业伦理演进分析》，《中共福建省委党校学报》2006 年第 4 期。

周其仁：《中国农村改革国家和所有权关系的变化》，《管理世界》1995 年第 3 期。

张明、马骁：《中国经济秩序变迁的财政体制效应与治理对策》，《湖北社会科学》2008 年第 11 期。

张含宇：《关系秩序对中国经济体制变迁的影响》，《特区经济》2005 年第 1 期。

仲宏武：《国企改革这十年（三）》，《瞭望》新闻周刊 2013 年 8 月 13 日。

中央文献研究室：《十一届三中全会以来党的历次代表大会　中央全会重要文件选编》（上、下），中央文献出版社 2000 年版。

中央文献研究室：《十六大以来重要文献选编》（上），中央文献出版社 2005 年版。

中央文献研究室：《十六大以来重要文献选编》（中），中央文献出版社 2006 年版。

中央文献研究室：《十六大以来重要文献选编》（下），中央文献出版社 2008 年版。

中央文献研究室：《十七大以来重要文献选编》（上），中央文献出版社 2009 年版。

中央文献研究室：《十七大以来重要文献选编》（中），中央文献出版社 2011 年版。

中央文献研究室：《十七大以来重要文献选编》（下），中央文献出版社 2013 年版。

后 记

经过五个春秋，《中国社会主义市场经济体制演进的动力机制研究》终于落笔。之所以选择这一题目，是基于学者的良心和责任，出于对中国特色社会主义道路的自信以及对马克思主义的热爱。

此书能够完成，深深感谢南京师范大学马克思主义学院给了我进入马克思主义理论博士后流动站研修的机会。感谢我的博士后合作导师傅康生教授，从研究方向的确立、资料的收集整理以及研究报告的结构安排，到研究报告的开题、报告的撰写、修改、答辩与定稿，都凝聚了他的智慧和心血；也从中感受到他独到的学术敏感、深厚的理论底蕴和严谨的治学态度。

感谢南京师范大学马克思主义学院的王跃教授、王永贵教授、俞良早教授，在出站报告的研究过程中点拨和帮助我。感谢老同学王刚副院长，不仅在学术上点拨，也在日常生活中给我许多帮助，使我顺利完成出站任务。

感谢广西大学政治学院、马克思主义学院的雷德鹏院长，鼓励我从事博士后流动站进修，并在各方面提供方便。也感谢我指导的硕士生王磊、彭继裕、杨少鹏、程文琴给予的帮助。

也感谢我的妻子和儿子。妻子杨素梅承担了全部的家务，儿子肖翔学习很自觉，这让我能够全身心投入到工作和研究中。

在《中国社会主义市场经济体制演进的动力机制研究》中，由于自身水平有限，难免有疏漏和错误之处，敬请学术界同仁批评指正。

肖安宝

2015 年 4 月于广西大学

责任编辑:宰艳红
封面设计:林芝玉

图书在版编目(CIP)数据

中国社会主义市场经济体制演进的动力机制研究/肖安宝 著.
　-北京:人民出版社,2016.2
ISBN 978－7－01－015777－1

Ⅰ.①中… Ⅱ.①肖… Ⅲ.①中国经济-社会主义市场经济-经济体制-
　经济动力学-研究 Ⅳ.①F123.9

中国版本图书馆 CIP 数据核字(2016)第 017365 号

中国社会主义市场经济体制演进的动力机制研究
ZHONGGUO SHEHUI ZHUYI SHICHANG JINGJI TIZHI YANJIN DE DONGLI JIZHI YANJIU

肖安宝 著

人民出版社 出版发行
(100706 北京市东城区隆福寺街 99 号)

北京汇林印务有限公司印刷 新华书店经销

2016 年 2 月第 1 版 2016 年 2 月北京第 1 次印刷
开本:710 毫米×1000 毫米 1/16 印张:17
字数:270 千字

ISBN 978－7－01－015777－1 定价:45.00 元

邮购地址 100706 北京市东城区隆福寺街 99 号
人民东方图书销售中心 电话 (010)65250042 65289539